重庆市教育学会　编

基础教育科研成果集

（2015 —— 2020）

重庆大学出版社

图书在版编目（CIP）数据

基础教育科研成果集：2015—2020 / 重庆市教育学
会编 . -- 重庆：重庆大学出版社，2021.6
ISBN 978-7-5689-2786-4

Ⅰ.①基…　Ⅱ.①重…　Ⅲ.①基础教育—教育研究—
研究成果—汇编—中国　Ⅳ.①G639.2

中国版本图书馆 CIP 数据核字（2021）第 122524 号

基础教育科研成果集（2015—2020）

JICHU JIAOYU KEYAN CHENGGUO JI(2015—2020)

重庆市教育学会 编

责任编辑：范　琪　　版式设计：范　琪
责任校对：邹　忌　　责任印制：张　策

*

重庆大学出版社出版发行

出版人：饶帮华

社址：重庆市沙坪坝区大学城西路 21 号

邮编：401331

电话：(023)88617190　88617185(中小学)

传真：(023)88617186　88617166

网址：http://www.cqup.com.cn

邮箱：fxk@ cqup.com.cn(营销中心)

全国新华书店经销

重庆华林天美印务有限公司印刷

开本：787mm × 1092mm　1/16　印张：17.75　字数：412 千

2021 年 6 月第 1 版　　2021 年 6 月第 1 次印刷

ISBN 978-7-5689-2786-4　　定价：58.00 元

汇聚基层学术的磅礴力量

多年来，重庆市教育学会高度重视学术研究工作，立足重庆、面向全国开展教育学术合作、交流等活动，面向基层会员单位持续开展基础教育科研课题研究等活动，面向会员教师深度开展优秀论文评选、优质课展示等活动，积极挖掘、培育和推广会员学术成果，营造了"以学术推改革、以改革促发展"的浓厚氛围。正是长期以来深耕学校教育教学改革一线、不断开拓进取，孕育出教育改革发展的累累硕果。

植根于巴渝大地之上、在学校和教室之中发生的"静悄悄的教育革命"，是一个有机的生长过程，凝聚着基础教育整体性变革的基础性力量。面向"十四五"，唯有激发更有活力的创新探索和基层实践，汇聚起来自基层学术的磅礴力量，不断提高教育学术质量和水平，方能助推基础教育整体性变革和跨越式发展。

基于此，重庆市教育学会在回顾"十三五"教育发展的基础上，遴选出一批"十三五"期间基础教育领域的学术研究成果并汇编成册。这些学术研究成果来自广大基层会员学校的课题研究，其中有对基础教育学校落实立德树人的不断思考，有对教师专业成长发展的创新探索；有对课堂教学改革的探究总结，有对学科教学创新的忠实记录。这些成果内容从覆盖面上而言，兼顾重庆市整个区域；从领域上而言，覆盖学前教育、义务教育、普通高中教育的不同领域；从内容上而言，包含学校教育教学改革与发展过程中的各个方面。这些成果对于促进重庆市教育教学发展、推动重庆市基础教育高质量发展做了先行探索，为面向"十四五"重庆教育学术研究与发展打下坚实基础。

尽管这本重庆市基础教育学术成果集还存在一些不足，但对于一线学校、教师来说，这样一些思考已属不易，充满了实践的智慧。我们相信，它将引导学校创新教育教学观念、优化教育工作方式、加强学术创新思考，推动全市学校全面落实立德树人根本任务。

略述几句，是为序。

西南大学

2021 年 5 月

（宋乃庆，西南大学教授，博士生导师，教育部西南基础教育课程研究中心主任，重庆市教育学会学术委员会主任，国家级教学名师，当代教育名家，中国教育学会原副会长，原西南师范大学校长，西南大学原常务副校长。）

目　录

初中物理生活化实验器材的开发和应用

重庆市育才中学校

一、研究背景及意义

（一）研究背景

物理学是一门以观察和实验为基础的学科，实验在物理学的发展上起到了非常重要的作用。《义务教育物理课程标准（2011年）》明确指出："要发挥实验在物理教学中的重要作用，需要正确认识物理实验的教学目标，注意把握实验教学的特点，合理开发实验教学的课程资源。"从课程标准可以看出，初中物理生活化实验器材的开发和应用符合课程标准的要求，拉近了物理与生活的关系，对学生学习物理兴趣、动手能力、创新能力的培养及物理学科核心素养的提升有着重要的意义。

（二）研究意义

1.有利于学生物理学科核心素养的培养

开发和应用生活化的教师演示器材有助于培养学生的观察能力和科学思维，形成正确的物理观念。引导、指导学生开发生活化的学生小实验有助于培养学生的动手能力和科学探究能力，有助于学生物理学科核心素养的培养。

2.有利于教师专业水平的成长和研究能力的提升

初中物理生活化实验器材的开发与应用能促进教师自制教具能力、实验设计能力、教学研究能力、课堂教学效率的提升，切实促进教师专业发展。

3.有效补充初中物理实验课程教学资源，提高课堂效率

开发和应用初中物理生活化实验器材能有效补充学校实验室资源，对实验室建设不齐全、教学班级规模较大、农村相对偏远的学校有很大的实用价值。生活化的演示器材直观性、可见度很高，实验效果明显，有助于培养学生的创新思维、动手能力，加深学生对物理概念和规律的理解和认知，有效提高物理课堂教学的效果。

二、理论基础及依据

（一）教育学、心理学理论基础

1.戴尔"经验之塔"理论

美国视听教育家戴尔1946年提出了"经验之塔"理论，鼓励学生动手开展物理生活化实验及器材的开发和应用，让学生通过实际操作直观地了解事物的规律，有助于学生自主学习（图1）。

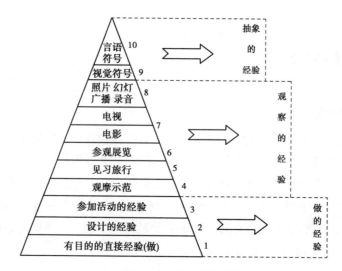

图1　戴尔"经验之塔"理论

2.陶行知生活教育理论

陶行知生活教育理论认为，教和学都以"做"为中心，"做"就是行动、实践。陶行知强调通过"教学做合一"，培养"手脑双全"的人。开展初中物理生活化实验器材的开发和应用研究正是践行陶行知生活教育理念。

（二）国家教育方针、政策

《国家中长期教育改革和发展规划纲要（2010—2020年）》指出，教育的发展"坚持能力为重，优化知识结构，丰富社会实践，强化能力培养，着力提高学生的学习能力，实践能力，创新能力，教育学生学会知识技能、学会动手动脑、学会生存生活、学会做人做事"。

中共中央办公厅、国务院办公厅《关于深化教育体制机制改革的意见》中指出："培养创新能力，激发学生好奇心、想象力和创新思维，养成创新人格，鼓励学生勇于探索、大胆尝试、创新创造。"

习近平总书记在2019年9月10日全国教育大会上提出："要在增强综合素质上下功

夫，教育引导学生培养综合能力，培养创新思维。"

三、核心概念界定

1. 初中物理

义务教育八年级、九年级学段，物理学科。

2. 生活化实验

本课题的生活化实验是指初中物理贴近生活、实验材料来源于生活，用以解释生活中物理现象和疑问的物理实验，包括生活化的教师演示实验、生活化的学生实验（生活化的学生课外小实验、小制作、小发明等）。以生活中某一原料为核心的系列化物理实验。

3. 器材的开发

本课题开发生活化的物理实验器材，包括开发系列教师生活化的演示教具，系列生活化的学生实验，以生活中同一原材料为核心的系列物理实验。

4. 器材的应用

本课题开展生活化实验的应用研究，在八年级研究其在概念课、规律课、实验课等课堂教学上的应用；在九年级研究生活化实验器材的开发在习题课、复习课、讲评课等基本课型中的应用，以提高课堂教学效率和学生的综合素质。

四、国内外相关研究综述

近几年，国内在利用生活中的物品做实验方面开展过相关研究。浙江师范大学郑圆成《低成本物理实验开发的研究》中阐述了低成本实验的含义，开发了基本原则、过程、方法，介绍了一些低成本物理实验；云南师范大学蒋显翠《初中低成本物理实验教学研究》中提出了低成本物理实验开发的基本途径，开发了一些低成本物理实验；安徽师范大学朱蒙蒙《初中物理低成本实验资源的开发与利用案例研究》中将低成本物理实验应用到教学中，积累了一些应用案例。张伟《"非常规"物理实验教学理论与实证研究》中将低成本物理实验归类到"非常规"物理实验，对"非常规"物理实验进行了界定，并揭出了其地位与功能，开发设计原则、程序及案例分析。黄建林、朱春凤《生活化实验器材在初中物理教学中的应用》一文中简述了研究生活化器材的成因及探索；张俊辉《关于初中物理教学实验器材生活化的探索》中介绍了利用身边器材做物理实验的功能。综上，我国在利用生活中的物品做实验上有初步研究，但更多倾注于关于具体某个低成本实验的开发上，总体上是零碎的，没有系统和全面的研究，也没有将生活化实验器材在教学中进行广泛的应用。本课题着眼系列生活化实验的开发，并应用到物理课堂教学中，提高初中物理教学质量。

五、研究目标及内容

（一）研究目标

通过课题研究，促进教师专业成长，提高教师教学技能、专业水平和研究能力；激发学生学习物理的兴趣，提高课堂教学效率；培养学生的创新能力、动手能力，提高学生的物理学科核心素养。

（二）研究内容

（1）开发系列生活化的初中物理教师演示实验器材。
（2）开发系列生活化的初中物理学生实验器材。
（3）开发系列生活化的初中物理学生实验。
（4）生活化实验器材在物理教学中的应用研究。

六、研究对象及范围

本课题研究对象为重庆市义务教育八年级、九年级学生，重庆市义务教育八年级、九年级部分物理教师。

七、研究方法及运用

（一）文献研究法

课题组在研究过程中，不断查阅相关文献资料，了解国内外相关研究进展。查阅的相关文献涵盖了国家的教育方针政策、相关初中物理实验教学专著、博硕论文、国内基础教育与物理教学相关的各大期刊发表的近百篇文献资料。《义务教育物理课程标准（2011年版）》、浙江师范大学郑圆成的硕士论文《低成本物理实验开发的研究》、云南师范大学蒋显翠的硕士论文《初中低成本物理实验教学研究》、安徽师范大学朱蒙蒙的硕士论文《初中物理低成本实验资源的开发与利用案例研究》、黄建林、朱春凤的《生活化实验器材在初中物理教学中的应用》、张俊辉的《关于初中物理教学实验器材生活化的探索》等文献的理论研究对本课题研究有指导意义，课题组深入学习了上述文献资料，并结合课题的特点构建了课题的理论基础与依据。课题组在戴尔的"经验之塔"理论和陶行知生活教育理论的指导下开展研究，开发生活化的初中物理实验器材，并探索其在教学上的应用，对课堂效果提升、学生发展、教师发展的作用，进一步践行"教学做合一"的生活教育理念。

（二）问卷调查法

为了深入了解教师开发教师演示教具和开展学生课外物理实验的情况，课题组借助"问卷星"开展了调查。此次调查问卷通过"问卷星"网页链接在全国各大中学物理微信交流群、中学物理教研QQ群展开无记名调查，共收到有效问卷1 073份，参与调查的初中物理教师中男教师占比65.8%，女教师占比34.2%；5年以内教龄的教师占比13.61%，6～10年教龄的教师占比15.56%，11～15年教龄的教师占比14.45%，15年以上教龄的教师占比56.38%；参加问卷调查的一线教师所在学校的层次中，市区重点中学占比30.48%，市区普通中学34.76%，村镇中学34.76%；八年级教师占比38.21%，九年级占比61.79%。参与调查问卷的一线教师覆盖了不同学校层次、性别、教龄段、年级等各方面，问卷参与度广，调查数据真实有效，具有重要的参考意义。

（三）行动研究法

1. 开发系列生活化的初中物理教师演示实验器材

生活化的教师演示器材的开发行动研究思路见图2。按教材章节，八年级重点开发声、热、光、力板块的演示器材，九年级重点开发电学的演示器材。每一件器材开发出其制作方法、制作过程视频、演示实验视频，并应用课堂教学上，提高课堂教学效果。提炼研究成果，申报发明专利、发表论文。通过参加比赛促进老师们开展深入研究，在实践中不断总结、反思、提升，有序推进课题研究的开展。

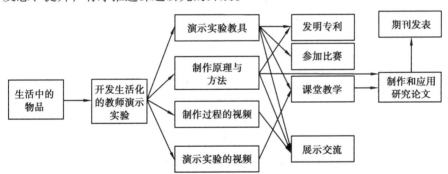

图2　生活化的教师演示器材的开发行动研究思路

2. 开发系列生活化的初中物理学生实验器材

生活化的学生实验的开发行动研究思路见图3。根据教学进度，引导学生利用社团、周末、假期等时间开展生活化物理小实验研究，并将实验过程拍摄成微视频。八年级开展声、光、热、力等模块的小实验，九年级开展电学、趣味小实验。对学生提交的作品进行指导、改进、展示、评奖，参加各类科技比赛，并应用到课堂教学上。形成常态机制，促进研究的长期、有序、有效开展。

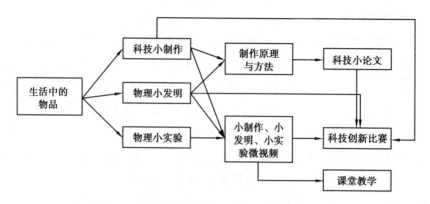

图3　生活化的学生实验的开发行动研究思路

3.开发系列生活化的初中物理学生实验

开发以生活中某一原料为核心的系列化物理实验行动研究思路见图4。生活中的气球、乒乓球、注射器、吸管、板子在实际物理教学中有多种用途，开发出一系列的物理实验。

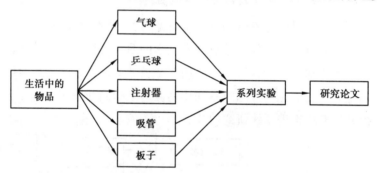

图4　以生活中某一原料为核心的系列化物理实验的开发行动研究思路

4.生活化实验器材在物理教学中的应用研究

生活化实验器材在物理教学中的应用研究见图5。将开发的生活化实验器材应用到初中物理教学实践中，结合初中物理不同的课型特点，开展生活化实验在物理教学中的应用研究。通过公开课、专题研究等方式研究生活化实验对初中物理课堂教学效果的提升作用，研究生活化实验的开发对学生综合能力和创新能力的提升作用。

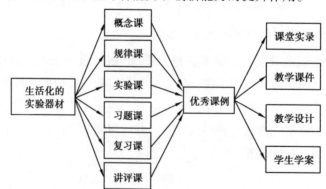

图5　生活化实验器材在物理教学中的应用研究

（四）案例研究法

对课题研究中的典型个例（学生、教师个人）进行个案研究，总结典型经验，寻求生活化实验器材的开发与应用研究与学生成长和发展的关系。

例　"小孔成像"的教学

小孔成像是光的直线传播典型的应用之一，在这部分内容教学时采用学生自主实验探究的方式。给每组学生准备纸杯、半透膜（保鲜膜）、蜡烛、火柴、牙签等基本材料，让学生动手制作一个小孔成像仪，并观察像的特点。

学生通过动手实验，制作了小孔成像仪，并观察了成像的特点，发现蜡烛烛焰通过小孔在光屏上成了一个倒立的像。此时教师引导学生运用刚刚所学的光的直线传播知识，推测物体通过小孔成倒立的像的原因是什么？能否描述小孔成像的光学原理？小孔成像的形状与孔的形状是否有关？小孔成像的大小可能与哪些因素有关？通过一系列的追问，引导学生结合实验现象和物理知识进行推理，最终得出小孔成像的原理和成像的特点。

学生在家中动手实验，还可以进一步推理，从探究1个孔成像规律，到3个孔，再到5个孔，在半透膜上依次看到1个倒立的蜡烛像，3个倒立的蜡烛像，5个倒立的蜡烛像（图6）。学生经过自己的动手实验，推理猜想，并进一步实验验证。科学推理助推着创新的产生。

图6　小孔成像，孔的数量1孔到5孔

八、研究成果

（一）开发了系列初中物理生活化实验

1.开发了系列生活化教师演示教具

课题组共开发了近100件教具，涵盖了初中物理力学、热学、声学、光学、电学等内容，形成了系列化的教师演示教具。课题组研发的教具有4件作品获得了国家发明专利；12件作品在全国中学物理教具大赛上做了展示交流并多次获得一等奖和二等奖；35件作品获得重庆市一等奖和二等奖。这些演示教具的制作材料均来源于生活，贴近生活，在课堂教学上应用广泛，提高了学生学习的兴趣和课堂教学效率。

2.开发系列生活化的学生实验

课题组引导学生在家中利用生活中常见的物品开展物理实验和物理小制作，并将实验过程和实验现象及原理解释拍摄成微视频，形成了力、热、声、光、电等系列化的精品物理实验200余个，生活化的科技小制作、小发明150余件。

3.开发以生活中的原材料为核心的系列化物理实验

课题组开展了以乒乓球、注射器、气球、矿泉水瓶、吸管等为核心的系列物理实验，形成了3篇研究论文，并在相关教学专业杂志上发表，获得了重庆市论文大赛一等奖。

4.创建了生活物理创新实验室

课题组创建了生活物理创新实验室，里面陈列了课题组研究以来所开发的近100件教师演示教具和近200件学生优秀的作品；课题组借助"生活物理"微信公众号，开创了线上生活物理创新实验室，每周发布一期创新实验作品。

（二）构建了具有生活教育特色的物理学科课程体系

1.开发了行知系列校本课程

课题组三年内开发了《行知系列导学案》《行知中考复习讲义》《新课堂》《快乐寒假》《快乐暑假》《多彩寒假生活》《多彩暑假生活》《中考备考指南》等校本教材10余本，涵盖了初中物理八年级、九年级所有内容，是学校校本教材的重要内容之一，其中《行知学案物理·八年级（上）》获得全校校本教材一等奖。

2.构建了生活化的作业课程体系

课题组探索了生活化的作业的开发和实践（图7），在节假日，课题组引导学生开展一些丰富多彩生活化作业探索，如绘制单元复习物理手抄报、物理科技小制作、物理课外小实验、观察生活中的物理现象（如泡茶过程中观察茶叶的浮沉情况，煮饭过程中观察涉及的物态变化等）。

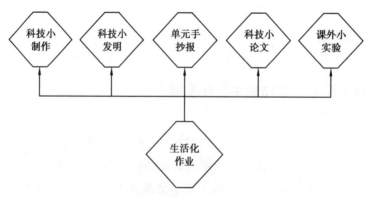

图7　初中物理生活化作业课程体系

3.开发了基于核心素养的物理学科个性化课程体系

课题组立足核心素养开发了具有物理学科特色个性化社团课程体系，形成了"趣味物理实验""物理学史中的小实验""物理学家趣事""家庭电路认识与安装""中学科技小论文的写作与指导""物理学之美"等精品选修课程。

（三）创建了生活物理教学网络研修平台

课题组创建了"生活物理"微信公众号，通过微信平台发布课题研究动态、课堂教学直播、生活物理精品课件、生活物理创新实验、教师成长感悟、学生优秀作品、原创试题分析、生活化实验的开发等资讯（图8）。

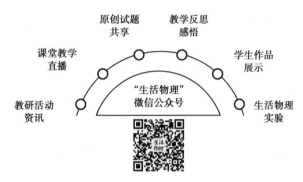

图8 生活物理教学网络研修平台

（四）公开发表课题研究论文16篇，申请4项国家发明专利

课题组在研究过程中撰写了16篇论文发表在《物理教学探讨》《中学物理》《物理通报》等期刊，申请了4项国家发明专利，促进了课题研究的深入开展。

论文发表情况

九、研究影响与效果

（一）影响

1.课题研究在全国、重庆市产生了广泛的影响

课题自开题立项以来，受到全国尤其是重庆市中学物理界的关注，重庆市教育科学研究院普通中等教育研究所周智良副所长、重庆市教育科学研究院物理教研员阮享彬老师多次关注课题的研究进展，并给予了专业指导；重庆市骨干教师培训班、甘肃省县级教师培训研修团队、重庆八中物理组等到学校参观生活物理创新实验室；课题组多次在北京、哈尔滨、青岛、宝鸡、荆州、上海、深圳、重庆等地开展课题研究方

面的交流和讲座，引起了广泛的关注，产生了较大影响。

2.辐射引领，促物理教学水平的提升

课题研究的开展，极大地促进了重庆市育才中学校初中物理教学水平的提升，增强了教研组的团队意识和凝聚力，提升了教研水平。教研组和备课组总结的经验多次在重庆市中心教研组联谊活动、重庆市送教下乡活动、重庆市"领雁工程"交流会、重庆市九龙坡区全员培训会上交流，引起了广泛的关注，促进了区域教研水平提升。

开展讲座交流具体情况

生活物理创新实验创建以来，受到了广泛的关注，重庆市2015年骨干教师培训班一行40余人参观了生活物理创新实验室。生活物理创新实验室还在2017年重庆市中考复习研讨会、重庆市2017年中学物理学术年会等重庆市大型物理教研活动上进行了展示交流，受到与会老师们的好评。生活物理微信公众号订阅用户50 000余人，促进了他们教学能力的提升。

（二）研究效果

1.提高课堂教学效果，促进教师专业成长

课题组通过初中物理生活化实验器材的开发和应用研究，提高了学生学习物理的兴趣，丰富了课堂教学资源，使物理实验现象更加直观，使物理规律更贴近生活，培养了学生的动手实践能力，切实提高了初中物理课堂教学效果，30余节优质课，在全国、重庆市各级优质课比赛中获得优异成绩。课题组2013—2019年教师教具获奖统计见图9。其中，2件教具申请了国家专利、1件教具获得了全国一等奖、3件教具获得全国二等奖、10件教具获得重庆市一等奖、近40件教具获得重庆市二等奖；教师有17篇文章在教育教学专业杂志上发表，13篇文章获得全国和重庆市论文一等奖、20篇文章获得全国二等奖、重庆市二等奖、三等奖；教师的教学设计、教学课件、教学微课多次在重庆市中学教学技能大赛中获得一等奖、二等奖。

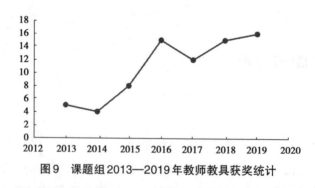

图9　课题组2013—2019年教师教具获奖统计

课题研究还促进了课题成员教师的专业成长。课题组2015—2018年各项教师技能区级以上获奖情况见图10。课题主持人李鸿被评为重庆市名师，牟银勇评上高级教师职称，3名老师评上了一级教师职称；李鸿、牟银勇被聘为学校名师工作室主持人；在赛课方面，

2名老师获得全国赛课一等奖、2名老师获得重庆市赛课一等奖、2名老师获得九龙坡区赛课一等奖、3节教育部部级优课、5节市级优课。通过课题研究，促进了教师专业快速成长。

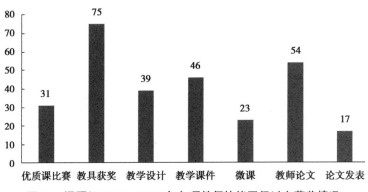

图10　课题组2015—2018年各项教师技能区级以上获奖情况

2.促进学生创新能力和物理学科核心素养的培养

课题组开发和应用生活化的实验器材，促进学生综合能力的提升，培养了学生物理观念、科学思维的形成，促进科学探究能力的提升，形成了较好的科学态度与责任。

在近三年的中考成绩中，学生的物理学科取得了显著的成绩。在2018年中考中，物理学科取得优异成绩，满分80分的同学共计72人，76分以上特高分643人，70分以上1 400人，平均分67分，及格率91％。多名学生在全国中学物理"争当小实验家"比赛中荣获全国金奖，多次在重庆市青少年科技模型大赛、重庆市中学物理科技小论文大赛、重庆市九龙坡区科技创新大赛等科技活动中获得优异的成绩。生活化的科技活动发展了学生的物理学科核心素养，提高了学生的动手能力，培养了学生的创新思维，激发了学生学习物理的兴趣，提升了学生的学习成绩。

教师、学生获奖情况

十、问题与讨论

课题组取得了一系列丰硕的研究成果，但在研究中也暴露出一些问题，如系列生活化实验器材的开发还不够全面；单个教学生活化实验器材的研究还不够深入；教师理论水平薄弱，实践研究成果较多，理论研究成果偏少。在课题后期研究中，课题组将进一步深化，逐步解决课题中发现的问题。

十一、结论与建议

（一）研究结论

课题组在重庆市教育学会、学校的指导和大力支持下，依据研究计划，循序渐进地开展各项研究，圆满完成了各项研究计划，取得了丰硕的研究成果，得出如下结论：

1.课题的研究拉近了物理与生活的距离，激发了学生学习物理的兴趣

将生活中的材料开发成生活化的实验器材，并应用到课堂教学中，极大地拉近了物理与生活的距离，让学生感知物理来源于生活，又高于生活，最终又应用于生活，很好地激发了学生学习物理的兴趣。

2.课题研究丰富了学生课外实践活动，培养了学生创新思维

生活化的学生实验的研发和应用让学生参与到实验中，通过动手制作器材，进行实验，观察、描述实验现象，解释实验中包含的物理原理，这一系列的活动既丰富了学生课外实践活动，又很好地培养了学生的动手能力、表达能力和创新思维。

3.课题研究促进了教师专业的成长，辐射引领区域教研的发展

生活化的教师演示实验器材的研发和应用是教师教学基本专业技能之一。通过生活化的教师演示器材的研发，提高了教师自制教具开发的技能。通过课题研究，促进了教师们教学研究的开展，促进了教师专业水平的提升。课题组通过会议交流、培训、比赛、到校参观等各种方式开展生活化实验方面的展示交流活动，引起了广泛的关注，辐射引领了区域教研的发展。

（二）研究创新之处

1.开发了系列生活化的实验器材，积累了优质的实验资源

课题组开发了近200件按照声、光、热、力、电排列的系列学生实验及器材，近100件生活化的教师演示教具。这些实验器材和实验资源，极大地丰富了学校实验室资源，在课堂教学上得到了广泛的应用，提高了课堂教学的效率。

2.创建了生活物理实验室，组建了创新实验研发团队

为了持续、有效地开展生活化的学生实验和教师实验器材的开发，课题组创建了生活物理实验室，并成立了创新实验研发团队。生活物理实验室定期推出优秀的实验作品，并通过"生活物理"微信平台推送，受到了全国各地教师广泛的关注。陈列着数百件教师和学生实验器材的生活物理实验室是外校教研组交流参观的首选之地，也是学生创新思维的摇篮。

3.构建了个性化的物理课程体系，开发了优质课程资源

课题组结合课题研究的内容，将生活化的学生实验器材的开发实践活动课程化，形成

了"连接家庭电路""巧做饮水鸟""自制杆秤""神奇的浮沉""走马灯的制作"等一系列个性化的学科课程，构建了物理学科课程体系，开发了优质的课程资源，对学生物理学科核心素养的培养有着重要的意义和价值。

（三）研究建议

课题组通过所有成员的共同努力取得了丰硕的研究成果，也产生一些研究疑惑和困难，在后续研究中，需进一步深化初中物理生活化实验器材在物理教学上的应用研究，加强课题组研究人员的理论水平，争取将课题研究推向一个新的台阶。

课题负责人：李　鸿

主研人员：李　建　牟银勇　陈　青

罗志强　陶　洪　何正明

高中英语课外阅读——《文化与经典》校本教材编写研究

重庆市鲁能巴蜀中学校

一、研究背景及意义

（一）研究背景

2017年，国务院决定成立国家教材委员会，加强全国教材建设规划，对教材建设的重视程度上升到一个新的高度。同时，随着《中国学生发展核心素养》总体框架的发布，发展学生的英语学科核心素养成为深化基础教育英语课程改革的重大举措之一。其中，英语学科核心素养的重要一环便是阅读素养。

为了弥补大纲统一教材阅读内容的单一性，近年来国内英语教学界对课外阅读进行了广泛、深入的研究，并出版了一系列课外阅读材料。但这些课外阅读材料仍有不足之处：①课外阅读材料没有体现学生对知识多样性、异质性、持续性发展的需要。②没有催生学生自我认识、自我觉醒和自我感悟等自我体验。③没有重视阅读过程中文化差异对思维模式的影响。

在这样的背景下，针对巴蜀中学师生的实际情况的"高中英语课外阅读——《文化与经典》校本教材编写研究"课题应运而生。

（二）研究意义

高中英语课外阅读《文化与经典》校本教材编写研究的意义在于，从学生的角度来讲，通过阅读文化与经典相关作品，真正感悟人类智慧，培养严谨的逻辑思维，改善英文阅读习惯并提升人文素养，同时激发阅读兴趣，打开文化视野，树立人类命运共同体意识和多元文化意识。从教师的角度讲，旨在探索出一种适合具体学情的高中英语课外阅读模式，为不同阅读水平的学生制订不同的干预指导方案，同时也提升自我。

二、理论基础与依据

根据《普通高中英语课程标准（2017年版）》，校本教材《文化与经典》以主题意义为引领，设置单元话题，以语篇为依托，引导学生采用自主、合作的学习方式，从中学习语言知识，汲取文化营养，促进多元思维，塑造良好品格，确保语言能力、文化意识、思维品质和学习能力的同步提升。本课题研究主要以系统–功能语言学、人文阅读理论和经验主义教材观为理论依据。

1. 系统–功能语言学

系统–功能语言学对语言形式的关注转向形式和意义并重，摆脱了以语法结构为主线的教材编排方式，带来了以意念（notion）和功能（function）为基础的教学大纲的发展。校本教材《文化与经典》的编写主要是基于威尔金斯（D.A.Wilkins）和艾克（J.A.van Ek）提出的意念–功能大纲，使学习者可以学习适用于不同意念和语言功能的语言形式。而意念/功能与语言形式之间的关系是与特定的文化相联系的，因此《文化与经典》的编排注重在阅读篇章中包含大量有关英美国家的社会、历史、文化的背景知识，以期为学习者提供成功的外语交际所依赖的文化语境。

2. 人文阅读理论

在人文阅读理论看来，阅读通过文本所隐含的多层面含义激活读者的思想、知识、经验，由此引发思想对话和碰撞。因此，人文阅读强调的是阅读的思想质性。人文阅读的所谓"思想质性"是由文本的"文学性"所决定的，因此，《文化与经典》的文本选取本身颇为直观地体现人文思想的历史性发展脉络，同时也能彰显国别文化的主要特色及其时代精神。同时，《文化与经典》的文化注解与课后活动设计，以及经典作品的文本分析也注重展现中国视角，力求推出适合我国国情和时代需求的人文价值取向。

3. 经验主义教材观

杜威的经验主义教材观认为，教材表现为两种形式，即"教师的教材"和"学生的教材"，造成这两种教材的差异在于教师和学生知识的差异性及两者对教材的不同态度。因此，《文化与经典》校本教材开发努力建构一支多方主体有效参与的开发团队，其中包括教育专家为理论指导者、在校教师为经验贡献者和主要编写者、学生为意见提供者和实效检测者、学校领导为开发支持者和保障者。

三、核心概念界定

（一）高中英语课外阅读

高中英语课外阅读相对于课堂阅读而言，是指学生课外通过阅读书报、影视、网络等进行学习的方式，是课内学习的延伸与补充。本课题旨在开发高中英语课外阅读校本教材。

（二）文化与经典

1.文化与经典

文化是国家或地区内的一群人所普遍认可的、一系列相对稳定的内在价值观和信条，以及这些价值观和信条对这群人的外在行为以及环境所产生的显著影响。经典就是具有典范性、权威性、经久不衰的作品。例如，《文化与经典》经典作品其中包括《小王子》节选，可使学生直观地认知美与丑、善与恶、好与坏。

2.文化素养

文化素养是一个人的人文素养、科学素养和艺术素养的总称，包括一个人的情感态度、人文情怀和审美情趣。《普通高中英语课程标准（2017年版）》锁定"语言能力、文化品格、思维品质、学习能力"为英语学科的四大"核心素养"（图1）。通过阅读校本教材《文化与经典》，学生不仅能获得英美等国家的相关文化知识，比较文化异同，还能形成正确的价值观念和道德情感，从而具备跨文化沟通和传播中华优秀文化的能力。

图1　英语学科"核心素养"

（三）校本教材

校本教材是指以学校的教师为主体，以课程实施过程中教师所面对的学生和各种具体问题为研究对象，为了有效地实现校本课程目标而对教学内容进行研究并共同开发和制订的一些基本的教与学素材。本课题所研究的校本教材主要是以巴蜀中学师生为主体而研发的教学素材，作为国家课程的补充。

四、国内外相关研究综述

（一）英语阅读校本教材开发理论

1.社会建构主义理论

社会建构主义认为，学习是一个文化参与的过程，学习者只有借助一定的文化支持来参与某一学习共同体的实践活动，才能内化有关的知识。社会建构主义学习理论还强调情境教学和支架式教学，为学生知识的建构提供支撑。它对《文化与经典》校本教材开发的启示是：①校本教材开发的目标不是仅给学生呈现静态的语言知识，它更多的是引导学生的学习过程。②校本教材的开发必须体现学校的环境特点，同时须随时根据学生的需要来增补和调整教材内容。③校本教材开发必须是师生双方通过互动协商、共同建构的产物，而非教师独立制作。

2.校本课程开发理论

世界各国的学者和专家对校本课程开发的程序有着一些不同的观点，其中托马斯认为，学校进行校本课程开发时，首先需要成立课程开发委员会或相关工作小组，承担相关的规划与决策；其次，确立参与课程开发工作的参与成员与开发程序；然后，经由参与成员集体讨论，拟订课程方向、目标与计划；最后，据此进行课程开发的具体工作。基于托马斯的程序，《文化与经典》校本教材的开发过程包括通过确立目标、确定体系、资料搜集与整理、形成教材、试用、反馈和修改、最终确定教材等步骤。

3.国内外英语教材评估理论

一直以来，外国学者对教材评价体系比较重视，也取得了许多成果。Breen & Candlin（1987）、Grant（1987）、Hutchinson & Waters（1987）、Cunningsworth（1995）、Tomlinson（1998）等分别就教材评价提出了自己的理论体系。关于国内英语教材评价相关的理论及研究状况，具有代表性的包括刘道义（2004）、孙平华（2006）、鲁红霞（2007）等人的研究。在国内外研究者的教材评估理论基础上，程晓堂、孙晓慧在其著作《英语教材分析与设计》中总结了两种教材评价的方法，即随意的印象性评价和有系统的评价。有系统的教材评价从两点出发：一是内部评价，评价教材本身或内在的科学性、合理性和有效性；二是外部评价，评价教材对某一使用对象群体的适用性。

（二）英语阅读校本教材国内外研究现状

1.国外关于校本教材的研究

一直以来，国外的大多数国家都是学校和教师自行选择、选编适合学校和学生发展的教材，但是没有严格意义上的"校本教材"概念。在国外研究者眼里，教材作为课程的辅助工具，校本教材的开发大多融合在校本课程的开发和实施当中。

2.国外分级阅读标准的研究

英语教材需要符合阅读分级标准，以确保其适合某学段学生能力。欧美地区普遍使用的分级体系主要有以下几种：①指导性阅读分级体系：指导性阅读分级体系，分为从 A 到 Z，26 个级别。依据此分级标准开发的最成功的一套分级读物为 RAZ Kids 系列。②蓝思阅读测试体系：该体系能够根据读者的阅读能力为读者匹配合适的读物。③发展性阅读评估分级体系：学校每年组织考试，老师根据学生的阅读报告为学生选择合适的读物。④年级和基础分级体系：这两个体系是按照年级划分的等级，从幼儿园到小学共 7 个级别。⑤阅读能力等级体系：该体系也是在测试阅读能力的基础上发展而来。《文化与经典》主要参考蓝思阅读测试体系来确保语言输入难度适中。

3.国内关于校本教材的研究

校本教材的概念是随着校本课程在 20 世纪 90 年代引入中国的。之后，许多学者（崔允潒，2000；吴刚平，2002；刘旭东，2003；勒玉乐，2006）写出一系列关于校本课程开发的理论与实践著作，为校本课程的开发提供了理论指导。

我国也有学者开展建立英语分级阅读标准的尝试，例如，2016年王蔷、陈则航编写出版的《中国中小学生英语分级阅读标准（实验稿）》，提出了从小学一年级到高中年级"三阶九段"的英语分级阅读标准及与年级的对应关系。2018年4月，经国家语言文字工作委员会语言文字规范（标准）审定委员会审定通过的《中国英语能力等级量表》由教育部、国家语言文字工作委员会正式发布，同时制定了对应的测试标准。

五、研究目标及内容

（一）研究目标

（1）设计编写出一套能拓宽学生文化视角、培养学生诵读经典习惯的适合巴蜀中学师生英语学习需求的校本课外阅读教材。

（2）探索出一种适合巴蜀中学具体学情的高中英语课外阅读模式。

（3）为教师提供更广阔的教学空间。

（4）校外分享《文化与经典》校本教材的使用经验。

（二）研究内容

1.高中英语校本教材《文化与经典》的编写

在校本教材的编写过程中，课题组会对以下方面做更细致的研究：①制订规范的教材结构框架体系；②选择阅读材料；③平衡真实地道语言的难易度。

2.高中英语校本教材《文化与经典》的试用与推广

课题组将制订科学的调查反馈表来修订教材并推广至校外。

3.高中英语课外阅读模式的探索

课题组根据重庆市鲁能巴蜀中学具体学情，不断探索高中英语课外阅读模式。

六、研究对象及范围

（一）研究对象

本课题的研究对象是我校高2018届英语教师及学生。

（二）研究范围

本课题的研究范围，是对现行高中英语课标版教材（如人教版、外研版）阅读材料的补充和部分文学经典的介绍。

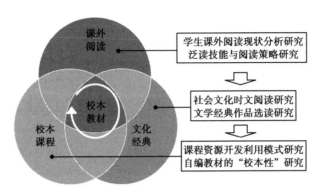

图2　校本教材编写研究

七、研究方法及运用

（一）研究方法

1.文献研究法

在理论方面，课题组收集了近些年出版的《课程·教材·教法》，李宝庆主编的《校本课程论发展与创新》，基础教育教材建设丛书编委会编写的《中小学教材的编写》，江山野编写的《简明国际教育百科全书》以及Cunningsworth编写的《*Choosing Your Textbook*》，Taba H.编写的《*Curriculum development： theory and practice*》，Halliday M.A.K 的《*Language as Social Semiotic: the social interpretation of language and meaning*》等文献资料，深入了解了英语语言学科教材研究的历史背景及发展方向。

2.调查研究法

研究者对开发和使用该校本教材的12名英语教师和350名学生进行问卷调查，分为教师问卷和学生问卷两部分，问卷采取不记名作答的方式。问卷调查的内容维度围绕校本教材开发和实施的流程进行，各维度之间密切相关。教师问卷和学生问卷中的问题是相对应的关系，都围绕对教材的总体看法、教材内容和结构、使用教材效果以及建议这四个维度来设计。

教师问卷一共12份，有效问卷12份；学生问卷一共发放350份，有效问卷345份。调查结果如表1、表2所示，该教材得到了巴蜀中学试用师生的肯定。在校本教材试行中，课题组还记录了学生们的阅读量、阅读积极性等。根据测试对象的实际反应情况，编写人员对课题本身的内容、实施形式及实施进度进行了适当的调整，从而使校本教材更有效地针对不同程度的对象。

表1　试用教师调查问卷结果

试用教师问卷（共12人，有效问卷12份）														
教材总体评价			教材适应度		教材内容			教材结构		实施策略		试用后效果			试用后建议	
好	一般	不好	适应	不适应	好	一般	不好	合理	不合理	指导性	"放羊式"好	好	一般	不好	保持内容稳定	实时更新内容
12	0	0	11	1	11	1	0	12	0	10	2	12	0	0	9	3

表2　试用学生调查问卷结果

试用学生问卷（共350人，有效问卷345份）												
教材总体评价			教材适应度		教材内容			教材策略评价		试用后效果			试用后建议	
好	一般	不好	适应	不适应	好	一般	不好	指导性好	"放羊式"好	好	一般	不好	保持内容稳定	实时更新内容
336	8	1	320	25	338	6	1	278	67	331	10	4	287	58

3.行动研究法

（1）校本教材编写的行动研究

课题组为开发校本教材制订了以下行动路线的方案：确立目标、确定体系、资料搜集与整理、形成教材、试用、反馈和修改、最终确定教材（图3）。

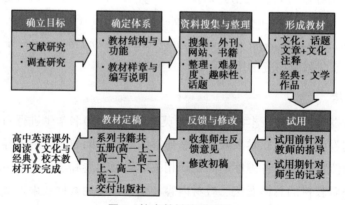

图3　校本教材编写流程

首先，课题组成员调查研究了在校学生英语课外阅读的现状，进行课程资源开发利用模式研究，确定校本教材《文化与经典》的结构分为两个部分，文化部分从国外的报纸杂志和网站选择适合学生认知能力和情感发展需求的阅读材料。经典部分指文学经典作品选读。

然后，课题组成员针对材料设定目标及评价方案，每篇文章后面附有少量拓展学生思维的多样化练习。课题组以班级为单位进行信息采集，为课题组在选择文章类型、把握文章长度难度、设计校本教材题型等方面提供了重要依据。初稿教材反复修订后，最终形成的校本教材共五册，每册分为两部分：Section A 为英语国家文化介绍，以不同的话题为单位，含5篇相关的文章。每册书分别有不同的话题：

高一（上）包括 school life，travel，TV & films，communication，poems；

高一（下）包括 history，great minds，music，food，festivals；

高二（上）包括 science，psychology，literature，art，society；

高二（下）包括 games，family，sports，fashion，nature；

高三（全册）包括 technology，health，geography，media，culture。

Section B 为英语国家经典小说。结构以高一上册为例（图4）。

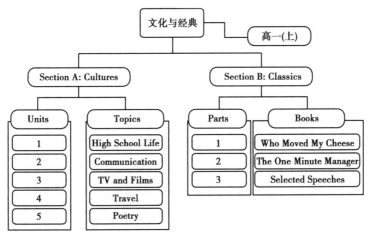

图4 《文化与经典》高一上结构体系

（2）高中英语课外阅读模式探索的行动研究

高中英语课外阅读模式探索的行动研究主要的研究问题是：①使用校本教材是否有助于高中生建立自己的英语课外阅读模式？②本课题研究后，所探索的高中生英语课外阅读模式是否提升了学生课外阅读兴趣以及英语阅读能力？如果有，体现在哪些方面？如果没有，还有哪些潜在问题？

本课题在行动研究的第一阶段，引导学生制订了适合自身英语学习的高一英语阅读学习计划。学生将通过词汇量检测及蓝思阅读测试来了解自己的英语学习能力，同时根据测试结果匹配适合自己阅读的文章，并制订课外阅读计划，其中包括规划阅读时间，思考文本主题，进行阅读摘抄，阅读概要写作，以及自我反思与评价。

行动研究的第二阶段，教师指导学生进行校本教材深度阅读，学生通过不断的学习—实践—反思—改进，不断更新个人阅读思维，提升自己的阅读能力。

行动研究第三阶段，课题组对学生进行访谈并对学生的英语测试做统计学分析，对课外阅读模式的利弊进行深度探讨并予以改进，形成最终的以校本教材为主，课堂外自主阅读为辅的课外阅读模式。

八、研究成果

（一）建立了高中学生英语课外阅读模式

本研究帮助学生建立了以校本教材为主，自选材料为辅的"5S"英语课外阅读模式（图5）。该模式含以下五个步骤：

第一阶段，自主选择课外阅读材料（Selection）：学生登录蓝思阅读官方网站 https://lexile.com，根据蓝思值查找适合难度的整本书，或输入1 000词以下的自选文本在线生成蓝思值，以确定文本难度适中。

第二阶段，制订课外阅读计划（Schedule）：学生根据自身英语水平和需求，规划自己的阅读文本类型、阅读时长、阅读字数等。

第三阶段，持续时间默读（Sustained Silent reading）：学生持续时间默读时间由短到长逐渐过渡，教师利用校本教材进行指导，设计活动来保持学生的阅读热情。

第四阶段，阅读概要写作（Summary Writing）：学生探究主题意义，通过概要写作，深度解读文本。老师反馈学生的阅读情况，并及时做出指导。

第五阶段，自我反思 （Self-reflection）：学生进行阶段性的自我反思，如对自主选择材料的满意度如何？教师可给出样表，学生自行补充。

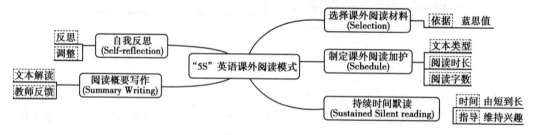

图5 "5S"英语课外阅读模式

（二）接受文化与经典熏陶，提升中学生文化素养

本课题培养了高中学生阅读文化与经典的习惯。学生通过校本教材的泛读，提高了对英语文章的阅读兴趣以及语言素养。《文化与经典》内容涉及历史、音乐、电影、诗歌、食物、建筑等方面，有助于提升学生知识的深度和广度。同时，该教材有助于培养学生的跨文化交际能力，进而提升文化素养。通过对高2018届7—12班学生的追踪调查，发现他们在参加各类语言比赛方面，甚至在考试阅读理解部分对于与文化相关话题文章的理解都明显强于那些未读此书的学生。

（三）促进了英语教师的职业发展

参与研究编写该教材的老师们在英语原版语言资料的搜集、阅读和加

论文发表情况

工过程中，自身的语言素养得以培养。同时，教师更善于反思自己的日常教学，改进自己的教学方式，提升专业发展。据不完全统计，课题组核心期刊发表3篇论文，国家级主流期刊发表8篇论文。

（四）出版了《文化与经典》校本教材

课题组出版了《文化与经典》校本教材（图6、表3）。高中英语课外阅读校本教材《文化与经典》前四册已正式出版使用。高三分册已交付稿件，并与出版社签订了出版合同。

图6 《文化与经典》校本教材

表3 《文化与经典》校本教材具体情况

序号	书名	作者	出版社	书号
1	《文化与经典》高一上	左文珍、申相会	重庆出版社	978-7-229-13168-5
2	《文化与经典》高一下	左文珍、白永梅	重庆西南师范大学出版社	978-7-5697-0671-0
3	《文化与经典》高二上	左文珍、扈静	重庆西南师范大学出版社	978-7-5697-0672-7
4	《文化与经典》高二下	左文珍、范晓东	重庆西南师范大学出版社	978-7-5697-0673-4
5	《文化与经典》高三	左文珍、张发强	重庆西南师范大学出版社	已交稿至出版社并签订合同

九、研究影响与效果

（一）研究影响

我校高2018届学生是本课题最大的受益者。随着研究的推进，课题成果逐渐在全市甚至全国产生了一定的影响。

1.专题讲座

研究团队在各类培训和交流中，就高中英语课外阅读材料的选取和处理方面进行了多次专题讲座，并多次受邀在各地作英语课外阅读材料的编写、教学等举办专题培训讲座等（表4）。

表4　专题讲座

序号	时间	内容	培训对象
1	2018.3	英语学科教学核心素养的培养途径	市级骨干教师培训
2	2017.4	2017级高考英语后期复习策略	渝中区学科教研活动
3	2017.1	英语阅读课教学模式探究	市级骨干教师培训
4	2016.4	英语教学中思维品格培养	巫溪乡村教师（国培）班
5	2016.4	全国卷高考新题型"七选五"指导课	渝中区学科教研活动
6	2016.3	高考英语"七选五"阅读指导策略	渝中区学科教研活动

2.阅读展示课

课题组开展了多次大型的阅读展示课活动，辐射作用明显。在2018年承办的重庆市教育学会外语教学专委会第十届学术年会活动中，课题组老师所呈现的阅读课"Elias'Story"更是体现了新教程改革和核心素养的课程理念，变教师的教和学生的被动吸取为教师的引导和学生主动的探索学习，得到了评委老师们及与会老师们的高度称赞。

课题组老师更是各级赛课的积极参与者。在课题进行期间，有多名老师参加全国青年教师优质课赛课如"绿色课堂杯""一师一优课、一课一名师"等获得全国特等奖、部级特等奖、部级优课等荣誉。

3.论文获奖

课题组成员除了编写完成各册校本教材，还在各级刊物上发表了相关论文数十篇。更值得一提的是，除两篇论文发表于中文核心期刊《中小学外语教学》《中小学外语教学与研究》外，另有16篇论文获得市级以上奖项。这些学术论文成果，使我们的课题在全国都产生了较大的影响力。

获奖情况

4.送教下乡活动

课题组成员老师多次送教下乡，为区县老师们带去教学新动态。2017年，成员老师黔东南送教、南川水江送教、开县城口送教，为重庆市高中英语市级骨干教师培训上展示课。

（二）研究效果

1.成就了学生的发展

《文化与经典》的使用有助于学生阅读习惯的培养并拓宽了他们的视野。对比我校高中2018届7—12班同学在使用所编写的阅读材料前后的成绩发现，《文化与经典》的使用全面地提升了学生阅读理解的分数，学生在进行课外阅读中所获取的词汇量、文化意识和在自主阅读过程中养成的自主学习能力。同时，更高的语言输入质量也带来了输出质量的提升。

2.促进教师的职业生涯发展

课题组教师通过对课题的研究，极大地丰富了阅读教学理论知识，有了理论支撑，在一线教学中更加游刃有余。课题组成员合著《高中英语教学研究》，多名老师合作编写了新支点系列丛书《年轮》。课题组成员中多位获得荣誉称号（表5）。

表5　课题组教师所获荣誉

序号	时间	荣誉称号
1	2017.11	导师获评"正高级教师"
2	2017.7	学员获重庆市级"骨干教师"称号
3	2016.5	学员获重庆市级"骨干教师"称号
4	2015.5	学员获重庆市级"骨干教师"称号
5	2017.9	学员获渝中区"骨干教师"称号
6	2017.9	学员获渝中区"骨干教师"称号
7	2017.9	学员获"渝中名师"称号
8	2017.4	学员获高中英语市级骨干教师培训班的指导教师荣誉
9	2017.1	学员被聘为高中英语市级骨干教师培训对象培训班主讲教师

十、问题与讨论

本课题的研究思路是先调查统计学生英文阅读的兴趣和能力，再依据所获得的信息进行文本的选择和汇编。整体来看，基于调查结果的筛选的文本无论是在话题丰富性上，还是在难易程度上，都较为符合学生的能力和认知，但教材中的读后练习的设计偏于传统，封闭式问题多于开放式问题。传统的封闭式问题对于检测学生对篇章的理解有一定的辅助作用，但对于学生的思维品质和学习能力方面的提升和培养，其引导性则相形见绌。

因此，为了全面、综合地提高学生的高中英语学科素养，教材在读后习题的设计上可以创设一些更为丰富多样、更具启发性的读后讨论和反思活动，如为学生提供同一话题下不同角度的阅读方向，以激发学生对相应话题的延伸阅读和批判性思考；或者在相应主题下设置一些开放式问题，让学生能在阅读的基础上进行运用和反思，表达个人感受和观点，以促进学生在思维品质和学习能力方面的发展和提升。

十一、结论与建议

（一）结论

（1）高中英语课外阅读《文化与经典》校本教材研究课题为学生呈现多元阅读素材，激发学生英语阅读兴趣。该教材不仅融入了原汁原味的英美文学，还汇编了国外报纸杂志和网站上符合学生认知水平和情感发展需求的文章。通过英语文学经典的阅读，学生可以感受不同的历史背景，体会不同作家的写作风格；通过时尚、科技、经济、政治、宗教、艺术、体育等相关话题的实时素材，学生可以不断地扩展其创新思维，从而提高自身文化品格、开阔文化视野。

（2）高中英语课外阅读《文化与经典》校本教材为学生排除阅读障碍，让学生充分享受阅读的乐趣。教材在编排上充分考虑了学生在阅读过程中可能出现的语言障碍，有效地预测学生可能不认识的字词和其他语言现象，在版式设计上分为左右两栏，左边为文本主体，生词和难点用下画线标出，右边为对应注释。同时，文本右侧留有一定的空白，便于学生在阅读过程中进行思考、提问和注释，让学生在顺利享受阅读全程无障碍的同时，有效进行阅读元认知。

（3）高中英语课外阅读《文化与经典》校本教材与传统教材相辅相成，帮助学生在阅读中将课本知识融会贯通。在潜移默化的阅读学习中，《文化与经典》能够不断地让学生体会英语语言本身的魅力，并对课堂学习进行巩固和加深，形成自然而然的习得与运用。

（二）建议

在后续的研究中，若能配上相应的课堂或小组使用建议手册，将一些配套的活动和多种思考维度整合放在其中，可促进教师与学生对汇编文本更有效的利用。如果能配合选文提供音像资料，如演讲录音、相关影视资料剪辑等，效果会更好。同时，为了让本教材的使用能更加深入，建议学校或教研室能划拨专项经费对授课教师进行专门、系统的培训，这不仅有助于课程的开展，还有利于教师的专业化成长。另外，为了充分发挥教材对学生英语素养的提升作用，建议在学校条件和政策允许的情况下，为本教材的阅读和使用提供单独、稳定的课时安排，以促使学生形成长期良好的阅读习惯，从而提高其英语学科的综合素养。最后，建议继续深化研究，探索并编纂出能为不同水平和层次的学生阅读的英语阅读校本教材，在更大范围内推广及运用。

课题负责人：左文珍

主研人员：申相会　白永梅　扈　静

范晓东　张发强　王飞涛

充分利用现有资源，提高作文教学有效性的策略研究

重庆市铜梁区铜梁一中

一、研究背景及意义

（一）研究背景

岁月不居，课改向前。《普通高中语文课程标准》从实验版到修订版，从"注重全面提高语文素养，发挥育人功能"到"坚持立德树人，增强文化自信，发展核心素养"，体现了时代对素质和人才培养的新要求。

作文教学现状见图1。农村与县城学生生活经历较为简单，阅读习惯较差，思维和视野相对有限，作文资源有限，教师教法陈旧，学生害怕作文，为考而写，写作困难再正常不过。

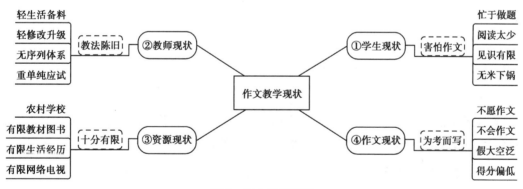

图1　作文教学现状

（二）研究意义

本课题研究意义见图2。

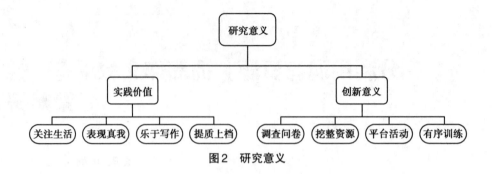

图2　研究意义

二、研究理论和依据

本课题研究理论和依据见图3。

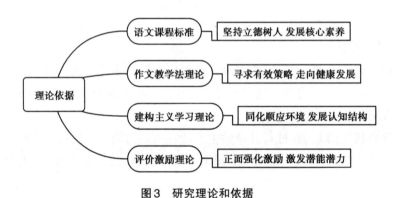

图3　研究理论和依据

1.《普通高中语文课程标准》

《普通高中语文课程标准》坚持立德树人，发展核心素养，体现课改成果趋势，明确研究方向要求，是指导课题研究的纲领性文件。

2.作文教学法

作文教学法理论认为，教师应"结合时代精神、身边实际、学生生活体验，寻求有效策略，使作文教学尽快走出困境，走向健康发展的轨道"。

3.建构主义学习理论

学生在老师引导下，与周围的环境、资源相融相生，不断"建构""同化""顺应""丰富""更新"，促进自己"生长"。该过程主体是学生，引领是老师。

4.评价激励法

作文教学要充分发挥作文评价激励作用，通过搭建成果展推平台，促进学生全面积极主动发展，写出更高质量的作文。

三、核心概念界定

本课题核心概念示意图见图4。

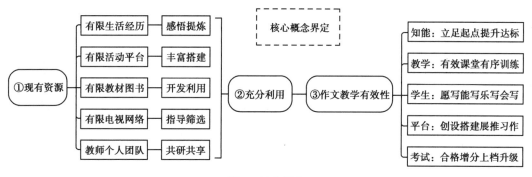

图4　核心概念

1.现有资源

现有资源指我校学生有限的生活经历、展示机会与平台，有限的教材图书、电视网络资源，经验有限的教师个人和数量有限的教师团队。

2.充分利用

充分利用指进一步整合研发力量，提炼生活经历、丰富写作活动、搭建展推平台、开发作文资源、激发兴趣潜力，最大限度提升作文教学有效性。

3.作文教学有效性

作文教学有效性指作文教学有效、作文训练有序、写作活动丰富、展推平台多样，习作升级上档、学生愿写能写、成功体验丰富、知能达标合格、作文分数有一定的增长。

四、国内外相关研究综述

（一）国外研究综述

国外有关"高中作文教学有效性"研究情况不多，文献较少。

日本倡导"生活作文"，使学生深化对生活的认识，形成主体的人格，值得借鉴。美国作文题目不受拘束，允许学生自由选择，写作的东西必须是学生真正相信和关心的。

（二）国内研究综述

1.研究文献数据调查

研究文献数据调查统计表见表1。

表1　研究文献数据调查统计表

主题词	全部	期刊	博士学位论文	硕士学位论文	重要会议论文
作文教学	28 835	24 244	20	2 513	2 058
高中作文教学	935	541	–	354	40
作文教学策略	2 832	1 434	10	1 244	144
高中作文教学策略	264	53	–	205	6
作文教学有效性	535	233	7	276	9
高中作文教学有效性	44	14	–	29	1

2.作文教学研究述评

当前对"高中作文教学"的研究比较典型的有以下两类：

（1）教学策略研究。例如：辽宁师范大学宋远的硕士论文《高中作文教学中的问题与对策研究》，廖凯《论新课改背景下的高中语文作文有效教学》，翟赟《新课改背景下高中作文教学的变化和特点》等。

（2）作文教学方法研究。例如：杨思刘《"先学后教，二次训练"作文教学探索》，李建珍《五步教学法打造创新作文》，朱娜《梁启超作文教学法研究》等。

从国内作文教学研究现状看，主要有以下角度：各种文体作文教学序列化研究；各种教学方法和策略研究；名家作文教学方法以及高考作文研究。不少研究立足应试、着眼考分，较为急功近利，质量很难提高。

五、研究目标及内容

研究目标及内容见图5。

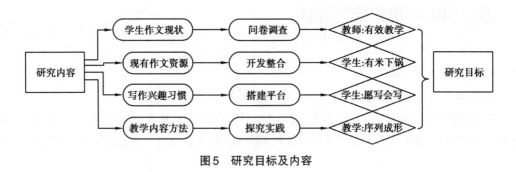

图5　研究目标及内容

六、研究对象及范围

（1）研究初期：本校高2017级各层次共16个班级。

（2）研究中后期：扩大到全年级及2018级、2019级学生及相关语文教师。

七、研究方法及运用

（一）文献借鉴

广泛学习名家相关理论和著作，从中获得借鉴与启示。叶圣陶曾说："凡是干的、玩的、想的，觉得有意思就记，一句两句也可以，几百个字也可以。"魏书生提出，"坚持写日记，写作形式多样，专项突破，学会批改，注重育人"等提高写作能力的"八法"，会研究"学"，才会研究"教"。章熊提出，"努力写出你自己""将原始素材转化为写作素材"。温儒敏认为，"培养读书兴趣是语文教学的'牛鼻子'""读书养性写作练脑""让学生多读'闲书'""教育，须以价值观铸魂""引导鼓励学生自由表达和有创意地表达，写真话、实话、心里话，不写假话、空话、套话。"王玉强提出："所有文章都是表达思想的。所以要做有思想的人，有襟抱的人，有慧根的人。"李镇西"共同组建了一个有情怀、有责任、有梦想的教育者'江湖'"……诸多名家启示我们：激发兴趣，以学定教；重视阅读，鼓励表达；重视思想思考，重视作文资源整合挖掘，搭建平台，有序训练；写好"下水"作文，打造教研团队。

（二）调查研究

作文教学有效性调查见图6。

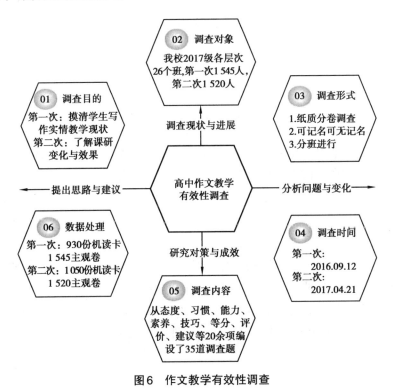

图6 作文教学有效性调查

（三）行动研究

行动研究示意图见图7。

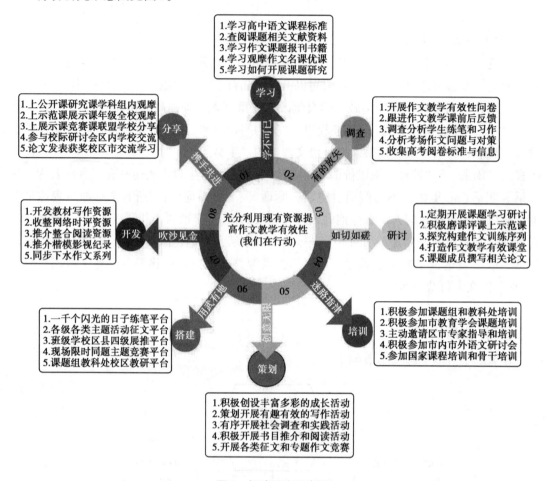

图7　行动研究示意图

课题组紧紧抓住学习、调查、研讨、培训、策划、搭建、开发、分享等方面开展工作，推进进程，在"做"中思考研究，在"研"后优化落地。

八、研究成果

经过数年研究，破解了"如何提升作文教学的有效性"这个难题，探索了"调查问卷、习作分析"摸清实情两条途径；实现了"有序训练、有米下锅、愿写会写"三个目标；搭建了"班级、年级、学校、区县"习作推展四个平台；开发了"教材、报刊、人物、书目、影视"五类资源；结出提升作文有效性的六大策略，基本达到预期目的。主要研究成果见图8。

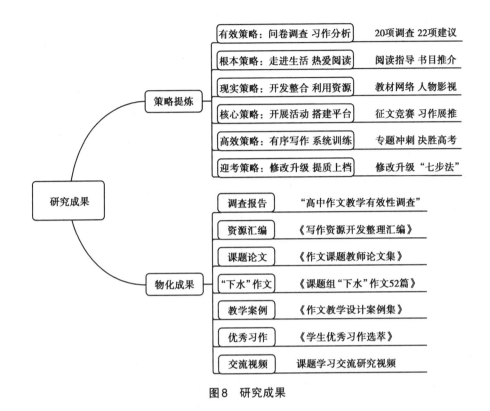

图8　研究成果

1.提炼出提高作文教学有效性的策略

（1）问卷调查和习作分析是摸清学生写作实情的有效策略。写作实情与教学现状调查见图9。

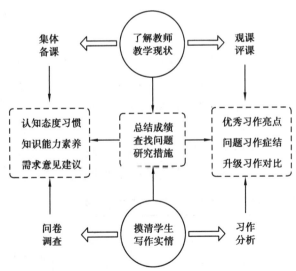

图9　写作实情与教学现状调查示意图

（2）引导学生走进生活、热爱阅读是解决写作空洞无物的根本策略。

（3）充分挖掘身边资源，积极整合现有资源，是解决学生写作"无米之炊"的现实策略。"写作资源"开发利用示意图见图10。

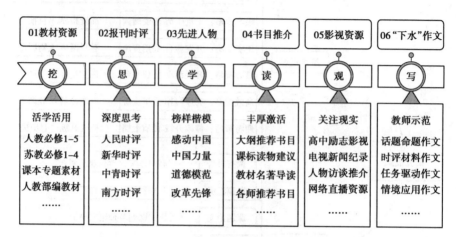

图10 "写作资源"开发利用示意图

•挖掘教材资源。读思、读仿、读写结合，多角度解读最大化利用文本。

•甄别网络资源。引导学生走出猎奇娱乐，关注有益影音图文栏目资源。

•关注生活资源。引导关注身边人事、体悟家中亲情、发现社会真善美。

•整合研究资源。发挥成员特长优势，互补共研共享，打造教研协作团队。

•汇编素材资源。从教材、时评、人物、阅读、励志影音等多个方面挖掘整合，完成近15万字《写作资源开发整理汇编》，分享电子版，解决"无米之炊"。

（4）积极开展各类写作活动，搭建写作展示平台，是激发学生写作兴趣的核心策略。携手学校团委、政教处、年级学科组、鹿鸣文学社、铜梁报社等开展了一系列丰富多彩的写作活动，初步搭建出五个平台。

•建搭练笔平台。以"一千个闪光的日子"为主题，写好成长日记。

•搭建征文平台。开展各级各类主题征文活动，关注社会、思考表达。

•搭建竞赛平台。推出现场、限时、同题、主题赛，展示个性、体验成功。

•搭建展推平台。优秀或升级习作班级上墙、年级印发、《鹿鸣》校刊发表、铜梁报刊载。

•搭建教研平台。衔接个人、课题组、学科组、教科处、区教科所，穿点连线织网。

（5）有序写作和训练，是提升作文教学有效性的系统策略（表2—表4）。

表2 普通高中课程标准实验教科书"表达交流"——教材同步序列

学期	教材	教学目标	写作话题	训练内容
高一上	必修一	训练写人记事、写景状物的基本技能	心音共鸣	写触动心灵的人和事
			园丁赞歌	记叙要选准角度
			人性光辉	写人要凸现个性
			黄河九曲	写事要有点波澜

学期	教材	教学目标	写作话题	训练内容
高一下	必修二	训练抓住特征写景、描写、抒情、虚构	亲近自然	写景要抓住特征
			直面挫折	学习描写
			美的发现	学习抒情
			想象世界	学习虚构
高二上	必修三	能写出比较规范的、基本符合要求的议论文（立论点、用论据、会论证）	多思善想	学习选取立论的角度
			学会宽容	学习选择和使用论据
			善待生命	学习论证
			爱的奉献	学习议论中的记叙
	必修四	写出有一定独创性的、较有深度的议论文	解读时间	学习横向展开议论
			发展幸福	学习纵向展开议论
			确立自信	学习反驳
			善于思辨	学习辩证分析
高二下	必修五	写出符合发展等级的深刻、新颖、充实、有文采的作文	缘事析理	学习写得深刻
			讴歌亲情	学习写得充实
			锤炼思想	学习写得有文采
			注重创新	学习写得新颖

说明：教材同步序列，依据人教版教材"表达交流"五册二十个写作专项训练系列，在课堂上渐次进行训练。

表3 课题组高三高考作文——专题训练序列

时间	专题	强化突破内容		
7月	热爱作文	作文一题定乾坤	作文阅卷及得失	吃透评分标准
8月	读书与作文	素材思想结构语言	美文诵读与摘抄	读书笔记
9月	生活与作文	观察、体验、思考	日记与片段等表达	素材积累
10月	结构模式打造	凤头、猪肚、豹尾	引、议、联、结	并列对照层进
11月	规范书写	楷书训练指导	行楷训练指导	书写与卷面
12月	手法技巧应用	对比、衬托	抑扬、悬念	倒叙、平叙
次年1月	典范记叙文	巧妙叙事	细节描写	议抒升华
次年2月	规范议论文	析事明理	辩证思维	论据表述
次年3月	材料话题作文	精准审题新深立意	以情动人 以理服人	引议析联结
次年4月	作文修改	步骤与方法	升级上档	修改实践
次年5月	材料运用	典型与新颖	取舍与剪裁	多用与归一
次年6月	语言打磨	记叙类语言打磨	议论类语言打磨	实用类语言打磨
学年	做人与思维	做大写大气之人	形象思维与抽象思维	哲理与创新思维

说明：高三每月安排二至三个专题，专研专备，共享教案课件，各班再增删。

表4　课题组作文分解训练——"写作素养"序列

板块	讲练专题	要点1	要点2	要点3	要点4	要点5	要点6	要点7
平时积淀	思维视野	时事评论	哲学思辨	传统美德	时代要求	政策解读	青年需要	核心价值
	素养情怀	公民素养	时代精神	自然生命	科学人文	正义公平	家国情怀	责任温情
	厚积薄发	名言素材	事例素材	经典素材	新鲜素材	感动中国	教材素材	积累指导
	平时训练	句子训练	写段训练	组段训练	思维训练	辩证说理	速度训练	预测训练
审题立意提纲	精准审题	抓住细节	把准审点	命题作文	单则材料	多则材料	话题作文	漫画寓意
	深新立意	立意正确	立意深刻	立意新颖	立意精准	去假大空	时尚观点	立意训练
	编拟提纲	作文乱象	简明全快	考虑要点	快速呈现	分类训练	开头结尾	过渡照应
	恰当命题	命题要求	命题方法	命题指瑕	命题训练	命题互评	命题升级	命题欣赏
入格成文	任务指令	明确任务	完成指令	就事论事	议不离事	就事论理	理由事由	原材他材
	入题亮旨	原材使用	快速入题	拖慢弊端	精心开篇	论点提炼	论点表述	论点呈现
	分论展开	如何分并	如何紧扣	句式齐整	文采表达	位置安排	逻辑体现	强化训练
	点题扣题	点扣原因	点扣位置	点扣方法	问题诊断	修改示例	扣题叙材	扣点论证
	论据选用	论据有用	论据典型	论据丰富	论据新鲜	论据使用	论据分析	论据表述
	结构安排	总分总式	对照破立	层层递进	提分解式	引议联结	复合结构	是为怎会
	论证方法	引用论证	事例论证	对比类比	引申归谬	因果假设	比喻论证	演绎归纳
议深析透亮点升级	分析参照	品德修养	法规制度	感情人情	道理事理	人心人性	利益利害	责任权利
	议深析透	判断正误	现象本质	结果原因	后果影响	方法途径	启示创新	职责功过
	严谨表达	用词准确	分寸感强	论点严谨	分论严谨	论据严谨	论证严谨	思维严谨
	语言打磨	词汇丰富	句式灵活	修辞恰当	修饰准确	意蕴丰富	去口水话	文学表达
	卷面书写	书写要求	卷面美化	练字指导	视频学习	字帖推介	逐个纠偏	强化训练
	修改升级	常见问题	修项改点	修改方法	自改实践	互改实践	死文救活	备瓶盛酒
知彼	阅卷打望	评分标准	评分细则	阅卷重点	阅卷真相	样卷分析	优秀作文	阅卷忠告

说明："写作素养"系列，在高中三年有序进行，各班选择使用。

自由练笔练句段篇，写物景人事，学叙描抒议，写自己家庭学校自然社会，课余进行，不统一要求。

（6）探索并形成了作文升级上档的策略（图11）。

针对学生不知如何修改升级习作的难题，课题组探讨分享习作修改升级七步法，学生习作亦逐渐从半成品走向成品；从合格品走向优品精品。

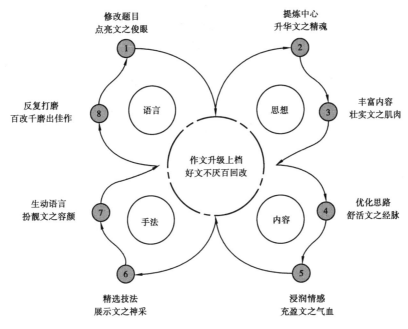

图 11　作文升级上档的策略

2.教师教学设计案例集

课题组成员观摩研讨，积极上作文研讨课、公开课、示范课，汇编《优秀作文教案集》，展示了作文教学设计的独特、实用、针对和创意。课题组《作文教学设计案例集》（2015—2016学年）见表5。

表5　课题组《作文教学设计案例集》（2015—2016学年）

板块	教学设计内容	设计者
蓝图构建	画好作文的蓝图	黄国志
读写结合	《记梁任公先生的一次演讲》公开课教案	尹苋
	《苏幕遮》读写结合教案	尹苋、康清
记叙文写作	高中写人记叙文写作指导	白静
	写出情节的波澜	姚高云、刘君福
	高中作文教学设计之二（秋景）	葛月、康清
	见山不仅只是山	刘光绪
	写出真情实感（抒情）	黎建军
议论文写作	高中第一次作文教学设计	葛月
	培养作文的气质	尹苋
	难审题作文审题训练	郭庆
	就事论事　析事明理	杨羽
	议论文写作技巧	姚高云、郭砺
	高考满分作文的基本体式及例文解构	姚高云

续表

板块	教学设计内容	设计者
语言打磨	高考作文语言打磨：精打磨——语言特色巧出新	周彦
	"作文写作技巧谈"教学案例（语言打磨）	姚高云、郭砺
修改作文	文章不厌百回改——作文修改的要求和程序	黄国志
	高中作文教学设计之三——互评互赏	葛月

3.嘴上得来终觉浅，绝知深浅要下水——教师"下水"作文

叶圣陶说："语文老师教学生作文，要是老师自己也经常动笔，或者做跟学生相同的题目，或者另外写些什么，就能更有效地帮助学生作文，加快学生写作的进步。"师生同写，对比参阅，同修共改，取长补短，颇受学生欢迎。课题组教师2014—2020学年"下水"作文（部分）见表6。

表6　课题组教师2014—2020学年"下水"作文一览（部分）

类别	写作缘起	"下水"作文	完成时间
材料作文	月考作文	心有远方，何惧风雨——读《生活不是一只薛定谔的猫》	2016.4
	月考作文	汗水浇灌杏林路，铅衣底下谱芳华——"职业选择与父母意见"作文	2017.12
	常规训练	"欲栽大木柱长天"——"中学生做美容手术"作文	2018.1
	考前训练	信仰的力量让我们勇毅笃行——2019年重庆"二诊"名言集句作文	2019"二诊"
	考前训练	视界——"鹰寓言故事"作文	2019.5
任务驱动型作文	常规训练	敬畏让我们走得更远——"石某非法穿越亚丁"作文	2016.9
	常规训练	任尔熙熙攘攘，我自朗月清风——"诗词大会冠军"作文	2018.9
	月考作文	心态从容，才是名副其实的大国——"扒门阻地铁运行事件"作文	2018.11
	常规训练	救救自己——《都挺好》素材作文	2019.1
时评类作文	常规训练	浪花淘尽英雄——"致敬传统文化"作文	2015.9
	常规训练	走进昂扬自信的新时代——"致敬改革开放四十年"作文	2017.3
	常规训练	我相信，我期待——万州公交车事件的几点思考	2018.11
	常规训练	幸福是奋斗出来的——"聆听习近平主席元旦讲话"作文	2019.1
	常规训练	正面迎战，就把它看成我们复兴路上的一次修行——"关于全民抗疫"作文	2020.3
教材理解	常规训练	湖山静界——《写景要抓住景物特征》征文	2014.1
	常规训练	祥林嫂的死刑判决书——《祝福》改写	2014.1
	常规训练	在大美中突围——读《赤壁赋》	2015.1
	常规训练	苏醒的灵魂相遇无奈的现实——读《红楼梦》	2018.12
写学生征文	征文	美哉，我中华文化！壮哉，我中华文化——"弘扬传统文化"征文	2014.6
	征文	中国脊梁——"新时代雷锋精神"征文	2016.6

续表

类别	写作缘起	"下水"作文	完成时间
写学生征文	征文	苟利国家生死以——"中华魂活动"征文	2015.1
	征文	中国梦因我们而美丽——"中国梦"征文	2017.5
	征文	实现中国梦，一个也不能少——"扶贫"征文	2018.4

4.发表论文和获奖论文集

本课题研究，教师们先后公开发表相关论文15篇，获县、市、国家级奖教学论文60余篇，汇编为《作文课题教师论文集》，见证求索，交流切磋。课题组发表与获奖论文（部分）见表7。

表7 课题组发表与获奖论文（部分）

时间	论文名称	赛由	等级	发表刊物/颁奖单位	作者
2018.06	《高中语文课堂教学有效性的思考与认识》	全国教育学术评审获奖并发表	一等奖	北京教育科学研究院《教育科学研究》	黎昌红
2018.08	《浅谈高中语文作文教学》	在《神州印象》获奖并发表	一等奖	《神州印象》杂志社	康清
2018.08	《高中语文教学中如何培养学生的学习兴趣》	在《神州印象》获奖并发表	一等奖	《神州印象》杂志社	黎昌红
2016.08	《浅谈自主学习在高中语文写作训练中的应用》	在《教育》获奖并发表	一等奖	《中国科技经济新闻数据库教育》	黎昌红
2011.03	《作文教学可持续发展探索》	全国教师优质课大赛	二等奖	中国教育技术协会	刘光绪
2016.04	《中学语文作文升级上档对策研究》	重庆市第十二届基教课改征文大赛	一等奖	重庆市教育科学研究院	黄国志
2016.04	《提高作文教学的有效性的三点思考》	重庆市第十二届基教课改征文大赛	二等奖	重庆市教育科学研究院	刘光绪
2007.12	《快乐，作文因你而精彩》	重庆市第四届中学语文教育教学论文大赛	二等奖	重庆市教育学会中学语文专业委员会	康清
2012.05	《亲近自然 写景要抓住特征》	重庆市第七届学习指导优秀论文评比	二等奖	重庆市教育学会学习指导专业委员会	刘光绪

九、研究影响及效果

（一）级校辐射示范，区市交流分享

课题组研究成果推介情况见表8。

表8　课题组研究成果推介情况简表

成果名称	成果形式	推介形式	影响范围
课题结题研究报告	研究报告	介绍作文教学六大有效策略	全校及联盟学校
学生优秀习作选萃	习作选萃	学生学习借鉴	班、级、校、铜梁报
作文教学设计案例集	教案集	语文教师学习研究借鉴	全校、部分作品市区获奖
作文课题教师论文集	论文集	语文教师学习研究借鉴	学校、区市、报刊读者群
写作资源开发整理汇编	材料汇编	师生共享	全校各年级师生
研讨学培授课活动实录	视频集	学习研究借鉴	全校语文教师
教师"下水"作文52篇	教师"下水"作文	师生借鉴（结集成书）	全校各年级师生

（二）研究渐次推进，作文优势凸显

通过四学期成绩跟踪对比发现，学生作文水平逐渐提升，课题实验班级与非课题实验班级作文考试差距也渐次拉开，作文对语文总分贡献越来越大，详细数据见表9。

表9　课题实验班级与非课题实验班级语文考试作文分数抽样对比

班级类别	2017级	是否参与实验	2015秋期期末联考	2016春期期末联考	2016秋期一诊考试	2017春期二诊考试	2017春期高考（总分）
理科重点班	5班	课题实验班	45.3	45.6	45.8	46.7	97.69
	6班	非课题实验班	44.2	44.1	43.7	43.6	92.18
	同层次班级对比分差		1.1	1.5	2.1	3.1	5.51
理科平行班	10班	课题实验班	42.4	42.9	43.8	44.4	90.74
	13班	非课题实验班	41.2	41.3	41.6	41.5	85.68
	同层次班级对比分差		1.2	1.6	2.2	2.9	5.06
文科平行班	21班	课题实验班	42.3	42.6	43.5	44.5	92.61
	24班	非课题实验班	41.4	41.2	41.4	42.3	88.39
	同层次班级对比分差		0.9	1.4	2.1	2.2	4.22

注：原始数据由学校教务处提供，扣除0分后计算班级平均分，同层次班级对比。

课题成果届届传递、级级渗透。2017级成果全面推广，语文年级平均分达94.04分；2018级，助推我校在北大之后实现清华零的突破；2019级，1 364人参考，语文一本有效分单上线的达706人，语文一本上线率高达51.75%，考出了我校最高纪录、最好成绩。

（三）体验越来越好，佳作不断涌现

"给学生一个舞台，还青春一份精彩"。面对丰富的活动与不同的舞台，学生开始试写、愿写、会写、乐写。近两年学生获班级校区各类奖项230余人次；数十篇习作选进我校《鹿鸣》文学校刊，10余篇学生习作发表在《铜梁报》上，发表部分习作见表10。课题组还收编《学生优秀习作选萃》一册，提高热情，激发兴趣，见证青春，记录成长。

表10　2017—2018年发表在《铜梁报》上的学生习作（部分）

序号	作品名称	体裁	学生姓名	指导教师
1	往昔的幸福	散文	李慧琳	陈世坪
2	涪江古镇——安居	散文	周宏谚	-
3	时间的旅行	随笔	陈钱元	宗华
4	奈何浮生，几许安年	随笔	高琳	-
5	推开你的窗	散文	欧美玲	-
6	回眸一弯明月	随笔	汪洋	-
7	坚强	诗歌	吴坤	-
8	人生若只如初见	随笔	刘浪	-
9	散场的告白　祭奠过往	散文诗	周丽利	郑子高
10	穿越雨水充沛的青春	散文	龚琴	白静
11	天籁静音——寻静	散文	秦普艳	韩娟

十、问题与讨论

课题研究解决了部分问题，又带来了更多新的问题：

（1）面对新一届"升级换代"的学生，如何引导他们热爱生活、关注现实，如何挖宽、挖深作文的源头活水，又是一个新的挑战。

（2）做人与作文如何深度融合；如何给文章赋予闪光的思想和有趣的灵魂；如何扎实语言功底、丰富作文技巧，值得深度思考。

（3）如何将作文序列训练优化、精细与深入，让作文教学有效性再进一步，值得跟进深研。

（4）现有研究成果如何与新课程标准、新高考倡导的情境写作、应用写作深度融合，值得深入探究。

十一、结论与建议

（一）研究结论

一路走来，以现实生活为源头，开整资源；以活动设计为载体，搭建平台；以激发兴趣为抓手，体验成功；以系统教学为重心，有序训练；以修改"下水"为手段，升级上档。提升作文教学有效性策略浮出水面：

调查提高教学针对性，探究提升教学有效性；

教学内容须精准对症，作文训练须科学有序；

前期生活准备为源头，后期打磨升级上档次；

与其坐等苦写作资源，不如主动开发加利用；

多彩活动激写作兴趣，搭建平台丰成功体验；

下水作文学生倍青睐，可观可评可学更可鉴；

课题共研乃凝心聚智，成果共享方省时增效。

在实践中摸索反思，在检验中修正消疑，年复一年，静心提炼、反观沉淀，也不乏欣慰和亮点：

调查问卷，习作分析，找到了学生的问题症结；

精选内容，有序训练，提升了作文的教学时效；

融入生活，开发资源，找到了作文的源头活水；

"下水"示范，修改升级，实现了习作的提质上档。

课题立足师生实际，紧扣教学实践，切中有效肯綮，破解语文难题，成绩显著，效果明显，值得进一步推广和更深入研究。

（二）建议

"提高作文教学有效性"，研究之后，课题组有如下建议：

1.敢于啃教学中的硬骨头

教学难、难教学，唯其对学生有用，才更有啃的价值。正面出击，迎难而上，求索实证，终究会探出一些门路，究出一些道理。

2.善于聚研究中的独行侠

面对教学中的大问题、系统工程，需要我们团结协作，凝心聚智，群策群力，集团冲锋，共研共享。

3.乐于做成长中的引路人

求学成长难免迷茫无助，急学生所急，解学生所困，视引路为乐事，乐做学生们成长中的引路人，既渡人又自渡。

课题负责人：李祥华

主研人员：黄国志　刘光绪　刘君福

黎建军　康　清　姚高云

高中语文教学中的学生理性品质培养研究

重庆市第二十九中学校

一、研究背景与意义

（一）研究背景

1.基于全面深化课程改革的需要

2014年3月，教育部发布《关于全面深化课程改革 落实立德树人根本任务的意见》，把"立德树人"作为素质教育的根本任务，并把"核心素养"置于深化课程改革、落实立德树人目标的基础地位，成为下一步深化课程改革工作的"关键"因素。

理性是人类的本质特征，是社会文明的基础，是维护和推动社会健康发展的前提，是健全人格不可或缺的精神内核。一句话，理性是"立德树人"不可或缺的支撑，是整个教育的主题，也是语文教育的应有之义，毫无疑问，应该成为教育教学关注的焦点。

2.基于新课程改革的要求

《普通高中语文课程标准（2017年版）》将"思维发展与提升"确定为语文学科核心素养之一，在课程目标中提出"发展逻辑思维""提升思维品质"的要求，更在课程内容中设置了"思辨性阅读与表达""科学与文化论著研习""学术论著专题研讨"三个学习任务群，占了全部学习任务群的六分之一，旨在"发展实证、推理、批判与发现的能力，增强思维的逻辑性和深刻性，认清事物的本质，辨别是非、善恶、美丑，提高理性思维水平""培养求真的科学态度和勇于探索创新的精神"，可见对理性品质之重视。

3.基于当代高中生理性品质的欠缺

中国传统教育大都以"听话""守纪"为学生准则，学生缺乏独立思考的意识与能力；同时，我们又是一个重视诗教传统的国家，背诵圣贤名言，强调教化，而忽视思辨；中学作文一贯重诗意、轻理性，导致学生理性品质的欠缺……高中课堂不易看见独立的思考，学生作文难见逻辑严密的论文，面对种种自然、人生、社会的问题，情绪化、主观随意，以个人好恶干扰求真务实；高中生难见负责任的、独立深入的思考，学生的创新能力亟待改善。

4.基于新的时代需要

当今时代是一个民主、法制、科学不断进步的时代。这既需要价值理性的先导，也需要工具理性的保障。

面对铺天盖地的信息，要懂得辨别，具备批判性思维，进行理性反思和质疑；面对浅阅读和娱乐至上的时代文化，教育更应该给孩子以理性；创新能力的培养离不开优秀的理性品质，多元文化的环境尤需理性品质的健全。

（二）研究意义

1.于个体生命

理性是人的本质特征，是健全人格不可或缺的精神内核。理性的意义在于对自身存在及超出自身却与生俱来的社会使命负责，是人全面发展的必备条件。

2.于群体社会

理性是社会文明的基础，是维护和推动社会健康发展的前提。

3.于时代要求

在今天这样一个自媒体时代，信息泛滥，真假难辨，文明交融碰撞，价值多元，理性是保证个人身心健康和社会和谐发展的必要条件。

4.于成长阶段

高中是一个激情澎湃的阶段，热情有余而理性不足；高中也是人走向成熟、理性品质发展的关键时期。今天的及时培养，将使学生终身受益。

二、理论基础与依据

（一）马克思主义理性观

马克思主义理性观本质上就是实践理性观。这种理性观不仅解决了理性何以可能的问题，也解决了理性何以发展的问题。它表明，理性是实践的理性，而非抽象、先验的理性，是人在实践中形成并在实践中不断发展的一种主体性产物。马克思《1844年经济与哲学手稿》中说："动物只是按照它所属的那个种的尺度和需要来建造，而人却懂得按照任何一个种的尺度来进行生产，并且懂得怎样处处都把内在的尺度运用到对象上去。""内在尺度"实际上是主体的理性，即理性化的意图、欲求、目的和价值判断等。实践过程就是理性不断得到检验和发展的过程。它告诉了我们理性的可发展性以及发展途径。

（二）皮亚杰认知发展理论

1.个体发展四阶段

（1）感知运动阶段　其认知活动主要通过探索感知觉与运动之间的关系获得动作经验，形成图示。

（2）前运算阶段　认知活动不局限于感知活动，但此阶段思维仍受具体知觉表象的束缚，难以从知觉中解放出来。

（3）具体运算阶段　此阶段儿童具有了抽象的概念，能够进行逻辑推理，但此阶段儿童的思维仍然需要具体事物的支持。

（4）形式运算阶段　此阶段儿童能用逻辑推理解决问题，能理解符号的意义，不再恪守规则，常常由于规则与事实的不符而拒绝规则。

2.影响发展的因素

（1）成熟　指机体的成长，特别是神经系统和内分泌系统的成熟，是个体发展的必要条件。

（2）练习和经验　指个体对物体做出动作过程中的练习和习得的经验（不同于社会性经验）。

（3）社会性经验　指社会环境中人与人之间的相互作用和社会文化的传递，对个体的发展具有重要影响，它需要建立在被主体同化的基础上。

（4）具有自我调节作用的平衡过程　自我调节是认识活动的一般机制，它使得认知结构由低级水平向高级水平发展。

高中学生正处于皮亚杰认知发展理论的第四阶段，此时，理性渐趋成熟，正是形成理性品质的关键时期。同时，皮亚杰关于影响儿童发展的因素的理论，为我们研究如何培养学生理性品质成长提供了理论指导。

三、核心概念界定

1.理性

《现代汉语词典》对"理性"的解释是，指属于判断、推理等活动的（跟"感性"相对）；从理智上控制行为的能力。

社会学角度来讲，理性指能够识别、判断、评估实际理由以及使人的行为符合特定目的等方面的智能。理性通过论点与具有说服力的论据发现真理，通过符合逻辑的推理而非依靠表象而获得结论、意见和行动的理由。

它有如下的特点：尊重事实，服从规律、法则、目的，依据逻辑推理，预知后果。

本课题中的理性主要是指高中学生在遇到问题时能够冷静思考，通过事实的研究、逻辑推理和理由评估来确定自己的信念与行为。

2.品质

品质含义有二，一是指行为、作风上所表现的思想、认识、品性等本质；二是指物品的质量。本课题中的"品质"是含义一的引申，指学生在学习与生活中确定信念与行为时所表现出来的尊重事实，服从规律、法则，依据目的，凭借逻辑推理等心理和行为水平。

3.理性品质

本课题所指的理性品质是指高中学生在学习生活中所表现出来的理性精神和思维能力的水平。前者属于伦理精神层面，后者属于方法技术层面。具体是指学生在学习与生活中确定信念与行为时所表现出来的尊重事实，服从规律、法则，依据目的，凭借逻辑推理等内在的伦理、思想、技术等特征与智能水平。

4.题目阐释

本课题旨在通过普通高中语文教学对学生的理性品质进行培养。理性品质有其特点，它既融于语文，又有其相对独立性，并最终为语文所用、从根本上提升语文素养，所以语文教学中的理性品质培养需要以相对独立的校本语文课程为基础，并将其思想全方位、立体化地贯穿于整个语文实践中。

四、国内外研究现状综述

以"理性"与"语文"为关键词梳理，在语文学科中的研究，主要从以下几个方面展开：

第一，梳理语文教学中思维能力培养的现状并予以高度关注。潘新和《语文学科呼唤科学态度和理性精神（上、下）——我国现代语文教育的世纪反思》中重新提出这一命题。俞发亮在《高中语文应重视"理性思维"教育》一文中提出了"理性思维"教育的观点，从高考考生作文入手，指出了中学生的语文学习现状，即怀疑、批判力、逻辑三种理性思维能力相对缺失。吴格明教授在《批判性思维素养应当是语文课程的重要目标》一文中，将理性思维上升到语文素养的核心位置之一，更新了人们对语文理性思维培养的认识。

第二，将理性思维培养作为语文学科的基本任务，进行方向探索、方法研究。代表性著作是卫灿金的《语文思维培育学》，他系统地阐述了语文科学生思维的发展，语文科的思维本质，语文科思维培育的目的、任务和原则，以及各类思维的培育和训练。徐贲著《明亮的对话——公共说理十八讲》，以世界的视野观察中西方人文学科教学，特别详细介绍了美国公共说理教育的目标、体例、系统与操作。

第三，在教学实践方面，探索理性思维培养的课堂与课程建设。朱耀明《语文教学中思维训练例谈》中根据具体教学案例，提出思维培养具体操作方法。蒋晓燕《为思维而教　让语文课堂闪烁理性的光芒》，最值得一提的是"理性思辨"选修课程，在培养和提高学生语言文字的实际运用能力的同时，提升学生的文化品位、审美情趣、思维品质和人格修养，也即在教学过程中既重视语文的工具性，又体现语文的人文性，突出语文的审美性。

以"理性""品质""语文"为关键词梳理，未曾发现在语文学科中有"理性品质"培养的研究。

综上所述，不难发现，我国语文研究界对单纯的理性思维的培养研究关注度高，研究也比较充实。但基于人的理性精神、理性水平的研究目前缺乏足够重视，研究脱离真实的生活实践，对学生解决实际生活问题的素养培养还很欠缺。

五、研究目标及内容

（一）研究目标

1.学生层面，培养学生理性精神及理性思维水平

（1）弘扬理性精神　包括冷静的应对、客观的态度、平等的交流、科学的精神、真理的崇仰、人文宇宙情怀等。

（2）培养理性思维　能够独立思考，运用思维逻辑进行判断、推理，有理有据地提出合理的见解。

2.教学层面，探索通过语文课培养学生理性品质的策略与方法

教师通过语文课中理性品质培养的典型案例，探索培养学生理性品质的策略与方法。

（二）研究内容

（1）探索促进学生理性品质成长的课堂教学策略。

（2）探索促进学生理性品质成长的语文实践活动策略。

（3）探索促进学生理性品质成长的校本课程的建设。

六、研究对象及范围

（一）研究对象

重庆市第二十九中学校高2017级、2018级全体学生。

（二）研究范围

高中语文教学及其对人的理性品质形成的影响。高中语文教学，包括国家课程，尤其是阅读与写作的课堂教学、校本课程建设、语文实践活动。

七、研究方法与思路

（一）研究方法

1.文献研究法

研究四类文献：一是哲学、心理学文献，充分认识理性的本质、理性与心理发展的关系；二是说理教学文献，了解国内国际说理课的开展，借鉴其做法；三是思维逻辑学文献，了解逻辑思维知识，探索理性思维的训练方法；四是语文教学中的理性思维培养文

献，为研究实验之借鉴。

2. 行动研究法

通过"制订方案—实践验证—完善方案—实践验证"的循环提升，最后总结实践成果，提炼培养策略，寻找培养途径。

3. 案例研究法

通过高中语文阅读课、表达课、实践课中理性品质培养的典型案例，研究学科渗透的方法策略，最后完成《说理训练课例集》。

（二）研究思路

研究思路见图1。

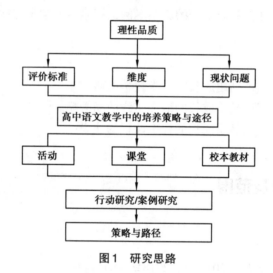

图1 研究思路

八、研究成果

通过广泛学习研究相关文献资料，严密构思行动方案，经过两年的"执行—测评—反思—调整"的循环研究，经过阅读课、表达课、实践课的教学案例研究，完成了课题研究的既定任务，学生的理性品质得到了真实有效的提升。

（一）建构了"四维三级十二指标"的理性品质评价标准

课题组梳理出"实证逻目（SZLM）"的理性品质基因密码，建构基于"SZLM"理性品质密码的学生理性品质评价标准，使学生的理性品质发展情况可检测化。通过清晰界定"理性品质"概念，广泛研究事实，研究文献资料，从而梳理出"SZLM"的理性品质基因密码，建构出基于"SZLM"理性品质密码的"四维三级十二指标"的理性品质评价标准（表1）。

表1 "四维三级十二指标"的理性品质评价标准表

四维　　　三级	一级	二级	三级
尊重事实	尊重事实	分辨事理	把握真相
讲究证据	信度	效度	力度
凭借逻辑	概念清晰	逻辑严密	系统完整
遵从目标	明确度	审视度	执行度

（1）尊重事实（S）：尊重事实—分辨事理（分清客观事实与主观判断）—把握真相。

（2）讲究证据（Z）：证据的信度（可信度）—证据的效度（严谨度）—证据的力度（充分度）。

（3）凭借逻辑（L）：概念清晰—逻辑严密—系统完整。

（4）遵从目标（M）：明确度—审视度—执行度。

通过理性品质密码以及学生理性品质评价标准将思维培养、辩证思维、批判思维等理念，融入操作性密码之中，变得可操作、可检测、可评价。

（二）探索了思维训练可视化策略

语文是思维的呈现，也是思维的结果。语文的思维包括文章构思的结构逻辑和文章内容的事理逻辑。

1.通过结构框架图，使文章结构思维可视化

从结构逻辑看，每一篇优秀的文章都有一个自足的、完美的逻辑结构，且天下文章按其体式都有各自完备的逻辑结构，通过框架图式呈现文章结构，训练学生的系统思维与结构思维，并掌握不同体式文章的逻辑结构，这是高中学生应该研究和掌握的。

2.通过"事·理"关系图，使文章事理思维可视化

从事理逻辑看，文章是社会人生的反映，从文章中了解与思考社会，训练思维、获得启迪、提升认识、培养品质。其起点（前提）在客观世界之"事"，其终点（结论）在主观认识之"理"，其桥梁是"推理"。

前提：事实要准确（不能虚假，不能断章取义，即不能歪曲、不能误解、不能增减），事实一旦把握准确，推理就顺理成章、水到渠成。

推理：其思维可视化路线——由此及彼，由表及里（由现象到本质），由个别到一般，由一般到个别（演绎推理），由集体到一般（归纳推理）。

中介保证：用于推理的常识、公式、定律、规则等。

学生阅读理解表达，都要做到有理有据，逻辑清晰。

（三）探索系统化的理性品质培养路径

理性品质的培养应以说理为抓手，让解决纷争、确立信念、确定行为均回到和平、冷静的说理轨道上来，摒弃吵架式、斗争式、暴力式的行为方式。我们在语文课教学中建立起理性行为评价标准、智识行为的伦理原则、公共说理的行为规范，用规范营造语文课堂教学说理生态，建设与高中语文课教学相融合的逻辑体系，构建立体化的理性品质训练课程，重视说理评估训练，了解常见的逻辑谬误及破解方法，从而有效提升学生的理性品质。

1.语文课堂智识行为的伦理原则

语文课堂智识行为的伦理原则见表2。

表2　智识行为的伦理原则

原则	解释
或谬原则	每一个讨论者，心甘情愿地接受一个事实：我可能是错的
求真原则	讨论的目的在于探求真义，而非输赢
举证原则	主张者承担举证责任，对方质疑，主张人有证明的义务
善意原则	不得有违对方原意，允许对方补正的机会

2.语文课"说理"的课堂生态

建立课堂讨论准则，以理服人。"说理"的讨论准则见表3。

表3　"说理"的讨论准则

准则	解释
用心聆听	听取发言专注、思考，不要打断发言
用心陈述	自己表达清晰、守时
补充调整	允许对方调整自己的表达
延后再议	需要新证据时，允许延后再议
适可而止	无法提供新证据时，适时终止不再纠缠

3.从概念、观点、事实到论证的逻辑思维训练体系

从语文课词汇学习中渗透概念的界定与区分；在议论文教学中区分客观事实与主观看法，学习审视事实，了解真相，向不实表述说"不"；观点要有依据支撑，依据必须具备关联度、可信度、充分度、严谨度；论证要讲究思维的严谨性与系统性。

（1）概念是思维的建筑基块　一切的思维与推理都是建立在概念清晰的基础上。生活中常见的问题是概念之争，是概念的模糊与转移。

（2）事实是思维的逻辑起点　一切的思考都应该建立在事实基础之上。真相不明与歪曲事实会使我们的思考步入歧途。而如今在自媒体时代，网络信息遍天飞，我们更要擦亮

眼睛，谨慎对待。

（3）分清事实与看法　在生活与写作中，我们常常混淆事实与看法，尤其是误将看法当作事实，这将使我们的思考建立在错误的基座上，结果是论证的大厦不管建得多么辉煌严谨，都会倾覆。

观点的表达形式有四种：表明态度的陈述句、做出判断的判断句、提出看法的陈述句、发出呼吁的祈使句。

（4）按认识规律组织逻辑结构　议论文结构的本质是人的大脑认识事物的规律，其基本结构为"提出问题—分析问题—解决问题"，其他结构都是在此基础上的变式。

（四）建设了立体化的高中语文课程校本化体系

1.语文课堂说理的评估体系

阅读中产生观点、表达中阐述见解，都讲究有理有据。不管是对文章的质疑，还是对同学见解的争鸣，说理评估就应该从依据对结论的支持角度入手。说理评估体系见表4。

表4　说理评估体系

评估维度	含义解释
观点清晰度	观点明确，概念清晰，前后统一
依据可靠度	考证：道听途说、想当然，客观事实，主观看法
依据相关度	依据足以支持观点
依据充分度	依据的数量和质量是否足够
思考全面度	不回避异议，且有效驳回或削弱异议
批判真诚度	不歪曲篡改对方论证，或断章取义，或转移焦点
说理客观度	避免使用感情色彩明显的字词
逻辑严密度	是否有违逻辑定律，是否存在矛盾冲突
结构合理度	说理的章法结构，理由的顺序安排，需清晰、合理

同时，要熟悉常见的谬误及破解办法，如概念模糊与概念转移，诉诸不当权威，诉诸传统，诉诸众议，诉诸俗见，诉诸人格，依据来源不明，论据不充分，情绪化，强加因果，前后矛盾，数据不具代表性，非此即彼，不当类比，混淆充分与必要、应然与或然、已然与未然关系等。

2.立体化的高中语文教学理性品质培养校本系统

（1）常规课　在所有的语文课教学中渗透讲道理的意识及方法。

（2）说理课　开设专门的、以培养说理为目的的校本课程，包括说理理论课、实事讨论课、辩论课、议论文写作课。

（3）活动课　在真实的或仿真的生活场景中，在语言运用的实践中进行，如参与班级、年级、学校事务的讨论；与家长进行主题讨论，如读书研讨课、项目研究课、社会实践课等。

九、研究影响与效果

通过系统的学习与立体化的训练，学生能够礼貌、用心地聆听意见，有理有据地发表看法，养成了审视生活的意识与习惯，尊重事实，尊重逻辑，崇尚思考，热心参与公共事务，提升了学生语文学科上的思维品质与学科素养。学生作文发表118篇，获奖51篇（表5）；课题组老师论文发表及获奖16篇，参加区市课堂交流、讲座交流20余起（表6）；撰写了《国内外理性品质培养文献精华辑录》《说理训练课例集》《理性语文校本教材》3部专著；《借我一双慧眼》《利用说理评估提升学生议论水平》成为渝中区教师培训课程。

表5　学生成果统计表

文章发表数	作文获奖数			
118	国家一等奖	市特等奖	市一等奖	区一等奖
	2	1	15	33

表6　课题组教师论文统计

序号	作者	篇名	获奖/刊物	日期
1	石志坚	《高考逻辑思维题的命制与备考》	《语文建设》	2018.3
2	石志坚	《事理分析——议论文教学的思维核心观》	《重庆教育》	2016.7
3	石志坚	《高考思维题命题思考》	《语文学习》	2018.4
4	石志坚	《〈寡人之于国也〉的思辨性阅读》	市级一等奖	2017.4
5	石志坚	《高考作文"真情实感"的冷思考》	全国一等奖	2017.6
6	肖睿	《用理性的灯照亮思维前路》	市二等奖	2018.9
7	肖睿	《问渠那得清如许——培养学生质疑探究能力》	市二等奖	2018.4
8	曾令华	《山水画的意境教学实录》	《语文教学参考》	2015.9
9	曾令华	《着眼于构建阅读策略的初三语文教学》	《语文教学参考》	2017.8
10	曾令华	《〈山水画的意境〉教学设计》	《中学语文教学》	2018.3
11	曾令华	《上出云端语文课的味道》	《语文教学参考》	2016.7
12	程棋	《让学生畅所欲言，就是最大的成功》	市一等奖	2018.4
13	郑崇昔	《选取立论的角度》	市二等奖	2017.4
14	贾天文	《巧妙选材，激活学生思维》	市二等奖	2018.4
15	梁婉玲	《厚积薄发是议论文写作关键》	市二等奖	2018.4
16	石志坚	《思维训练之法就是点燃学生思维》	市一等奖	2018.4

十、问题与讨论

（1）"实证逻目（SZLM）"的理性品质构成密码，以及基于"SZLM"理性品质密码的学生理性品质评价"四维三级十二指标"测评标准是一个原创性提炼，但基于研究者的理论水平与视野，我们还需要逻辑学方面的专家予以评估，并希望得到指导，以期进一步完善。

（2）实施策略具有操作性，其系统性也大体完备，但又过于复杂，有待进一步精简、完善。

（3）当今中国的智识阶层大多感到了在我国加强公民理性启蒙的重要性与紧迫性，但在教育界仍然没有相关动作。更为严重的是，长期以来，重文采轻逻辑的文风，导致在课题推进中，真正讲逻辑的学生作文并不能得到公正待遇，让学生产生怀疑。一些学生在高考指挥棒下，不得不选择妥协，追求华而不实的考场"美文"，所以，理性品质的培养可谓任重而道远。

十一、结论与建议

《普通高中语文课程标准（2017年版）》将"思维发展与提升"确定为语文学科核心素养之一，在课程内容中设置了"思辨性阅读与表达""科学与文化论著研习""学术论著专题研讨"三个学习任务群，旨在"发展实证、推理、批判与发现的能力，增强思维的逻辑性和深刻性，认清事物的本质，辨别是非、善恶、美丑，提高理性思维水平。""培养求真的科学态度和勇于探索创新的精神。"

理性品质的培养，应以"说理"为抓手，让学生掌握基本的逻辑常识，养成"服从事实、遵从逻辑、尊重证据、遵从目标"的伦理，打开视野，识别基本的说理谬误，在真实的生活场景中专门训练。

理性品质对个人的成长与现代社会的文明进步都极其重要，社会与学校应该引起足够重视。语文教学由于其与思维、文化、生活的独特关联，应该在语文教学中渗透加强理性品质的培养。

本课题研究的下一步，希望能够从基于核心素养的深度学习角度，深化、细化思维课堂教学探索，使理性品质培养具有更强的操作性与推广性，从而发挥它应有的作用。

课题负责人：石志坚
主研人员：陈康 王瑞 程琪
肖睿 李庆华 罗冰花

中学民主、自律型班级构建研究

重庆市第十一中学校

一、研究背景及意义

(一) 研究背景

苏霍姆林斯基说过,真正的教育是"自我教育"。在中学探索民主、自律型班级的构建可以激发学生的自我管理、自我教育意识,有利于学生从他律到自律、自律到律他、律他到不律(形成自律文化)教育目标的实现,有利于进一步落实"立德树人"这一根本任务。因此,深入研究构建民主、自律型班级具有很强的现实意义。

1.中国特色社会主义建设目标的客观要求

教育是为社会,为将来培养人才,因而教育必须先行。要实现中国梦,教育就必须做出自己的努力。现代教育要求教师必须具有现代的学生观:学生是活生生的人,是不断成长的人,教育的每个环节都应该充满对人的理解、尊重和感染,应该充满民主与平等的现代意识,让教育充满民主氛围,培养具有独立人格、平等观念、民主素质的人是当今教育的时代主题。

2.传统班级管理改革的必然要求

传统班级重在管理,这种管理有时也主张学生参与,但由于思想观念与操作模式陈旧落后,往往导致参与管理的学生不是面向全体,而是部分学生,甚至是个别学生。这样的管理,既不利于学生个性的健康发展,也不利于学生主体性的发挥,更谈不上培养学生的创新精神,不利于孩子素质的全面提高。国家振兴,必须教育先行。全面推进素质教育,培养适应时代需要的新世纪人才,已经成为当前共同关注的一个教育问题。而民主化则是现代教育的重要思潮之一,也应是现代班级管理追求的新境界。

3.高考改革活动班级发展的客观需要

高考是最好的指挥棒。2017年,语数外加文综或理综的高考模式终结,意味着选考制、走班制将成为必然。如何在新的高考模式到来之前,先行研究,先行思考,这是教育者的责任所在。

4.形成"他律→自律→律他→不律"的班级或校园文化

民主管理以尊重人、信任人、锻炼人和突出主体功能为基本出发点；以民主集中制为管理原则；以学生参与班集体制度的建设、活动的商讨和民主评议为主要内容。同时，学生在老师的引导下，提高管理班级和管理自己的能力，形成"他律→自律→律他→不律"的班级或校园文化，最终实现自身素质的全面优化。

（二）研究意义

党的十八大指出，把立德树人作为教育的根本任务，培养德、智、体、美全面发展的社会主义建设者和接班人。我们可以看出，当今的教育越来越明显地表现出以下特征：一是面向大众，注重学生的自主学习；二是个性发展，更着重于培养和发展学生的学习能力，如学会学习、学会探索、学会合作、学会创新等。在这种背景和形势下，培养学生的民主管理、自律能力就显得尤为重要。只有实现了学生的自主管理，才能实现学习目标，适应当前新课程改革的需要。因此，构建民主、自律型班级就是为了实现从管理学生到学生自己约束自己、自己管理自己，确保班级内部每个学生个体认知潜能的有机绽放。

1.班级民主管理是现代教育的要求

"新课改"要求学生要有自主、合作和探究精神，现代教育要求学生既要全面发展，又要有自己的个性和特点。人是具有主观性的独立个体，班级民主管理模式就是开发学生自主性的好方法。在班主任的带领下，学生通过民主管理，提高班级管理的实践能力，提高对班级的热爱和荣誉感。现代教育重视对人的全面发展和自主性的培养，班级民主管理模式正好体现了这样的特点。

2.民主管理与自律能力是学生发展的需要

高中生处在发展的高峰期，是人生成熟的关键时期，自我意识和能力的发展也处于重要时期。在这个时期，他们更加渴望被关注，更加渴望自我自由。但在高中这个阶段，也是学习的重要时期，也是品德和行为规范养成的时期，而且高中生容易出现逆反等心理，而民主、自律型班级管理模式可以让学生展现自己的能力，并得到关注。

3.培养自律能力的学生是社会发展的需要

"少年智则国智，少年富则国富，少年强则国强，少年独立则国独立，少年自由则国自由，少年进步则国进步。"国家正处在迅速发展的时期，需要更多全面的人才。中学阶段是学生学习生涯的关键时期。构建民主、自律型班级，有利于培养学生的自我管理能力和意识，有利于培养学生的自我学习积极性，有利于学生以后的发展，适应国家和社会对人才的需求。

二、理论基础及依据

1.民主教育理论

所谓民主教育，是用"民主"去更新"教育"的内涵，即把专制的、不民主的或者说不充分的民主教育改造成为适合现代民主社会需求的民主教育。在具体的教育过程中，它除了指教育者应该具备的民主思想以及在教育过程中应该体现出的民主精神外，更多的还是指教育者在教育过程中对学生所进行的一系列有关民主精神价值的教育。现代教育必须培养学生适应社会的意识和能力，班级就是小社会，构建民主、自律型班级可以为将来培养合格公民。

2.自律理论

人道德发展的基本规律是从他律向自律发展的过程，他律是低层水平，自律是高层水平。道德是由他律向自律过渡，道德的最高境界是道德主体的自律，达到自律的人思想就解放了，就能充分发挥主体的能动性、创造性。学校德育是人类德育的主要组成部分，也是实现道德自律这一终极目标的主要阶段。要实现德育的可持续发展，形成一种长期稳定的道德观念和行为，就要求学校的德育目标、德育内容、德育途径、德育管理等必须坚持自律为主，他律为辅。

3.主体教育理论

在自律型管理中，班主任不是行政事务的直接管理者，学生也不是教师的"管束"对象。每个学生既是被管理者又是管理者，整个管理的权力不在班主任手里，也不在学生干部手里，而在每个同学手里，管理者与被管理者都在相互监督，相互约束、相互评价、相互激励等互动下开展活动，是在管理中受教育，教育中学管理，师生之间、同学之间是"人与人""我与你""民主平等"的关系。教师把权力交给教育主体——学生，通过组织内部的各种机构对组织实施自我教育，进而逐步达到组织内部个体的自律。

三、核心概念界定

1.民主

党的十九大报告中明确提出"发展社会主义协商民主，健全民主制度，丰富民主形式，拓宽民主渠道，保证人民当家做主落实到国家政治生活和社会生活之中"。教育承载着"为社会培养民主主体——具有民主精神的现代公民"的责任。民主是促进创新和激发创造力的重要前提基础，而民主制度的实施与完善，离不开民主教育的普及，离不开全体人民民主素养的提高和民主能力的培养。班级的民主管理，要坚持主体性原则、教师主导性原则、公平公正原则和创新性原则。民主管理没有统一的、一成不变的模式，要突破常规、大胆创新，不断探索和采取恰当有效的管理方法和措施，不断开创班级工作的新局面。

2.自律

自律能力，是指学生在老师的引导下，学生积极、主动管理班级和学生自己管理自己的能力。班级自律文化的构建，是一个循序渐进的过程。首先，建立一个强有力的班委会，是培养学生形成"自律"的前提。其次，创设岗位责任制，是学生"自律"的有力保障。再次，开展丰富多彩的集体活动，形成"自律"的习惯。最后，班主任的"自律"是学生形成"自律"品质的榜样。"自律"班级文化的构建，促进了学生的健康成长，激发了学生的主人翁意识，让他们产生强烈的集体归属感和认同感，从而促进优良班风的形成和发展，同时，在培养学生的自律能力过程中，学生的价值和尊严得到了肯定，他们能够迅速、有效地提高自我教育的能力，实现自身素质的全面优化。

3.班级构建

班级作为教育最基本的组织单位，作为学校育人最主要的场所，作为凝聚师生关系、亲子关系、家校关系的纽带和桥梁，作为连接学校、家庭、社会关系的纽带和桥梁，作为连接社会当下发展与国家未来发展之间关系的纽带和桥梁，理应承担起顺应新时代教育发展的神圣责任，在推动社会民主化、教育民主化、学校民主化过程中发挥基础性、先导性的功能和作用。民主班级的构建，民主意识是创建民主班级的基础；公平、公正、宽容是民主班级管理的原则；尊重理解学生是构建民主班级的关键；文化环境的展示是构建民主班级的途径；严明的班级班规是构建民主班级的保证。自律班级的构建，一是以活动为契机，唤醒学生的自律意识；二是建立健全班级奖惩机制，激励学生的自律行为；三是建立自律的评价体系，培养自律的习惯。

四、国内外相关研究综述

从全国来看，很多研究都是有关"和谐班级构建"或"民主班级构建"，也有少数有关自律班级的形成，但就民主、自律型班级形成的研究文献较少。蔡春梅、于冰从班级民主遭遇尴尬、班级民主势在必行和班级民行之有道三个方面解析了如何让民主走进高中班级。耿艳利、王倩探析了高效民主自治型班级建设等问题。朱洪秋指出，班级民主是新时代社会发展、教育发展、学校发展的一种历史必然，也是一种客观需要，应该成为班级管理的一种常态，让学生在班级民主中享受民主、体验民主、践行民主、学会民主，并为将来成为合格公民奠定良好的人生基础，这是班级民主的根本目标。此外，还有专门研究自律的，如刘淑云对班级、小组民主自律管理进行了初步探究。蒋关军、王宏伟、杨丽平、丁玉祥从班级管理的境界变迁、班级自主管理的策略、实施过程中的问题、自律行为的生成机制等方面进行了探究。2015年9月课题立项至2017年12月，CNKI仅有8篇"民主班级建设"、3篇"自律班级建设"相关文章，但缺乏将二者有机结合的有效研究。同时，在"新高考"指挥棒指导下，"走班制"将成为必然，学校传统的行政班管理模式面临巨大挑战，但有关中学民主、自律班级的构建的研究少之又少。

五、研究目标及内容

（一）研究目标

（1）增强学生民主意识，提高自律能力。

（2）形成民主、自律管理校园文化。

（3）为学校班级管理提供典型范例。

（4）形成民主、自律型班级管理模式建设指南。

（二）研究内容

（1）构建民主、自律型班级的班级文化和校园文化。

（2）开发并实施《学生自律反思手册》。

六、研究对象及范围

全体学生（初一年级至高三年级）。

七、研究方法及运用

（一）文献研究法

文献研究法主要指搜集、鉴别、整理文献，并通过对文献的研究形成对事实的科学认识的方法。通过文献研究，能够对历史和当前研究成果进行深入分析，指出当前的水平、动态、应当解决的问题和未来的发展方向，提出自己的观点、意见和建议，为新课题的确立提供了强有力的支持和论证。在某种意义上，它起着总结过去、指导提出新课题和推动理论与实践新发展的作用。朱洪秋指出，班级民主是新时代社会发展、教育发展、学校发展的一种历史必然，也是一种客观需要，应该成为班级管理的一种常态，为将来成为合格公民奠定良好的人生基础。杨丽平、丁玉祥等从他律到自律实施过程中的问题、自律行为的生成机制等方面进行了探究。研究发现，2015年9月课题立项至2017年12月，CNKI仅有8篇"民主班级建设"、3篇"自律班级建设"相关文章，但缺乏将二者有机结合的有效研究。

（二）对比研究法

对比研究法，作为几个基本的科学探索方法之一，是把一组具有一定相似因素的不同性质物体或对象安排在一起，进行对照比较。通过综合比较它们在构造方面的差异（因），在性质方面的不同（果），得出这种物体或对象某性质（果）是由哪些因素（因）造成的。

课题组通过对中学民主、自律班级构建前后，从学生、教师和班级三个层面进行对比。学生层面，从学生的仪表、出勤、卫生、行为、习惯、学习、实践、表彰等方面，全方位对学生进行观测和比较。教师层面，从"五育"管理的维度进行观测和比较。班级层面，从班风、学风、作风和班级文化四个方面进行观测和比较。

（三）行动研究法

行动研究法是指教师在教育教学实践过程中基于实际问题解决的需要，与专家合作，将问题发展成研究主题并进行系统的研究，以解决实际问题为目的的一种研究方法。中学民主、自律型班级的构建研究，主要涵盖三种管理，如图1所示。

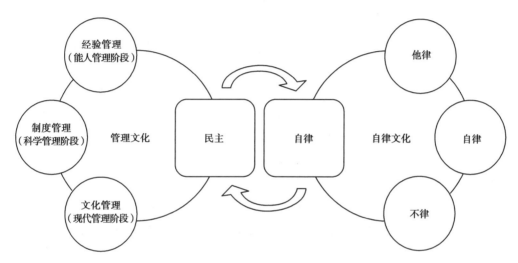

图1　中学民主、自律型班级构建的"两化"模型

1. 第一层次：经验管理

此层次属于能人阶段，它的特征是能人治班，凭经验、个人威信进行管理，靠个人的能力、素质、经验、风格在班级管理中发挥巨大的作用。在这个阶段，管理者容易陷入大量的事务之中，力不从心。若管理者中途换人，班级常常表现异常波动，学生将承受较大的心理"挫折"，面临重新适应"新"的"班主任"这一问题。

2. 第二层次：制度管理

此层次属于科学管理阶级，它的特征是科学的规范性、制度化管理。以制度为行动指南，计划、组织、领导、调控等各个方面都有科学、规范的制度、程序与方法，班级各项工作、各个管理岗位，个体与班集体的行为准则等都实现了规范化。班级各人、各事有法可依、有章可循。规章制度的合理构建、适时调整，严格执行是这个阶段管理的关键。然而，过多的规章制度有可能让人掌握不了，同时对人的创造性与积极性也存在一定程度的抑制。

3.第三层次："文化"管理

此层次属于现代管理阶段。这个时候的管理已不需要太多的规章制度，靠的是班级文化，达到道家所崇尚的"无为而治"的境界。班级文化是在师生共同交往、交流与磨合中形成的价值观、社会舆论、群体意识、团队精神和行为规范的总和。班级文化营造一个非常和谐的学习、生活氛围和共同奋斗的愿望，有着强大的凝聚力。处于这个阶段的班级已不太关注基础管理（因为一切基础的管理制度和规范都已内化为所有师生的日常习惯，已把制度化的"物"的尺度变为了师生自主、自律的"心灵"尺度），而重在实施高层次的战略规划与战略管理。班级只有进入这个阶段，我们的管理者们才会真正享受到管理的乐趣。因为这个阶段，每个人都自觉主动地做好每一件事，真正实现同心同德、齐心协力、同步谐振，进而使班级成为有思想、有灵魂的有机生命体，教师、学生、班级均持续进步地和谐发展。应该看到，正是科学管理阶段，在班级科学、规范的管理制度约束下，师生逐渐养成了一种良好的习惯与作风，一种主动学习、自律管理、默契合作的氛围，才为班级运用班级文化管理奠定了必不可缺的坚实基础。正是这种民主、自律意识的长期培养，在"走班制"、活动班级代替行政班的将来，才能达到班级管理"无为而治"的境界。

（四）个案研究法

个案研究法是指对某一个体、某一群体或某一组织在较长时间里连续进行调查，从而研究其行为发展变化的全过程，这种研究方法也称为案例研究法。它包括对一个或几个个案材料的收集、记录，并写出个案报告。个案研究通常具有三个特征：一是研究对象的典型性（个别性），二是研究过程的深入性，三是研究成果的可操作性（综合性）。课题组通过对初中和高中的个案进行为期三年的跟踪测评，研究他们在学习力、实践力、创新力、领袖力和道德力五个方面的发展情况。

典型案例1：从"平凡"走向"卓越"

高2019级22班的赵明星、万竞天、周清源三位同学，高一的入校成绩刚刚过联招线。在我校推行的"中学民主、自律型班级"校园文化氛围中，经过三年的学习，在高考中取得了优异的成绩，分别被清华大学和北京大学录取。

典型案例2：从"叛逆"走向"感恩"

"回想三年前，我留着烫过的中分发型，穿着色彩鲜艳的休闲服，一副玩世不恭的样子，在招生体检时甚至顶撞过带队老师。"回忆起三年的经历，被海军航空大学录取的高2019级22班学生代表向泓宇颇为感慨，他坦言，曾经以为翱翔蓝天只是小孩子不切实际的梦想，不敢相信，自己就要如愿飞向湛蓝天空。提及我校海军航空实验班的学习经历，向泓宇满含感激，"学校为我们提供了非常好的学习氛围，让我们无论是学业、体能还是心理都得到专业辅导，为我们实现航空梦打下坚实基础！"

八、研究成果

（一）形成了中学民主、自律型班级构建的新路径

中学民主、自律型班级的构建，以"一学""两课""三会"为路径，增强民主意识，形成自律文化。"一学"，即学习中华民族优秀的传统文化，着力培养具有"人文素养、科学素养、创新素养"的家国栋梁。"两课"，即以班会课和阅读课为突破口，建立民主、自律型班级构建的渠道。"三会"，即以班委会、学生会、民主生活会为抓手，积极营造民主管理氛围、培养自律行为习惯、推动班级文化和校园年文化建设。

（二）创建了一套行之有效的中学民主、自律型班级管理模式建设指南

中学民主、自律型班级的构建，一要更新管理理念，班主任首先要有民主精神和民主作风，由专横高压的"专政式"、不负责任的"放羊式"、包吹包打的"保姆式"向民主型管理转化。二要全员参与管理，让每一个学生都有获得感和成就感，培养学生的集体观念，这是形成班级"自律文化"的关键。三要建立民主生活制度，充分发挥学生的主动性、积极性和创造性，这是形成班级"民主文化"的重要途径。四要培养学生做班级的主人，积极参与到班集体建设活动中来，形成"人人有事做、事事有人做、事事有时做、时时有事做"的班级新格局。

（三）构建了"他律→自律→律他→不律"的"自律文化"

人是自然的人，更是社会的人。一个班级，就是一个小型社会。正所谓无规矩不成方圆，民主班级的构建必须以构建"自律文化"为基础。首先，他律是自律的前提，是立身处世的行为准则，没有他律的世界是随心所欲的，肆意妄为的世界。其次，律他是自律的补充。在自律的情况下，适当的纠正他人能有效预防他人错误行为的发生，进一步提高自己自律的水平。而不律，则是"自律文化"的最终归宿，从而成为助推人类社会与时代发展的强大动力。

（四）构建"经验管理、制度管理、文化管理"的"管理文化"

管理的目的，是为了实现班级更好地发展。然而，班级的管理并不是简单的"人治"，也有其阶段性和层次性。第一阶段为能人管理阶段，全靠个人的能力、经验和威信来管理班级；第二阶段为科学管理阶段，强调科学化、规范化和制度化的管理，班集体逐渐从"人治"走向"法治"；第三阶段为现代管理阶段，制度化的管理已逐渐演变成自律化的管理，即从"法治"走向"德治"，从而达到道家所崇尚的"无为而治"的境界。

（五）发表学术论文

公开发表学术论文，充分展现研究成果和辐射引领作用。2015—2017年课题组公开发表论文21篇，具体发表情况见表1。

表1　2015—2017年课题组公开发表论文汇总

序号	论文题目	作者	期刊	刊号
1	《我的班级我做主》	岳廷松	《科教新时代》	1326-3587
2	《浅谈如何在高中课堂教学中实施学生自律管理》	庞兵	《教育科学》	1671-5551
3	《变"要我学"为"我要学"》	敖永权	《科教新时代》	1326-3587
4	《教师成长的基石——教后记》	梁己玲	《中国教育创新与实践》	1674-1269
5	《如何应用宽严并济的班级管理》	敖永权	《现代教育科研论坛》	1682-7812
6	《怎样提高中差生的学习质量》	敖永权	《中国教育创新与实践》	1674-1269
7	《班主任的语言修养境界》	敖永权	《科教新时代》	1326-3587
8	《班级自治，文化立班》	梁己玲	《中国教育创新与实践》	1674-1269
9	《德育存在的问题与方法改进》	梁己玲	《科教新时代》	1326-3587
10	《班主任的沟通技巧》	梁己玲	《科教新时代》	1326-3587
11	《做一个"四型"的班主任》	敖永权	《科教新时代》	1326-3587
12	《人际交往能力的培养》	梁己玲	《科教新时代》	1326-3587
13	《张扬学生个性化的习作》	岳廷松	《科教新时代》	1326-3587
14	《班主任工作的渗透技巧》	敖永权	《科学教育导刊》	1001-8258
15	《用"五心"转化后进生的策略》	敖永权	《现代教育科研论坛》	1682-7812
16	《班级管理案例分析》	敖永权	《科教新时代》	1326-3587
17	《班主任沉默的技巧》	敖永权	《科教新时代》	1326-3587
18	《班主任的班级日常管理技巧》	敖永权	《教书育人》	1008-2549
19	《班主任工作的讲话技巧》	梁己玲	《现代教育科研论坛》	1682-7812
20	《班级口号的作用及运用技巧》	梁己玲	《现代教育科研论坛》	1682-7812
21	《班级琐事处理》	梁己玲	《现代教育科研论坛》	1682-7812

（六）出版专著

出版了专著《班主任工作的技巧》，编写了《学生自律反思手册》，印制了班会学习集锦《三字经》《千字文》《弟子规》等。研究成果的物化，使得中学民主、自律型班级的构建策略在区域内推广成为可能，给广大班主任提供了一个可供学习、参考和借鉴的范本。

九、研究影响与效果

（一）研究影响

1.关注度

（1）华龙网 2019年7月24日，华龙网以"重庆18名少年今日实力圈粉，这批'准海军飞行员'将追梦星辰大海"为题进行了报道。其中，又对向泓宇同学进行了特别报道，看他在重庆市第十一中学是如何实现从"叛逆少年"到"家国栋梁"的华丽蜕变。

（2）《重庆日报》 2016年3月23日，《重庆日报》以"深耕到细处，栋梁自然成"为题，对重庆市第十一中学贯彻落实《中小学生守则》，规范学生的行为习惯进行了详细报道。2017年11月7日，《重庆日报》以"传承优秀传统文化，丰富学生精神世界"为题，对学校推进"大阅读"课程，让中华优秀传统文化走进校园进行了报道。

2.辐射引领

（1）校级班主任经验交流 2018年11月15日，董静莉老师在2018—2019学年度上期班主任培训会上，以"班级的自主管理需要——'自燃性'的人"为题，进行了交流发言。

（2）市级班主任经验交流 2018年10月25日，梁龙全代表学校在广东骨干校长培训班上做班主任工作交流发言。

（二）效果

通过三年的实践研究，课题组发现，构建民主、自律型班级不仅有助于班级共同目标的实现，更有助于实现学生个性化、专业化、全能化的发展。

1.学生层面

2015年前，学校注重学生学业成绩的提高，中考、高考成绩在全市位居前列，但忽视了学生的个性化、专业化和全能化发展。在全校推行"中学民主、自律型班级的构建研究"后，学校社团如雨后春笋般在校园内盛行。目前，学校共建成30多个社团，其中东隅模联、擎云戏剧社、男声合唱团、崇德武术队、文韵舞蹈队、财经社团、稷下阅读社、科创社团、商业精英社团等都是学校的明星社团。学生可以根据自己的兴趣爱好，选择自己感兴趣的社团，进一步提高自己对社会的适应能力、竞争能力和创新能力。较传统班级而言，民主、自律型班级学业成绩整体较好，综合素养较高。在五大学科竞赛、科研、科创、模联、财经素养、创新作文、英语能力大赛、商赛、书法大赛等活动中均取得了良好成绩。中学民主、自律型班级构建三年来，成果突出。值得一提的是，2018年五大学科奥林匹克竞赛获得国家银牌2人，省级一等奖共计16人；2018年东隅模联社参加北京大学全国中学生模拟联合国大会获得2个会场最高奖项——杰出代表奖，全国仅10名，并获得最佳组织奖；2017年参加全国财经素养大赛获得三等奖、2018年获一等奖1名，二等奖8名，刷新了历史；2018年参加全国诗词大会，进入地区决赛14人，入围全国决赛2人；2018年参加创新作文大赛，获得全国一等奖18人，二等奖23人；近三年，学生在各类科技创新比赛中获得国家级以上奖励29项，市级以上奖励215项；高二学生章巍轩在使用空调时受到启发，设计制作的热泵热回收装置获得第18届"明天小小科学家"全国三等奖；高三学生李沿橙凭借赛场上出色的发挥，夺得全国信息学决赛银牌，2019年被北京大学录取。

2.教师层面

2015年前，教师忙于教学及班级管理，无暇顾及教师专业发展。在全校推行"中学民主、自律型班级的构建研究"后，班主任的班级管理更轻松、更有序、更高效，使得教师有了专业发展的空间。近五年来，我校教师在区级、市级、国家级各大赛事中屡屡获奖，展现了我校教师的风采。在赛课方面，陈华杰老师、荣仲老师获得重庆市高中优质课大赛数学一等奖；彭椿惠老师获得物理一等奖；周金玲老师获得化学一等奖；南岸区首届卓越杯教师赛训活动，胡再贵老师获得特等奖，梁龙全老师获得一等奖；重庆市演讲比赛，张盈老师获得一等奖，并获得"重庆青年五四奖章"。在科研方面，我校各学科申报了多项市级课题和课程基地，如2016年成功申报重庆市语文课程创新基地、2020年成功申报重庆市生物课程创新基地。在表彰方面，我校教师获得区级学科带头人、骨干教师、优秀教师、优秀班主任、优秀党员、优秀党务工作者等荣誉多人，获评全国优秀教师1人，重庆市正高级教师1人，获评重庆市特级教师1人，获评重庆市中小学名师1人。

3.学校层面

重庆市第十一中学校于2017年、2018年，先后挂牌成为重庆市海军青少年航空学校、中国科学院大学重庆学院科技附属中学，共育拔尖创新人才和飞行指挥后备人才，促进学生多元发展，推进学校优质发展、特色发展、创新发展。

十、问题与讨论

（一）教师在管理中的地位和作用

无论任何管理模式或班级的教育实践活动，班主任都是班级的指导者、教育者和组织者，仍然发挥着重要的主导作用。若完全依靠自律，管理就变得无序而无为，因此教师在班级管理过程中，无论是管理思想的确立、教育实践活动的设计，还是班级发展的方向等方面，都起着他人无法替代的作用。

（二）他律和自律的关系

学生的年龄、身心特点都决定着学生的自律行为还未完全稳定，若完全排除他律，单纯依靠自律，学生可能进入随机发展轨道。所以，他律与自律是相辅相成的，他律是自律的基础，学生的自律是在他律的过程中逐步建立和发展起来的。自律型管理模式以学生的自律为主，以教师他律和集体他律为辅，在这种模式中学生的自律在他律、半他律中逐步形成，管理逐渐从封闭、半开放向开放逐渐过渡。

（三）集体和个体的关系

在班级构建过程中我们发现，指导学生处理好个人与集体的关系十分重要。集体由个体组成，个体包含于集体之中，再优秀的个体离开了集体也将一事无成。因此，在班级构建过程中，一定要注重学生集体主义观的培养。这种价值观正是形成班级自律的基础，一旦失去这个基础，班集体就无法形成，集体自律就更加无法实现。自律型管理模式正是让学生个体在集体中得到最大限度的发展，一切只注重集体建设，不注重个体培养或只盯少数人、忽略集体建设的管理都是徒劳。

（四）规章制度的制定

民主、自律型班级管理制度不是一味地压制学生，而是促进学生的发展。有些班主任过于迷信"制度"的作用，一味地用制度压制学生。班级管理需要制度，但制度并不是一劳永逸的。因为学生是发展中的人，制度的必须要以人为本，促进学生成长。但是，在日常班级管理中，有的班规的制定，对于学生来说是一种束缚，不利于学生个性的张扬，不利于学生的全面发展，不符合以人为本的管理理念；制度的制定、实施、评价等全过程都应体现学生的自主性，在制定制度的过程中，班主任要让所有学生平等民主地参与其中，只有这样制定出来的制度才能让学生心服口服，对学生有约束力，才能更好地发挥制度的作用。然而，制度也并不是一成不变的，而是一个动态的过程。在实施过程中要根据实际情况不断地进行调整与完善。总之，良好的班级制度建设，可以减轻班主任的负担，提高学生自我约束、自我监督的能力，进而有效提升班级管理水平。

十一、结论与建议

（一）结论

党的十八大指出，坚持教育为社会主义现代化建设服务、为人民服务，把立德树人作为教育的根本任务，具有鲜明的时代特征。因此，从某种意义上讲，教育的本质就是为国家、为社会、为将来培养人才。中学民主、自律型班级的构建研究，一是有利于培养具有民主观念、自律意识、独立人格、坚定信仰的人，从而回答了"培养什么样的人、怎样培养人、为谁培养人"这一根本问题。二是有利于新课程改革。"3+X"高考模式的终结，意味着"选考制""走班制"将成为必然，传统的班级管理既不利于学生的多元化、个性化发展，也不利于学生核心素养的形成。

三年来，课题组通过文献研究法、对比研究法、行动研究法和个案研究法对中学民主、自律型班级的构建进行了研究和探索，总结了大量班级管理经验，形成了中学民主、自律型班级构建的新路径。三年的实践研究表明，中学民主、自律型班级的构建，不仅有助于班级共同目标的实现，更有助于师生实现个性化、专业化和全能化发展。

中学民主、自律型班级的构建研究有四大亮点，一是形成了中学民主、自律型班级构建的新路径；二是构建了"他律→自律→律他→不律"的"自律文化"和"经验管理、制度管理、文化管理"的"管理文化"；三是创建了一套中学民主、自律型班级管理模式建设指南；四是出版了《班主任工作的技巧》、编制了《学生自律反思手册》、印制了班会主题学习集锦，让中学民主、自律型班级的构建策略在区域内推广成为可能，提供了一个可供学习、参考和借鉴的范本。

（二）建议

1.学生的自律管理准确定位

学生自律管理是在班集体中形成一种民主的管理氛围，并不是班主任放任学生，让学生完全自由、散乱地成长和发展。大部分学生是没有自控能力的，并且其思维层次和认知能力还存在很大的差异，所以，完全依赖学生的自律管理来建设班集体，会扭曲对学生主体性的理解。

2.班主任管理和班干部工作的有机结合，有助于加快学生自律管理能力的形成

班主任的工作任务繁重，既有教学压力，也有教育管理的责任，不可能全天候地监督、观察班级的每一位学生。所以，班主任与班干部要保持高度联系，善于发挥班干部在班级监督管理中的纽带作用，及时掌控班级的动态情况。与此同时，对班级学生的自律管理实践展开积极的引导，帮助学生树立正确的态度和信念，敢于直面自己的行为，在认识和改正错误的过程中不断提升学生的道德情操和思想理念，引导学生认识表象之下的深层意识，提高学生的自律管理能力。

3.正确处理好集体与个体自律的关系，有助于促进学生自律心理的形成和自律能力的发展

现代素质教育的目的并不仅仅在于学生接受了何种知识，而是看学生是否达到了"四自"——会自学、自立、自健、自律。自律型管理模式正是顺应素质教育的要求，培养学生终身享用的素质。学生的自律能力的形成和发展需要一个漫长的过程。自律心理的形成和自律能力的发展是以必要的他律为基础的，集体自律对学生个体来说又是一个半他律状态，在集体自律与个体自律的相互作用中，学生逐渐从半他律过渡到自律。

课题负责人：敖永权

主研人员：许刚强　艾　林　　岳廷松

庞　兵　文文乙豪　梁己玲

基于知识管理的"行动·云"教学模式实践研究

重庆市九龙坡职业教育中心

一、研究背景及意义

(一)研究背景

《国务院关于加快发展现代职业教育的决定》(国发〔2014〕19号)中提出推进人才培养模式创新,推行项目教学、案例教学、工作过程导向教学等教学模式;提出要根据市场和社会需要,加强职业教育信息化建设,以教育信息化带动教育现代化,加快构建网络学习平台,开发优质教学资源,促进共建共享共用。构建利用信息化手段扩大优质教育资源覆盖面的有效机制,推进职业教育资源跨区域、跨行业共建共享,逐步实现所有专业的优质数字教育资源全覆盖。

《重庆市人民政府关于加快发展现代职业教育的实施意见》(渝府发〔2015〕17号)提出树立先进职教理念,加强科学素养、技术思维和实践能力教育,将工学结合贯穿职业教育教学全过程。改革教育教学模式,提升职业教育信息化水平,建设现代化技能教室、实训教室和职场化教学环境,加快数字化专业课程体系、智慧教室和智慧校园等建设,推行仿真实训、模拟、案例等教学方法,构建网络学习平台,开发优质教学资源,促进共建共享共用,以信息化促进职业教育现代化。

重庆市九龙坡职业教育中心是一所地处重庆西部城乡接合部的国家级示范中职学校,在校学生5600余人。学校重视教学,积极参与课程改革,通过探索教学新模式丰富数字化校园资源等途径努力提高育人质量。面对国家及重庆市发展对教育现代化和信息化提出的要求,学校教学还存在以下主要问题:

(1)学生信息素养不适应信息化时代就业及职业需要,大多数学生来自农村地区,自身基础薄弱,自主学习能力较差,不能有效合理利用数字资源为学习服务。

(2)教师教学组织形式和方式方法不适应学生个性化需求,教师缺乏信息化环境下的教学组织与实施能力,教师教学方式陈旧、信息素养较弱。

(3)教育教学环境及技术手段不适应教育信息化的要求,信息手段单一,教学资源滞后匮乏。

为了解决以上问题，本课题旨在建构一种顺应信息化时代对教育信息化发展的要求，满足学生个性化学习的需要，提高教师信息化环境下的教学组织与实施能力，提高人才培养质量的教学新模式。

（二）研究意义

1.转变中职课堂教学方式

改变传统的以教师为中心的满堂灌授课方式，改变学生一味被动接受知识的单方面传输途径。教师在教学中是组织者、管理者和引导者，在课前及平时教学准备中充分了解学生学习认知水平，借助云端资源为他们量身定做合适的学习方案。学生是学习的主体，他们通过自主获取云端资源及网络资源，在行动导向教学中以小组合作探究形式完成相关工作任务，达到知识重构、技能发展、素养形成的目的。通过该研究，可以使学生在合作中获得成就感和归属感，增强实作的自主性和探究性，提升学生自主学习能力。

2.深化中职课堂改革进程

通过研究基于知识管理的"行动·云"教学实施策略与教学评价方式，建构一种新型的师生关系，确立学生的主体地位，师生共同活动、民主相处、协调发展。重视学生的全面发展，知识与能力并重，学习与创新并重，强调学生的主观能动作用，掌握正确的学习方法、思维方法、科学研究方法及独立获取知识的能力。通过创设职场化的教学环境，开发数字化专业课程体系，建设云端智慧校园，推行仿真实训、模拟、案例等教学方法，激发学生的学习热情和内在潜能，有效提高教学效果和学生能力。

3.丰富信息化课程资源

学校完成教室、实训室班班通改造，建成数字校园，但没有充分利用数字校园资源，信息化建设与教学改革未充分"联姻"，信息技术平台、资源、设备存在严重闲置与浪费的问题，如何让师生在云端获取有效资源并进行管理，成为我们教学改革实践的重点课题。通过课题研究，构建基于知识管理的"行动·云"教学实践环境，促进学习信息化建设，提升学生信息化素养，加强教师资源开发能力和教学实践能力。

二、理论基础及依据

（一）理论基础

1.社会互赖理论

社会互赖理论是合作学习最重要和核心的理论基础，创始人卡夫卡和勒温认为，群体的本质就是导致群体成为一个"动力整体"的成员之间的互赖；成员之间紧张的内在状态能激励群体达成共同的预期目的。

2.建构主义学习理论

瑞士心理学家皮亚杰提出的建构主义强调以学生为中心，强调学习情境的重要性，强调"协作学习"对知识意义的建构起着关键性的作用，强调学习环境的设计等，鼓励学习者主动探索并完成意义建构，以达到自己的学习目标。

3.行动导向理论

行动导向学习强调以人为本，主要特点有：教学内容与职业实践或日常生活有关；交替使用任务教学法、项目教学法、案例教学法、情境教学法等；教师从知识传授者的角色转为学习过程的组织者、咨询者和指导者。

4.教育技术学理论

北师大教授何克抗认为，教育信息化要从教师、学生、教学内容、教学媒体进行改变，将信息技术有效地融合于各学科的教学过程，由"以教师为中心"的传统教学结构，改变为突出体现学生主体地位的"主导—主体相结合"教学结构。

（二）政策依据

《教育部关于进一步推进职业教育信息化发展的指导意见》提出，开展信息化环境下的职业教育教学模式创新研究与实践，大力推进信息技术与教育教学深度融合。《重庆市深化中等职业教育教学改革全面提高人才培养质量实施方案》要求在中职教育中构建数字教育资源共建共享体系，加强信息化教育教学资源的开发、利用，促进教育教学资源全面提质和充分共享。

三、核心概念界定

1.知识管理

知识管理（KM，Knowledge Management）是网络新经济时代的新兴管理思潮与方法，指在组织中建构一个人文与技术的知识系统，让组织中的信息与知识，通过获得、创造、分享、整合、记录、存取、更新、创新等过程，达到知识不断创新的目的。

2."行动·云"教学模式

"行动·云"教学模式是指基于知识管理平台，以促进学生自主学习能力，培养师生运用现代信息技术为教学服务为目标的"1345"互动学习模式。"1"即始终以学生为中心的教育理念，"3"即三个"云"要素——云师生、云环境、行动导向学习，"4"即四个课堂构成——教师、学生、教学内容、教学媒体，"5"即课堂教学五环节——抛砖引玉、聚焦任务、协作探究、作品呈现、固化分享。

四、国内外研究现状述评

1. 关于知识管理与行动导向教学的研究

邱均平教授认为："知识管理包括对知识和对与知识有关的各种资源和无形资产进行管理。"行动导向教学是德国"双元制"职业教育的一种课程方案，其核心是培养学生解决具体问题的综合能力，注重实践性教学环节，突出职业实践的综合培养，理论与实践相结合。目前，我国中职教学中没有将知识管理和行动导向教学完美"联姻"的模式。

2. 关于"云"教育的研究

在《中华人民共和国国民经济和社会发展第十三个五年规划纲要》中提出："推行产教融合、校企合作的应用型人才和技术技能人才培养模式，推动现代信息技术与教育教学深度融合。"相比国外功能全面的SABA、Docent、WebCT等教育平台，国内的云计算处于起步阶段。黎加厚教授于2009年首次提出了云计算辅助教学CCAI的概念。北师大何克抗教授一直致力于将信息技术与教育深度融合。北京市推行"绿色电子书包"计划，上海"推动'电子书包'和'云计算'辅助教学的发展"。教育云课堂、多媒体技术和网络技术已经普及到课堂。

3. 关于信息化职业教育课堂教学模式的研究

目前，研究信息化教学课堂教学模式的蔡效猛、梁秀凤、邵宏等侧重于信息技术在中职课堂的应用，他们探索智慧课堂教学策略，构建智慧课堂，分类探究智慧课堂。但是，目前，国内外将丰富的数字资源与行动导向教学在知识管理的引领下完美"联姻"的教学模式尚待开发和完善。

基于知识管理的"行动·云"教学模式是知识管理引领下的行动导向学习与数字资源的深度融合后创新的教学模式。它是基于现代信息技术环境下，以行动导向学习为主要形式，从云端获得、记录、存取、分享信息加以管理从而实现知识整合、创新的一种教学活动结构框架和活动程序。

五、研究目标及内容

（一）研究目标

（1）建设基于知识管理的"行动·云"教学环境，丰富云端资源，优化数字平台，加快学校信息化进程。

（2）构建基于知识管理的"行动·云"教学模式，培养学生自主学习能力，提升课堂教学效率。

（3）探索基于知识管理的"行动·云"教学实施策略，提高师生信息化素养，提高教师教学组织能力和实施能力。

（二）研究内容

（1）通过问卷调查，进行中职学校师生课堂教学现状和教学环境的调研。

（2）通过查阅文献等方法进行"行动·云"教学模式构建相关理论学习研究。

（3）通过校本教研、教学实践等进行基于知识管理的"行动·云"教学模式研究

（4）从硬件环境、数字平台、课程资源等方面进行基于知识管理的"行动·云"教学环境建设研究。

（5）从各个专业、学科进行基于知识管理的"行动·云"教学资源开发研究。

（6）从机制保障、专业培训、平台运用、以评促改、骨干引领五个方面开展基于知识管理的"行动·云"教学实施策略研究。

（7）从"云"环节、"云"运用、行动导向、行动生成四个维度进行基于知识管理的"行动·云"教学模式课堂教学评价量化表研究。

六、研究对象及范围

（1）研究对象：重庆市九龙坡职业教育中心全体师生。

（2）研究范围：课堂教学。

七、研究方法及运用

1.文献法

在"探索教学新模式"阶段，由教导处牵头组建由学校领导、部长、教学助理、教研组长组成的教学模式改革工作小组，采用集中和分散的方式，召开教学模式改革研讨会，对《学会合作——青少年合作学习指南》《信息技术与课程整合》《论关键能力和行动导向教学——概念发展、理论基础与教学原则》《合作教学导论》《职业教育行动导向教学模式研究与实践》《知识管理》《"互联网+"背景下教育资源共享平台构建》《教学资源平台在中职教育中的应用》等论著进行了研究学习，并对原有文献加以重新组合、升华，从而找出事物间的新联系、新规律，形成我校教学新模式的定位为突出网络环境下职业实践能力培养的学生行动导向学习。

2.问卷调查法

探索模式阶段，以学校师生为调查研究对象，通过教研组会采用"问卷星"对226名任课教师进行教学环境、教学手段、教学方法、学生学习积极性、教学建议等方面问卷调查，召开学生大会采用纸质问卷方式对540名学生代表进行教学中的优势与不足，教学满意度问卷调查。另外在"行动·云"教学模式实践阶段，也采用"问卷星"对"行动·云"课堂1 034名受益学生进行了学习效果的问卷调查，用实证数据为"行动·云"教学模式实践提供依据和支撑。

3.行动研究法

本课题中所有研究者和实践者结成一体，组成课题组。课题组成员按照调研问题、确定模式、拟订计划、借鉴经验、研究实践、总结反思、调整计划、成果推广、提出报告等实施步骤加以落实，凸显在行动中研究、在研究中行动的主要特征。

八、研究成果

（一）摸清了中职学校课堂教学研究现状

为了深入了解我校研究状况，加强过程督导，我们开展了专题调研活动，通过观察课堂教学现状，组织教师和学生填写问卷等方式，对课题研究对象（含实施者——教师和实施对象——学生）和课堂教学模式现状进行了调查分析，形成了现状调研报告。

中职学校课堂
教学研究现状

（二）编制了重庆市职业教育中心《知识管理白皮书》

从分析学校现状入手，找到了学校的核心价值与优势，暴露了学校教育教学发展瓶颈，凸显了对知识管理的期待。学校运用知识管理基本原理、知识地图、知识管理思维积极开展知识管理实践，编写了重庆市九龙坡职业教育中心《知识管理白皮书》（图1）。该书明确了以学校知识管理预期成效项目为抓手，让我校在各项工作中少走弯路，站在巨人的肩上，节约时间，提升学校教育教学质量和学校品牌形象。

本书共九章，分为30个部分，其中，第一章前言以经济的变革和技术的发展对教育的影响为背景，突出知识管理的时代性和必要性；第二章知识管理，以介绍知识管理核心概念和思维为基础编写；第三章九龙坡职教中心现状，从学校使命与愿景出发，分析学校核心价值与优势，找准学校知识管理出发点进行编写；以学校现状分析为基础，建成优质智慧校园为目标，编写第四章学校知识管理布局与行动；运用知识管理三宝，编写了第五章知识地图建立；以信息技术为支撑，建立知识管理系统平台，编写第六章知识管理信息系统规划；为推进知识管理，编写第七章绩效衡量与激励方法；同时，编写第八章各阶段执行项目的预期效益；最后第九章为结论与建议。

以《知识管理白皮书》为指导，运用知识管理ABC、知识地图、知识管理思维等原理方法，构建一种集互联网思维、大数据、信息科学技术于一体的全新教育教学工作模式，创设"抛砖引玉—聚焦任务—协作探究—作品呈现—固化分享"等"行动·云"教学模式五环节，构建了基于数字校园和移动终端，以信息化手段获取、整理、传递和创新知识的"行动·云"课。

图1　《知识管理白皮书》

（三）搭建"云"环境

"云环境"为学生提供了创新的个性化学习体验、自由开放的交流互动学习环境，包括硬件环境、软件环境、数字资源（图2）。本课题研究共投入资金1 300万元，建设成全市领先的数字校园，搭建了智慧化网络教室，创建了开放式共享网络教学平台，开发了满足学生学习需求的数字课程资源，从而形成了教学数字化、信息常态化的教学环境。

图2　"云环境"

1.硬件环境

数字校园环境：依托示范校建设数字校园特色项目建成了全市领先的数字校园。学校以建设数据中心为基础，购置了一台光交换机、一台网络存储系统和五台服务器，建成了容量52 TB、访问速度6 Gbps的高速、可扩展的SAN网络数据中心；完善网络设施，接入200 M宽带网络，完成了对所有教学楼、实训楼、宿舍、办公等室内外区域的网络全部覆盖。可满足7 000个以上终端接入。

智慧教室环境（图3）：新建了2间集计算机桌面虚拟化技术、高清自动录播技术与网络教学平台为一体的现代化智慧教室，完善了包括实训室在内的150间教室的多媒体、实物展台设备设施。智慧教室使用虚拟化技术灵活地根据需要改变虚拟机的软硬件配置，满足不同课程的教学要求；全自动课程录播系统（图4）采用固定式课程录播工作站，实现图像识别技术、跟踪、定位、智能策略等模块功能，为"行动·云"教学提供了云环境硬件支撑。

图3　智慧教室布局图

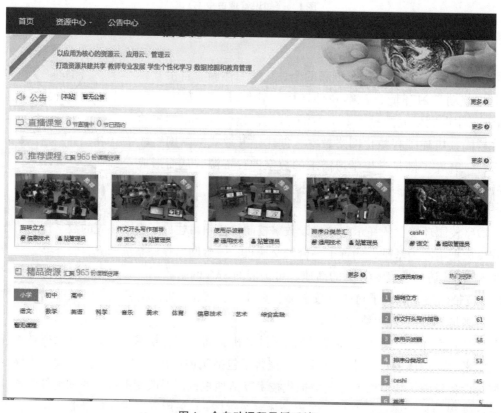

图4　全自动课程录播系统

2.软件环境

软件环境主要实现了校园无线网络全覆盖和与成都依能平台公司合作开发了学校数字校园知识管理平台，学校数字校园知识管理平台中的资源管理系统可容纳500 GB的数字课程资源，学生可以通过数字资源库平台选择自己喜欢的课程资源素材，重组个性化的学习资源，通过网络创建的课程微信群、QQ群等"云端互动平台"为师生、生生提供发布任务、问题、答疑、建议、经验、作品展示、学习评价等交流功能，不受时间、空间的限制，拓展了课堂的宽度、深度。

3.数字教学资源

学校各教研组根据中等职业学校课程标准，开展职业能力分析，调研学生需求，开发和优化组合了符合职校学生学习特征和职业需求的35个学习包，包括任务书、505个PPT、505个微课视频、175套试题库、505个网络课程、190堂优质课堂实录视频等学习资源。

数字课程资源
统计表

（四）构建基于知识管理的"行动·云"教学模式

本课题研究按照"学习、实践、探索、完善"的工作思路，构建了"1345"的"行动·云"教学模式。"1"即始终以学生为中心的教育理念，"3"即三个"云"要素——云师生、云环境、行动导向学习（图5），"4"即四个课堂构成——教师、学生、教学内容、教学媒体，5即课堂教学五环节——抛砖引玉、聚焦任务、协作探究、作品呈现、固化分享。课题组构建中厘清了"行动·云"的理念，确定了"行动·云"的三要素，合理规划"行动·云"课堂实施办法，探索实践"行动·云"环节，最终构建了注重实践性教学环节，突出职业实践能力综合培养的"行动·云"教学模式。

"行动·云"
教学模式

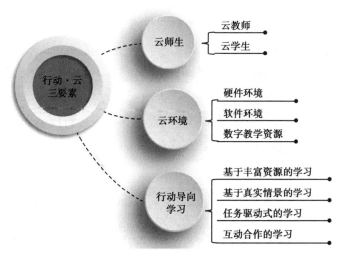

图5 "行动·云"三要素

（五）研制基于知识管理的"行动·云"课堂教学评价量化表

根据"云师生、云环境、行动导向学习"三要素把控教学活动整体及各要素之间内部的关系，突出"云"要素和"行动"五环节，我校形成了基于知识管理的"行动·云"课堂教学评价量化表。

"行动·云"课堂
教学评价量化表

（六）探索出基于知识管理的"行动·云"教学实施策略

1.机制保障，确保"行动·云"的教学实施

探索管理机制，建立领导管理机制，制订教学管理制度，各专业、各学科联合推动。建立改革考核制度，制订或修订了教学教研方案和考核制度；建立保障机制，设立专项经费推动"云"环境建设，保障"行动·云"教学有效实施。

2.专业培训，为"行动·云"教学实施打下基础

通过"请进来、走出去"培育"云"师生，提升师生的信息化水平。课题组邀请了高校教授、教学名师做专题培训和实操培训；选派骨干教师前往信息化教学效果突出的学校学习交流；搭建信息平台，加入全国微课联盟，提高教师教学实操能力。

作为中职学校，培育学生的"云"思维有天然的优势。开设计算机公共课程，有效地提高了学生的信息化水平，为"行动·云"教学的实施打下了基础。

3.骨干引领，提高教师"行动·云"课堂教学能力

组建"行动·云"导师团队，导师与参赛教师组成团队，骨干引领共同磨课。通过专题讲座、课例研讨、教师论坛、经验交流、示范展示等形式，形成教学教研合力，共同打造精品课，促进团队成员快速成长，建立一批"行动·云"教学骨干队伍。

学校通过"行动·云"教学竞赛、"骨干示范季"等活动，开展了教师示范课、研究课、精品课、指导课、论文、教学设计、教学案例等校级比赛，以赛促改，发挥"导师团队"示范引领作用，为青年教师搭建学习平台，推进"行动·云"教学改革。

4.平台运用，推动"行动·云"教学模式

学校依托数字校园，借助微信、班级管理大师、在线课堂等公共平台，实现课堂时时互动、评价与反馈，有效增进了学生与学生、学生与教师、学生与外界的沟通交流；学校全面覆盖网络，学生人人都有手机等移动终端设备，便于进行网络云学习，借助平台资源、网络学习资料，学生可以重组知识，实现线上线下泛在学习，使"行动·云"教学工作开展得更顺利。

5.以评促改，充分发挥教育评价的功能

开展多主体、多维度、多途径评价活动，对学生主动参与、积极思考、互动交流、精神状态、小组合作、共同协商、知识生成、能力掌握等方面进行多维度评价，激发学生的学习兴趣和热情，促进他们学习能力的提高，锤炼他们分析和解决问题的能力，更提升了课堂教学效率，确保"行动·云"教学的有效性。

（七）开发了"行动·云"教学模式系列教材

课题研究催化教学改革，学校教师编写、出版了一批教材。其中，出版公共基础课教材《中职生心理健康教育》《中职生应用文写作》等7本；出版专业课教材《商品摄影与图像处理》《汽车发动机构造与维修》等27本。

教材出版情况

（八）汇编了"行动·云"教学模式系列物化成果

课题实施以来，形成了《"行动·云"教学设计汇编》，包含了语文、数学、德育、英语、计算机、服装、经贸、汽车、旅游、电子、机械、艺术、体育等13个学科共48篇优秀教学设计。

形成了《"行动·云"教育教学论文汇编》，教师通过自己在"行动·云"教学模式改革方面的探索与实践，从教育理论、教育改革、课堂教学、教学方法、学习方法、现代教育技术、教学经验体会等方面撰写论文案例共42篇，其中1篇在核心期刊《中国职业技术教育》发表，2篇获得市级论文评比一等奖。

开发了满足"行动·云"教学模式的系列教材34本，建立了覆盖各学科教学的课程资源库，整合教学PPT、试题库、资源链接等学习资源，为"行动·云"教学模式在我校各专业的推行提供了丰富的课程资源。

九、研究影响与效果

（一）研究影响

本课题研究成果——基于知识管理的"行动·云"教学模式受到夏金星等职教专家的充分肯定和业界同行的高度称赞。学校于2014年5月27日举办了基于知识管理的"行动·云"教学改革成果市级推广会，来自重庆市内112所学校及云南、四川、广西、福建、内蒙古等27所中职校近320名校长、教师和国内教育专家现场观摩了我校"行动·云"课堂及推广会。

本课题研究成果得到《中国教育报》《重庆日报》《重庆商报》《重庆时报》以及华龙网等多家主流媒体的大力报道，各教育部门和学校也对此给予高度关注并积极试行推广。重庆市农业学校、重庆市荣昌区职业教育中心、浙江瑞安市职业中等专业学校、浙江新昌职业技术学校等均积极推行该教学模式。2015—2018年，浙江、广西、贵州、四川、福建等省区和重庆市内100余所学校共计600多人陆续到校观摩学习，扩大了学校影响力。

（二）研究效果

1.提升了学生信息素养，增强了学生学习和创新能力

"行动·云"课堂中强调信息化资源和信息化教学手段，大大提升了学生信息素养。课题研究前，教学资源单一，学习简单乏味，课题研究后多种学习资源的构建与共享使信息的筛选与运用达到最佳效果，大大提升了学生的信息素养。

"行动·云"课堂教学方式注重学生的行动，增强了学生学习和创新能力。通过行动将主动权放到学生手中，学生的动手实践能力、信息处理能力、自主探究能力、团结协作能力、自我反省能力等综合能力明显增强。"行动·云"教学模式对学生的影响深远，学生技能大赛、文明风采活动硕果累累，学生创新、创业显特色。

2.提升了教师信息技术能力和课堂实施能力，促进了教师的专业发展

教师教育能力明显提升。能够开展行业联系的教师占专任教师的比例达到80%，能够主持课程设计与开发的教师占专任教师的比例达到30%。本成果受益教师从校、区到全市累计5 000余名。受益教师牢固树立知识管理下的"行动·云"的教学观念，知识整合能力、行业融入能力、课程设计能力、培训指导能力普遍提升。

实施课题以来，教师教学能力、科研能力得到极大提高。教师参加全国性教学竞赛获等级奖177人次，其中获全国一等奖5人；参加全国信息化教学竞赛在内的各类信息化教学获奖42项；指导学生参加全国和重庆市职业院校技能大赛获奖教师42人增加到75人；在核心期刊《中国职业技术教育》等发表论文157篇；承担课题26项，其中国家科研课题5项；教育教学市区级成果奖64人次，其中重庆市政府教学成果奖5项。

教师、学生获奖情况

3.提高了课堂教学效益，加快了学校信息化进程，提升了学校的整体育人质量

本课题研究使学校课堂教学质量得到明显改善和提高，提升了学校整体的育人质量。课堂优良率提高18.6%，达到95.7%，学生流失率降低5%，学生职业资格鉴定通过率提高7%，达到96.3%以上，学生评教情况优良率达95.8%。学生职业素养和技能受到用人单位高度评价，学生稳岗率达85.1%。

学校在教育教学方面成绩突出，近三年学校被上级部门授予"重庆市技能大赛十年成就奖""重庆市文明风采优秀组织奖""重庆市创新型学校"，获得"重庆市就业质量奖""九龙坡区教学质量奖"等荣誉。

十、问题与讨论

本课题组通过研究及时发现我校的师生教学过程中存在的问题，并逐步尝试解决了一些问题。

首先，大多数职业高中学生由于自身基础薄弱、学习目标模糊、学习习惯欠佳等原因，普遍缺乏自主学习能力和探究能力。本课题成果"行动·云"课堂可以使学生在合作中获得成就感和归属感，增强实作的自主性和探究性，提升学生学习能力。

其次，数字校园资源，信息技术平台、资源、设备存在严重闲置与浪费的问题，如何让师生获取有效资源并进行管理？通过课题研究，构建基于知识管理的"行动·云"教学实践

环境，促进学习信息化建设，提升学生信息化素养，加强教师资源开发能力和教学实践能力。

最后，中职课堂教学方式传统单一，如何丰富中职课堂教学方式？课题组通过研究实验，让学生通过自主获取云端资源及网络资源，在行动导向教学中以小组合作探究形式完成相关工作任务，达到知识重构、技能发展、素养形成的目的。改变传统的以教师为中心的满堂灌授课方式，丰富了教学方式，真正体现教师在教学中的组织者、管理者和引导者地位。

十一、结论与建议

（一）结论

本课题研究促进了教学环境建设以及云端教学资源、数字校园平台建设；构建了基于知识管理的"行动·云"教学模式；探索出了基于知识管理的"行动·云"教学实施策略，大力推进了学校教学改革。本课题转变了教师的教学观念，丰富了课堂教学方式和评价方式，提升了课堂教学水平；影响了学生的学习理念和学习方式，乐意主动参与学习，愿意进行探究性的自主学习，从而真正体会学习的快乐，成为学习的主人，增强了学生学习和创新能力。

本课题研究成果丰富，成效显著。首先，摸清了中职学校课堂教学研究现状，编写了重庆市九龙坡职业教育中心《知识管理白皮书》；其次，构建了"行动·云"教学模式，研制了使用教学实施策略和评价工具；最后，开发了"行动·云"教学模式系列教材和汇编了"行动·云"教学模式系列物化成果。课题研究成果的运用，提升了学生信息素养，增强了学生学习和创新能力；提升了教师信息技术能力和课堂实施能力，促进了教师的专业发展。基于知识管理的"行动·云"教学模式受到职教专家、领导的充分肯定和业界同行的高度称赞并在很多学校推广应用，得到多家主流媒体的大力报道，赢得了社会的认可，扩大了学校影响力，提升了学校知名度和美誉度。

（二）建议

（1）以《知识管理白皮书》为引领，不断建设更新教学信息化设备，普遍配置高性能电脑和交互式智能终端，提升智慧教室和智慧校园水平，不断丰富教学资源的形式和数量，构建学生自主梯度学习资源系统和模块化教学素材系统。

（2）以"行动·云"教学模式推广运用为基础，全面加强教师实施"知识管理"，重点提升教师建立云端知识库、基于互联网开展社群活动和运用信息技术管理知识的能力，全面破解教师缺乏信息化环境下教学组织与实施能力的问题。

课题负责人：刘生亮

主研人员：李巧玲　骆永华　彭贞蓉

罗　慧　王雪莲　赵玉淋

赛教要素对接促进中职专业课课程改革的研究与实践

重庆市渝中职业教育中心

一、研究背景及意义

（一）研究背景

在当前国情下，加快培养高素质技术技能型人才已成为职业教育刻不容缓的历史使命。习近平总书记就加快职业教育发展做出了重要指示和部署，强调要完善职业教育和培训体系，深化产教融合、校企合作。作为职业教育改革发展的重要成果，职业技能大赛不仅能展示职业学校的教育教学成果和深化产教融合、校企合作的效果，同时也是职业教育培训、交流、提高的平台，它在催生职业教育制度创新、规范职业技能培养、扩大职业教育社会影响等方面起着重要的支撑作用。特别是多年来邀请企业深度参与，从赛项设计，到比赛规则，再到竞赛裁判，大都是以行业企业专家为主体，目的就是通过大赛引导职业院校技能教学，指导职业院校进行教育教学改革，反映了职业教育"就业导向、对接企业、强化技能、重视综合素质"的改革方向。

（二）研究意义

通过本课题的研究，认识赛教要素对接对中职专业课课程改革的意义，探究如何通过赛教要素对接促进中职专业课课程改革，提升教师的专业教学能力和赛事指导能力，明确中职专业课课程标准的职业性，推动课程内容改革和教学模式转变，为职业技能大赛选拔与训练提供一套可借鉴的模式，从而促进职业教育课程的改革，开启一条具有示范作用的人才培养之路。从职业教育可持续发展的角度来说，本课题的研究无疑具有重大的理论价值与实践价值。目前，职业教育界对赛教要素对接促进课程改革的研究多是尝试性的实践研究，并没有形成比较系统的操作模式。我校在推进本课题的同时，计划提炼出适于推广的操作模式和理论，从而丰富赛教要素对接促进中职专业课课程改革的实践探索和理论价值。

二、理论基础及依据

1. 多元智力理论

美国哈佛大学心理学家加德纳1983年提出了"多元智力"理论。他认为，每个人都有自己的智力特点，都有自己的智力优势，而且不同智力特点的人，其学习方法可能也是不同的；每个人的智力结构和认知过程不尽相同，标准化的考试难以了解学生在认知上的个别差异；每个人都有独特的智力结构和学习方式，对所有学生都采取同样的教材和教法是不合理的。真正有效的教学是能够将学生的智力特点和教师的教法相配合。

2. 成功智力理论

美国著名心理学家斯腾伯格于1997年提出了"成功智力"的概念。"成功"是指个体能在现实生活中实现自己的目标。这种目标是个体通过努力能够最终达成的人生理想。因此，成功智力也就是指用以达成人生主要目标的智力，它能使个体以目标为导向并采取相应的行动。

3. 行动导向学习理论

行动导向学习理论是以人为本，探讨认知结构与个体活动间关系的改革教育学学派的学习理论。它认为，人是主动、不断优化和自我负责的，能在实现既定目标的过程中进行批判性的自我反馈。学习不再是外部控制而是一个自我控制的过程，"行动"是学习者在主动的、自我管理的、自我负责的前提下，有计划、有针对性地解决问题，达到给定或自己设定的目标的一种有意识行为。

三、核心概念界定

1. 职业技能大赛

职业技能大赛是指由教育部门牵头组织、联合相关部门和行业共同举办，或受教育部委托由行业举办，面向职业院校在籍学生和专任教师，围绕职教专业和相应岗位要求组织的学生职业技能竞赛活动和教师教学技能竞赛活动。

2. 赛教要素对接

本课题的赛教要素对接是指全国职业院校学生职业技能大赛的主要因素与中等职业学校教学工作的主要因素相互对应、衔接、渗透、融合，进而形成一个相对稳定且良性循环的整体，以达成职业技能大赛与教学工作相互促进、共同发展的目的。赛教要素对接主要包括赛项设置与专业结构调整对接，竞赛内容与课程建设对接，竞赛条件与教学环境对接，竞赛训练与实训教学对接，竞赛评价与学业考核对接等方面。

3. 中等职业学校专业课课程改革

中等职业学校专业课课程改革是贯彻国家职业教育方针，适应当前行业发展的需要，改革专业课学习方式和教学方式，强调形成积极主动的学习态度，使获得知识与技能的过程成为学会学习和形成正确价值观的过程。

四、国内外相关研究综述

职业技能大赛是依据国家职业技能标准，结合生产和经营工作实际开展的以突出操作技能和解决实际问题能力为重点的、有组织的群众性竞赛活动。目前在世界范围内有世界技能大赛，其竞技水平代表了各领域职业技能发展的世界水平，是世界技能组织成员展示和交流职业技能的重要平台。我国的技能比赛历史悠久，20世纪50年代，工人技术比赛和技术比武活动涌现了一大批技术界的能工巧匠。2004年，我国有了官方的全国职业技能竞赛活动，开展了一系列竞赛活动。从2011年第41届世界技能大赛起，我国开始主动参加世界技能大赛并取得了优异的成绩。

我国在职业技能比赛兴起之后，相关的研究课题就非常多，涵盖了职业技能比赛对人才培养模式的研究、教学方面的研究等。如江苏省沛县中等专业学校张建路《以职业技能竞赛促进中职课程改革的实践研究》，黑龙江黑河秋云职教中心赵明达主持的《中职技能大赛对机械数控专业教学改革的研究》。以前者为代表的课题研究主要针对中职的全部课程，面广但不够深入；以后者为代表的课题研究主要是针对某一个专业的课程设置而言，具体但不全面；研究成果在数量与质量上均存在较大的拓展空间。因此，本课题基于赛教要素对接研究中职专业课课程改革的理论与实践具有较大意义，既有助于增进理论的完备性，也有助于其成功实践。我校在中职专业课课程改革与技能大赛的有效整合方面积累了一定的经验，但是需要通过系统的研究与实践加以归纳、整理和提炼。基于这种需求，开展了赛教要素对接促进中职专业课课程改革的实践研究。

五、研究目标及内容

（一）研究目标

（1）形成技能大赛对美发与形象设计专业、高星级饭店运营与管理专业专业课课程改革促进作用调研报告。

（2）构建集职业素质培养、专业能力训练和就业能力提升为一体的课程体系和课程标准。

（3）形成课程改革规划方案、1~2门精品课程。

（4）建构技能大赛集训模式。

（5）建立长效机制，加强专业师资培养，提高教师整体素质。

（二）研究内容

（1）将竞赛内容与课程建设对接，进行中职专业课课程体系和课程标准研究。

（2）将竞赛训练与实训教学对接，进行技能大赛集训模式研究。

（3）结合职业技能大赛，进行教学方法、教学手段的研究，完善学生学业考核标准。

（4）结合职业技能大赛，通过课题研究—大赛参与—成绩总结这个过程，进行赛教要素对接对教师成长的促进作用研究。

六、研究对象及范围

重庆市渝中职业教育中心美发与形象设计专业和高星级饭店运营与管理专业学生。

七、研究方法及运用

1.文献研究法

课题组系统收集国内外职业技能大赛、赛教要素和中职专业课课程改革等方面的研究文献，梳理并分析赛教要素对接、专业课课程改革相关概念和理论的历史与现状，探索赛教要素对接与中职专业课课程改革的内在逻辑关系，形成利用赛教要素促进中职专业课课程改革实效的理性认识，为后续研究明确方向、提供科学依据。

2.调查研究法

课题组在研究过程中运用调查法，深入重庆市美容美发和高星级饭店运营与管理行业、企业、培训机构开展调研。采用问卷调查、综合调查、访谈等形式，通过对用人单位进行调查、对学生进行调查、对岗位职责和工作任务进行调查、了解当前重庆市美发与形象设计行业、酒店行业的现状以及行业对人才的需求状况，了解职业技能大赛对专业课课程改革的促进作用，统计分析所存在的问题与经验，就研究中遇到的重大问题进行深度访谈，举行专题研讨会。

3.实验法

在本校美发与形象设计、高星级饭店运营与管理专业开展实验，探索赛教要素对接促进专业课课程改革的实施规律与有效模式。在研究中一边执行既定的研究方案，一边对实验的结果进行评价，一边对已有的方式方法进行修改和完善，并使之上升到理论高度，同时在教学实践中不断验证、反思和完善，从而形成具有借鉴意义和推广应用价值的研究成果。

八、研究成果

（一）构建了"多元共促，多方共赢"职业技能大赛训练模式

1."多元共促，多方共赢"中职学生职业技能训练模式内涵

在课题研究过程中，形成了"多元共促，多方共赢"中职学生职业技能训练模式（表1、图1）。其内涵是：指多个层级的师生，在统一指导思想和目标的前提下，从选手选拔、组织管理、训练方式等方面分别采取相关的有力措施，共同促进参加职业技能大赛训练的学生的技能水平和综合素养的提升，以达到学生、教师、学校、教育行政部门和行业企业多方共赢的目的。

表1 "多元共促，多方共赢"训练模式"多元"构成人员表

序号	"元"	构成人员
1	领导元	责任校长、分管教学和专业部的副校长、教务处、学生处、行政办公室、督导室、专业教研组负责人
2	技术指导元	行业企业专家、高校教师、专业带头人、教研组长、专业教师、往届参赛获奖选手
3	心理素质锤炼元	教研组长、专业带头人、本专业师生、其他专业师生、行业企业人员、心理咨询教师、班主任
4	后勤保障元	教务处实训室管理员、班主任、采购员、总务处职员、实训基地人员、食堂员工
5	核心元	参加训练的学生

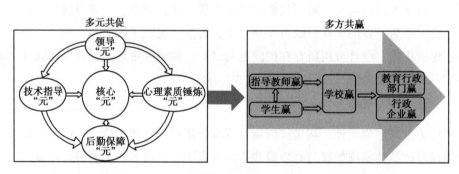

图1 "多元共促，多方共赢"中职学生职业技能训练模式示意图

2."多元共促，多方共赢"训练模式实施过程

（1）组织管理多元分层

学校的职业技能大赛训练工作在领导小组统一领导下进行，主要由教务处负责组织协调与管理，专业教研组负责竞赛项目的具体组织和实施；参训学生的加强协作，确保训练效果；后勤保障小组做好服务和保障工作。

（2）选手选拔多渠道

学校通过学生自主选拔、专业教师选拔、校级比赛选拔、专业集训选拔等方式选拔出专业实力和综合素质较强、成员搭配合理的选手和团队。

（3）训练方式多样化

在"多元共促，多方共赢"中职学生职业技能大赛训练模式中，训练方式实现了多样化，具体包括：学生社团训练、指导教师训练、分解性技能训练、综合性技能训练、日常训练和赛前集训。

（二）建构了"1233"工学交替–能力递进人才培养模式

课题组围绕开题报告和实施方案，根据历年来学校参加技能大赛的经验，走进行业，开展了调研工作，形成了调研报告，在专家的指导下，对人才培养方案进行了多次讨论、修改，最终构建了"1233"工学交替–能力递进的人才培养模式（图2）。"1"即目标，"2"即学校和企业，第一个"3"是培养学生的三种能力（专业通识能力、专业技能、综合职业能力），第二个"3"是三种层次（初学者到高级初学者、高级初学者到熟练者、熟练者到职业者）。该培养模式将学生的学习分为学校学习和岗位做工交替进行，遵循学生身心发展规律，分层次分阶段拟定学习任务，实现学生职业能力递进提升。

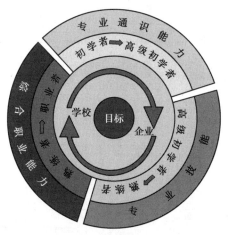

图2　"1233"工学交替–能力递进人才培养模式示意图

（三）构建了基于职业活动、能力本位导向的"倒梯形"课程体系

结合职业技能大赛，参照行业、企业对毕业生素质能力的要求，遵循学生身心发展规律，本着专业技能渐进原则，建构了基于职业活动、能力本位的职业活动导向"倒梯形"课程体系（图3）。也就是说，在三年时间里，在完成国家规定的文化课教学、夯实文化课程的基础上，随着教学不断深入，逐步增加相关的专业课程，以职业技能大赛规程为技能培养教学目标和方向，加大专业理论课程和专业实践课程的教学力度，特别是通过职业实践活动和生产性实训环节提高学生技能水平，增强职业适应能力，培养出具有过硬专业技

能和较强综合素养的技术技能型人才。

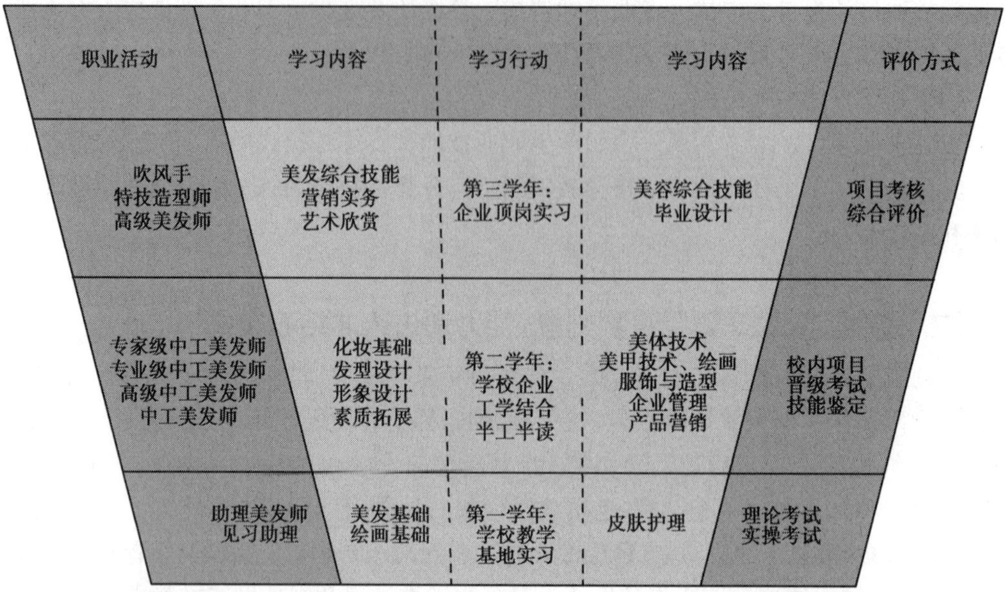

职业活动	学习内容	学习行动	学习内容	评价方式
吹风手 特技造型师 高级美发师	美发综合技能 营销实务 艺术欣赏	第三学年： 企业顶岗实习	美容综合技能 毕业设计	项目考核 综合评价
专家级中工美发师 专业级中工美发师 高级中工美发师 中工美发师	化妆基础 发型设计 形象设计 素质拓展	第二学年： 学校企业 工学结合 半工半读	美体技术 美甲技术、绘画 服饰与造型 企业管理 产品营销	校内项目 晋级考试 技能鉴定
助理美发师 见习助理	美发基础 绘画基础	第一学年： 学校教学 基地实习	皮肤护理	理论考试 实操考试

（a）美发与形象设计专业课程体系示意图

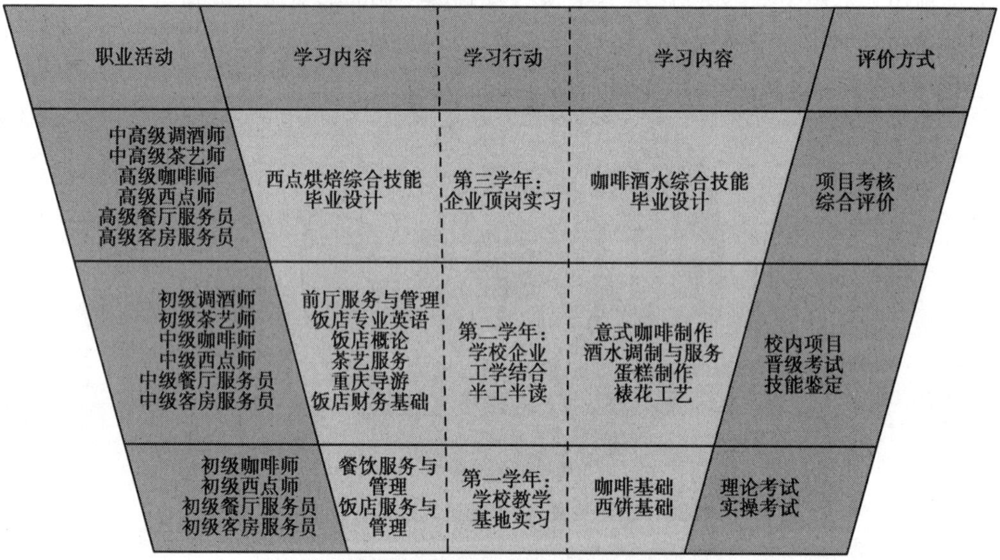

职业活动	学习内容	学习行动	学习内容	评价方式
中高级调酒师 中高级茶艺师 高级咖啡师 高级西点师 高级餐厅服务员 高级客房服务员	西点烘焙综合技能 毕业设计	第三学年： 企业顶岗实习	咖啡酒水综合技能 毕业设计	项目考核 综合评价
初级调酒师 初级茶艺师 中级咖啡师 中级西点师 中级餐厅服务员 中级客房服务员	前厅服务与管理 饭店专业英语 饭店概论 茶艺服务 重庆导游 饭店财务基础	第二学年： 学校企业 工学结合 半工半读	意式咖啡制作 酒水调制与服务 蛋糕制作 裱花工艺	校内项目 晋级考试 技能鉴定
初级咖啡师 初级西点师 初级餐厅服务员 初级客房服务员	餐饮服务与 管理 饭店服务与 管理	第一学年： 学校教学 基地实习	咖啡基础 西饼基础	理论考试 实操考试

（b）高星级饭店运营与管理专业课程体系示意图

图3　职业活动导向"倒梯形"课程体系示意图

（四）构建了行动导向、任务引领、理实一体的"行动·数字化"课堂教学模式

结合职业技能大赛，进行教学方法和教学手段改革的研究，探究技能大赛对专业技能教学的引领作用，强化实践技能教学，以"做"为核心，不断改进教学方法，构建了行动导向、任务引领、理实一体的"行动·数字化"课堂教学模式。

实施流程见图4。

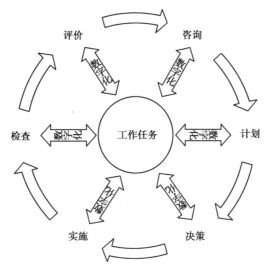

图4 "行动·数字化"课堂教学模式实施流程图

（五）施行了"多元立体"综合素质评价模式

课题组结合职业技能大赛和学生成长规律，将竞赛评价标准转化为学生学业水平考核标准，施行"多元立体"的学生综合素质评价模式（图5），转变了传统的"以理论考试成绩为主、以期末考试成绩为主、以任课教师评价为主"的评价模式，施行以"培养学生综合素养和职业能力"为主线，以就业为导向，以能力为本位，社会、企业、学校、教师、家长、学生多元参与的立体的质量评价体系。

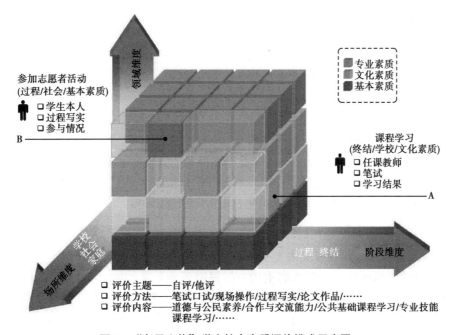

图5 "多元立体"学生综合素质评价模式示意图

（六）取得了丰硕的教育教学成果

课题实施以来，课题组积极开展赛教要素对接促进专业课课程改革的相应研究，对原有的专业培养目标、课程标准、课程设置、教学内容、教学方法进行改革创新。按照"调研分析—课程开发—课程优化"三个环节，以及"调研行业需求—明确工作任务—构建课程体系—制订课程标准—编写特色教材—优化课程设计"六个步骤创新，实现了课程内容从学科体系向工作体系的转轨，取得了丰硕的成果（表2）。

表2　课题组教育教学成果情况统计表

序号	成果种类	具体内容
1	专业课程标准	《美发基础》《化妆与造型》《美容与美体基础》《美甲》《餐饮服务与管理》《客房服务与管理》《茶艺服务》《酒水调制与服务》《菜点与酒水知识》
2	精品课程资源库	《餐饮服务与管理》《客房服务与管理》《茶艺服务》《酒水调制与服务》《西点基础》《咖啡基础》
3	校本教材	《美容与美体基础》《化妆基础知识》《餐饮服务实训手册》《客房服务实训手册》《菜点与酒水知识》《咖啡基础》
4	研究论文	27篇在公开刊物上发表，12篇获市、区级奖励

九、研究影响与效果

（一）研究影响

1.开发的优质教育资源被采用，教学经验得到推广和应用

学校积极推广已开发的课程、校本教材以及网络课程资源，教学经验得到了推广和应用。一是在校内得到应用，并向其他专业推广，示范辐射作用成效显著；二是向市、区推广，得到市区内中职学校的广泛认同，在重庆市轻工业学校、四川仪表工业学校等学校得到推广和运用，并收到显著效果。泰中教育交流中心、泰国南部华文民校联谊会代表团，上海市闵行区人大，哈尔滨、河南等地市学校到学校进行参观、交流和座谈。在教育领导力国际论坛等进行了经验介绍和分享，《重庆日报》、人民网、渝中区教育网等新闻媒体和网站对学校和赛教要素对接促进专业课课程改革的研究与实践进行了宣传和报道，引起了社会的广泛关注，学校的教学经验得到进一步推广和应用。

2.以技能服务、回馈社会，职业教育影响力不断提高

本校师生多次参与课题有关的大型活动，利用学校和专业实训基地的资源为社会各单位2 128人提供培训；协办了第八届重庆市居民服务业职业技能大赛咖啡项目比赛；参加了"重庆市职业教育活动周""全民终身学习活动周""咖啡文化节""学雷锋"等各项活动；参与了2017年重庆市都市功能区发型化妆技能大赛评委等工作，创建"双创基地"重庆幼师咖啡学院，职业教育的影响力不断提高。

（二）研究效果

1.专业课课程改革见成效，人才培养和就业质量不断提高

赛教要素对接促进专业课课程改革的研究与实践有效地促进了我校专业课课程改革，对教学质量和教学研究起到了积极的推动作用。学生德、技"双提升"，专业人才培养质量不断提高。近几年来，学生获各级各类奖项1 133项，其中市级以上获奖504项；学生就业率100%，毕业生得到用人单位一致好评，达成了就业率高、满意度高的良好效果。通过"多元共促，多方共赢"中职学生职业技能大赛训练模式的实践，我校在技能大赛方面取得了优异的成绩（表3），学校被重庆市中等职业学校职业技能大赛组织委员会授予"重庆市参加全国职业院校技能大赛（中职组）十年突出成就奖"称号。

表3　重庆市渝中职业教育中心职业技能大赛获奖情况统计表

获奖级别	获奖等级	获奖数量
国家级	一等奖	8
	二等奖	7
	三等奖	12
市级	一等奖	29
	二等奖	46
	三等奖	114

2.师资队伍建设成效显著，教师素养得到提升

通过课题的研究实践，将"双促进"理念融入常态教学工作，达到师资队伍建设德、技"双提升"。课题研究期间，培养了1名专业带头人、3名骨干教师、5名"双师型"教师；选送了美发与形象设计专业、高星级饭店运营与管理专业部分教师参加各级各类培训33人次。课题组成员负责并参加的1项教学成果荣获2018年职业教育国家级教学成果二等奖，2项教学成果荣获重庆市人民政府教学成果二等奖，获得渝中区教育科研成果评选一、二、三等奖10个。课题组成员获得"重庆市酒店行业餐饮服务大师"称号，获得国家级、市区级各级奖励50余人次，20余篇论义在公开刊物上发表；指导学生参加全国、重庆市职业技能大赛获得优异成绩；指导学生参加重庆市文明风采竞赛，获一等奖3个、二等奖16个、三等奖10个。

十、问题与讨论

本课题的研究尽管取得了一些突出成绩，但也存在一些问题和不足。一是参与研究的主体较为单一。在课题研究的过程中，课题研究参与者以学校教师为主，行业企业人员直接参与研究较少，导致在研究的实践环节缺乏更多行业资源的支持，使研究不能做到高效

与行业对接。二是本课题提出了全新的"多元共促，多方共赢"中职学生职业技能大赛训练模式，将其融入教学活动中，必将是一个艰难而复杂的过程。研究的过程充满了曲折，实践的过程中也有过不少困惑，走了很多弯路。课题组也是在研究中一边探索，一边实践，一边总结，一边修改，从而不断完善。

十一、结论与建议

（一）结论

通过三年时间的深入研究与实践，在认识赛教要素对接对专业课课程改革的意义方面，在探究赛教要素对接如何促进专业课课程改革的策略方面，在建立技能大赛集训机制方面，在开发课程方面做了大胆而有效的实践。不管是学校，还是作为个体的参与者都收获了成果和喜悦。更重要的是，实现了课题研究成果向教育教学一线工作的实际转化，提高了学校的人才培养质量，达到了课题研究为教育教学工作服务的根本目的。"多元共促，多方共赢"中职学生职业技能大赛训练模式，"1233"工学交替、能力递进的人才培养模式，"倒梯形"课程体系，"三方融合，三位一体"的中职专业课课程标准，"行动·数字化"课堂教学模式，具有切实的可操作性和实用性，符合目前中职学校的实际情况，具有较强的推广和借鉴价值。因此，本课题研究成果具有实际意义和价值。

（二）建议

1.研究主体还需丰富

在课题研究的过程中，参与课题研究的主体是以学校教师为主，行业、企业人员直接参与研究的较少，导致在研究中缺乏更多社会资源的支持，使研究走了许多弯路。

2.专家引领还需深入

特别是进入课题研究的后期阶段，课题组在将实践成果和物化成果转化成理论成果的过程中，单靠学校自身的力量远远不够，还需要得到更多职业教育专家，行业、企业能手和高校教授的深入指导和引领。

3.成果推广还需加强

课题结题后，在成果的进一步推广中，学校还需要上级主管部门和政府部门的大力支持，共同做好成果推广、应用工作。

课题负责人：卢　全

主研人员：杨琼霞　朱喜祥　罗均丽

付　瑾　张　伦　刘　锦

中小学心理健康教育校本课程开发及实践研究

重庆两江新区人和实验学校

一、研究背景和意义

（一）研究背景

当今中国教育飞速发展，育人成果显著，但单亲家庭、隔代抚养、留守儿童等社会现象普遍存在，不少中小学生存在着自卑、厌学、耐挫力差、攻击、焦虑、抑郁等种种问题，这些问题严重地阻碍着他们健康成长。2012年，教育部颁布《中小学心理健康教育指导纲要（2012年修订版）》，使心理健康教育校本课程开发与实施具备了有利的政策环境与依据。目前国内心理健康课程并没有纳入国家课程，而是作为地方或校本课程进行开发实施。重庆本地以西南大学研发的一套心理健康课程为主，但该课程存在针对性不强、内容不全面、与时代脱节等不足，因此开发适合中小学生的心理健康校本课程并进行实践研究显得尤为重要。

重庆市两江新区人和实验学校是一所公办九年一贯制学校。学生家庭组成情况复杂，以当地"农转非"居民的子女为主，家长文化程度偏低，大多数家长忽视子女的心理健康状况。随着新区开发和学校办学质量的提升，大量外来务工人员的子女就学，同时周边高档楼盘剧增，很多经济条件优越的孩子也涌入学校，学校面临着多元化的、不同层次的家长、学生的心理需求。

从学校每年的心理测评结果来看，有心理问题的学生一直存在，而且很多学生在学习、人际交往和自我认识方面存在一定困惑。通过本课题的研究，切实提高全校学生的心理素质，促进其身心健康发展。

（二）研究意义

心理健康教育校本课程开发及实践可以使广大师生不断正确认识自我，增强调控自我、承受挫折、适应环境的能力，促进师生人格健全、和谐发展；使少数师生尽快摆脱心理困扰或心理障碍，提高心理健康水平，增强发展自我的能力，让每位师生都绽放属于自己的生命的精彩。

二、理论基础与依据

1.校本课程建设理论

《基础教育课程改革纲要（试行）》中指出："实行国家、地方、学校三级课程管理，增强课程对地方、学校及学生的适应教育。"多尔的后现代课程观主张多元化的课程认为："课程是开放的、动态循环的，应依据学校本身的文化与学生所具有的文化之间相互融合。"

2. 心理发展理论

个体心理的发展，尤其强调社会环境的作用。个体生理发展较快的儿童期和青少年期，也是个体心理发展的关键期，在这一教育阶段，个体一系列心理问题的解决就显得尤为重要。从发展的角度来看，心理健康是一个终生相随的人生课题，并且表现出很强的阶段性。

3.人本主义心理学

人本主义心理学强调以人为本，认为人身上都有巨大的潜能，具有自我指导的能力，人人都具有自我实现、自我完善的倾向，学校心理健康教育课程强调信任、尊重学生、重视发挥学生在活动中的主体作用；强调学生在适当的情境中，通过自我教育实现自己的潜能，提高自己的心理素质。

4."和合"文化观

和合哲学是中国传统思想的重要组成部分。和合思想强调，社会生活的各个方面和各种关系是一个相互联系、相互作用和相互依存的有机整体，只有各种要素和合、协调、有序组合，才能使社会有机体有效运行。由和合思想出发，社会通过自组织和自调节的功能而达到新的和合，从而达到健康、有效的可持续发展。这与心理健康教育培养健全人格的人相一致。

三、核心概念的界定

1.心理健康教育

它是教育者运用多种途径和手段，从个体心理实际出发，有计划、有目的地对教师、学生个体心理素质的各个方面进行积极的教育和辅导，进而培养其良好的心理素质，调节心理机能，开发心理潜能，促进师生心理素质提高的教育。

2.校本课程开发及实践

它是指学校为了达到教育目的或解决学校的教育问题，依据学校自身的性质、特点、条件以及可以利用和开发的资源，由学校教育人员与校外团体或个人合作开展的课程开发实践活动，强调学校办学特色与理念的凸显。课题组开发的心理健康教育校本课程是根据学校"让每位师生绽放生命的精彩"的办学理念，并充分考虑到教师的积极参与、学生的认知背景与心理需要。

四、国内外相关研究综合述评

1.心理健康教育

心理健康教育源于西方19世纪末20世纪初，发轫于"人性关怀"思想，至今已经进入繁荣时期。近20年，国外学校心理健康教育不仅针对学生，而且面向全体教师和家长，同时兼顾学校行政领导、社会教育工作者、社区服务工作者，形成一种全社会关心学校心理健康教育的环境氛围。

我国心理健康教育始于对国外心理健康教育的借鉴。2012年，教育部颁布《中小学心理健康教育指导纲要》，为中小学心理健康教育的发展指明了方向。但是，中小学心理健康教育缺乏深入的研究和系统规划，也缺乏固定的时间保证和研究检测的手段等。

2.校本课程开发

"校本课程开发"概念最早是1973年7月欧洲经济合作与发展组织所辖的"教育研究革新中心"提出的。之后，在世界范围内出现了一个关于校本课程开发的浪潮。20世纪90年代，学校课程的适应性问题再次引起广泛重视，并且成为许多国家教育改革的响亮口号。

"校本课程开发"是我国课程研究者从西方教育文献中引进的新名词。《基础教育课程改革纲要（试行）》中规定："改变课程管理过于集中的状况，实行国家、地方、学校三级课程管理，增强课程对地方、学校及学生的适应性。"这意味着校本课程开发正式成为我国课程政策。

五、研究目标及内容

（一）研究目标

（1）对有心理困扰或心理问题的学生，进行科学有效的心理辅导，及时给予必要的危机干预，提高其心理健康水平。

（2）培养学生乐观、向上的心理品质，促进学生人格的健全发展。

（3）提升教师的科研能力，促进教师的专业发展，从而提升教师心育能力。

（二）研究内容

（1）构建心理健康教育网络机制和心理危机干预机制。

（2）构建心理健康教育队伍培养机制，全方位打造师资队伍。

（3）建构三和人格课程模型。在和达、和立、和处三大课程体系中培养学生良好的心理品质。

（4）实施校本课程，开展心理健康教育一系列活动。

（5）开发和实践适合中小学生的心理健康教育校本读物。

六、研究范围及对象

重庆市两江新区人和实验学校一至九年级的学生。

七、研究方法及过程

本课题首先通过文献研究法寻找研究理论基础和理论依据；然后采取调查研究法对学生进行前测，研究中采用"中学生心理状况自评量表"从感觉、情感、思维、意识、行为、生活习惯、人际关系、饮食、睡眠等多种角度评定学生的心理健康水平；再采用行动研究法开发并实施校本课程；实施校本课程后对学生进行心理健康水平后测；最后，通过调查研究前后测的数据和案例研究得出研究结论，并形成研究成果。研究路径见图1。

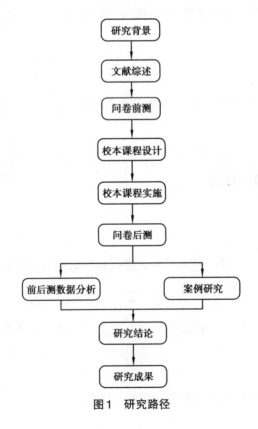

图1　研究路径

（一）文献研究法

课题准备阶段，组织教师学习《中小学心理健康教育指导纲要（2012年修订版）》和《基础教育课程改革纲要（试行）》等重要文件，通过学习明确了心理健康教育的具体目标和心理健康教育的主要内容重点，在此基础上确定了课程开发的方向从社会适应、人际关系、情绪调节、认识自我、学会学习、升学择业六个方面展开。

（二）调查研究法

课题研究采用"中学生心理状况自评量表"评定了七年级共294名学生在课程实施前后的心理健康水平。该量表共有90个项目，采用10个因子分别反映10个方面的心理症状情况。本测验的目的是从感觉、情感、思维、意识、行为、生活习惯、人际关系、饮食睡眠等多种角度，评定中学生是否有某种心理症状的倾向。通过前后测综合对比，分析课程实施的效果。

（三）行动研究法

如图2所示，课题组采用行动研究法将课题目标落到实处。通过构建"八位立体"的心育网络机制、"一主两翼"的心育队伍培养机制、四级心理危机干预机制做好心理危机干预；通过建构"三和人格"课程模型、实施校本课程和三维度27项活动培养学生的健全人格；通过出版专著、编写校本读物、发表论文提升教师的心育能力。

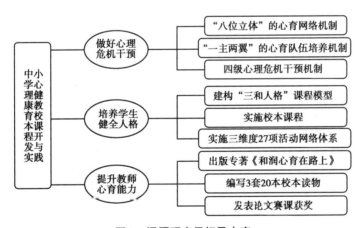

图2　课题研究目标及内容

（四）案例研究法

通过对典型的中小学心理健康教育辅导案例进行分析，归纳心理健康教育的方法和途径。比如，在新冠肺炎疫情网课学习期间，会接到个别家长打电话向心理老师求助的情况，说在家监督孩子上网课几乎快跟孩子的关系到了决裂的地步。上网课期间，孩子在家时间变长，良好亲子关系对孩子健康成长密不可分，对此，学校对全体学生做了问卷调查，发现39%的学生显示与家人关系变好了，同时也有4%的学生（115人）显示亲子关系变差的情况。通过问卷研究发现，家长的长时间有效陪伴能够促进亲子关系。有效陪伴指的是在家和孩子有互动的陪伴，如学习、运动、休闲娱乐或者是一起做家务。其中，孩子最希望家长陪伴自己的活动是学习和娱乐休闲。学习陪伴具体是指希望家长能够帮助自己解决学习上的难题，或者教自己学习一些新技能。相反，家长对孩子学习的催逼，抑或是在孩子学习的时候批评打击孩子，会让亲子关系变差。针对此，学校设计面向学生、家长的相关网课，促进学生们的亲子关系，并且取得了良好效果。

八、研究成果

（一）构建了四级心理危机干预机制，提升了师生应对心理危机的能力

在课题研究中，以"八位立体"的心育工作网络机制和"一主两翼"的心育队伍培养机制为支撑，开展学校心理危机干预工作，构建了四级心理危机干预机制。

1."八位立体"的心育工作网络机制

该机制是以心育工作领导小组为统领，以专兼职心育教师为核心，以班主任为骨干，以学科教师全面渗透为途径，以班级心理委员为基础，以家委会和家长为支持，以社区为依托，以校外专业机构为辅构成的。分工负责，协同配合，整合校内外力量共同发力开展学校心理健康教育工作，共同为学生的心理健康服务（图3）。

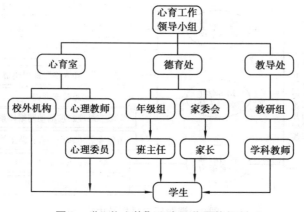

图3 "八位立体"心育工作网络机制

2."一主两翼"心育队伍培养机制

我校重视心理健康教育师资建设，优化专兼职核心师资；提升班主任骨干师资；普及学科教师一般师资，形成强大力量的师资工作团队。心理专兼职教师主要通过专业培训、心理成长小组、心理督导、赛课、课题研究等方式优化心理健康教育的实践和理论能力；班主任、学科老师参加专业机构组织的心理团体辅导和心理沙龙等活动，听取心理健康的有关讲座，阅读心育书籍，提升和普及心育的实践能力（图4）。

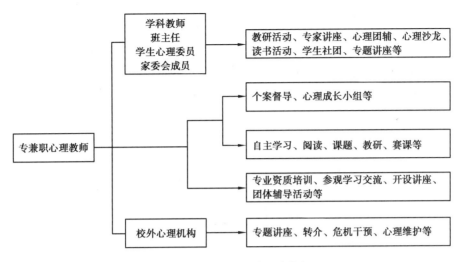

图4 "一主两翼"的心育队伍

3.四级心理危机预警干预机制

以"八位立体"的心育工作网络机制和"一主两翼"的心育队伍培养机制为支撑，构建并实施了"预防→预警→应激→维护"的四级心理危机干预机制（图5）。

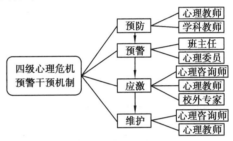

图5 四级心理危机预警干预机制

（二）构建了"三和人格"课程结构及实施路线模型，开发和实践校本课程，开展心理健康活动，培养学生的健全人格

1."三和人格"课程结构模型

以《中小学心理健康教育指导纲要》为指导，即让学生学会学习、升学择业、认识自我、情绪调节、社会适应和人际交往，吸取和合文化的和达、和处、和立三要素，开发和达、和处、和立心育课程，形成"三和人格"课程模型（图6）。

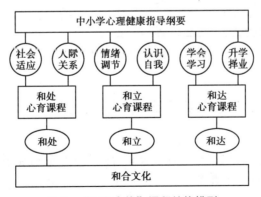

图6 "三和人格"课程结构模型

2."三和人格"课程实施模型

以"三和人格"课程结构模型为导向，制订心理健康教育课程标准及评价标准，开发心理健康教育校本读物并开展心理健康教育教学活动，推动心理健康教育师资建设，营造"三和人格"学习环境，形成"三和人格"课程实施模型（图7），实现培养学生和达、和立、和处"三和人格"的育人目标。

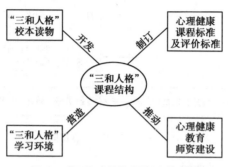

图7 "三和人格"课程实施模型

3.三维度27项活动网络体系

我校面向学生、教师、社会开展了丰富多彩的活动，形成了三维度27项活动网络体系（图8），让心理健康教育校本课程得到有效实施。

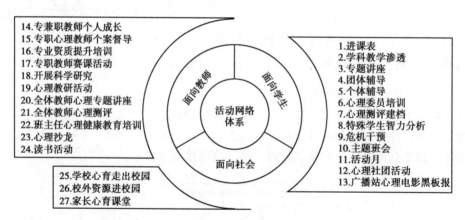

图8 三维度27项活动网络体系

（三）物化成果，提升了教师心育和科研的能力

1.心理健康论文发表和获奖

2014年以来，学校教师的多篇心理健康教育研究成果先后在中国教育学会、重庆市教育科学研究院等组织的课题中获奖；多篇论文在《中小学心理健康教育》等期刊发表。

2.三套试用心理健康教育校本读物

课题组参考"西师版"和"北师大版"的心理健康教材，编写了《心理健康》校本读物（图9），并针对中小学生在学习、生活和人际交往过程中可能存在和出现的心理困扰，设计团体辅导方案，开发和实践了对部分学生和班级的心理团体辅导读物。根据各年级的心理需要开展专题讲座和辅导，如针对升学压力和叛逆期综合征，针对八、九年级的学习压力、早恋心理讲座，针对青春期六、七年级的人际关系应对策略、情绪管理，针对四、五年级的认识自我悦纳自我、团队合作精神等，编写和实践了专题心理健康讲座读物。

从起步到定稿，经历了"探索尝试—初编读物—上课试用—查找问题—再次修改—再次试用—编辑成册"的反复实践、三易其稿的过程。现在，心理健康教育校本读物前有序，后有说明，教学目标明确具体、教学内容体系符合学生的阶段性身心发展需求，反映了知识的科学性、系统性，关注了学生的认知水平和学习兴趣。

图9 "三和人格"校本读物系列

3. 出版专著

课题研究中将校本课程、特色活动、辅导案例、经验论文、课堂实录等整理成册，在2019年5月出版了图书《和润心育在路上》（图10）。

九、研究影响与效果

"心理健康教育"校本课程的开发研究十分有利于学校发挥自身优势，形成了自己的办学特色，提升了师生的心理品质，提高了教育教学质量。

图10 《和润心育在路上》

（一）影响

课题研究成果在两江新区和区外其他学校产生了辐射效应。我校面向全区开展心育活动月展示活动，提升了区域心理教师的专业水平，引领了区域心育工作扎实高效的开展；作为培训者开设讲座，宣传、普及了心育知识，提升了教师、家长的心育能力；定期走进社区开展心育活动，为社区居民送去人文关怀；支教贫困山区，播撒心育活动的种子，推动了山区学校心育活动的开展。

我校在区教育局委托重庆市教育评估院对我校的办学质量评估检查中，北京师范大学大兴附属中学宋怡校长等多位专家对我校心理健康教育校本课程给予了高度评价；多次到"领雁工程"结对学校——万州区白羊中心小学交流工作经验，指导他们心理健康教育工作的开展；牟军校长在2017年全国班主任高级研修班上作关于中小学校心理健康教育工作的专题报告，深受与会教师和主办方好评。2020年7月12日，我校校长牟军在渝教公益直播"重庆名师课堂"中做"疫情后时代中小学学生心理维护我校实践"讲座，好评如潮。

（二）效果

1.培养了学生的健全人格，提升了学生的心理素质

由重庆教育评估院出具义务教育质量监测报告显示，我校心理健康教育活动月、现场团队辅导、个体心理咨询、主题班队会等项指标测评水平高出主城区13%~48%。在七年级学生心理健康水平前后测对比（表1）中，发现各个心理症状维度的平均分及预警人数百分比均明显降低，而且总症状预警的人数百分比从8.5%下降到5.49%。这些都可以看出心理健康校本课程给学生们心理健康带来的积极影响。

表1　七年级学生的"心理健康症状自评量表"问卷调查前后测结果

维度	平均数		正常人数百分比/%		预警人数百分比/%	
	前测	后测	前测	后测	前测	后测
敌对	51	47	90.82	95.43	9.18	4.57
焦虑	51	48	92.52	94.82	7.48	5.18
精神病性	48	45	94.22	96.04	5.78	3.96
恐怖	53	51	88.78	89.33	11.22	10.67
偏执	48	46	95.24	95.73	4.76	4.27
强迫症状	48	46	97.28	96.04	2.72	3.96
躯体化	51	48	92.18	95.43	7.82	4.57
人际关系敏感	48	46	94.56	95.43	5.44	4.57
睡眠及其他项	52	48	92.86	94.82	7.14	5.18
抑郁	50	47	93.2	95.43	6.8	4.57
总症状指数	50	47	91.5	94.51	8.5	5.49

2.提升了教师的心育和科研能力，提升了教师职业幸福感

经过多年的探索与实践，学校涌现出一大批心理素质好、教学科研能力强的优秀教

师。2014年12月举办心理健康月活动，吸引了全区心理健康教师前来观摩。2015年，我们承办了全区的心理教研活动，上了两节展示课，组织了一节研讨课。两次活动都得到两江新区教育局和重庆市教育科学研究院领导的肯定。多次组织心理健康教育的读书征文和赛课，老师们积极参与，表现不俗。

3.心理健康教育活动的开展，让校园焕发出蓬勃的生命力

在课堂教学和团体活动中给学生提供了更多接纳、认识自我和他人的机会，校园活动成了师生绽放生命精彩的大舞台。校田径队代表两江新区出战重庆市2017年中学生田径锦标赛，获得第二名的好成绩，足球队获得区中小学足球联赛亚军。首届全国啦啦操锦标赛，我校代表队获得第一名。

4.教学成绩逐年上升

在历次学科抽测、七校联考、中招考试中，我校中小学均有多门学科在全区名列前茅。学校初2017届学生参加重庆市联招考试取得优异成绩。上线人数名列两江新区同类学校前茅。一至六年级期末参加"八校联考"取得优异成绩，36个指标中有14个获得第一，5个第二，8个第三。

十、问题与讨论

本课题研究对团队成员的要求很高。一方面，课题组成员应具备心理健康教育的基本素质，充分认识心理健康对学生成长的重要性；另一方面，课题组成员应对心理健康教育有探究的热情，愿意在心理健康教育领域学习研究和实践，并且具有一定的课程开发能力，如突破单个学科的专业性，充分把握学生心理发展的需要，能够对开发的设想进行实施，并及时记录反馈等。因此，课题组成员专业性仍需提高。

另外，从课程评价小组的调查问卷中可以看出课程评价小组对心理健康教育校本课程内容的认同略低，只有84.2%，反映出课程内容不够突出心理学的特色，不能让老师们看到心理健康课的亮点。因此，课程内容的设置还有待提高和完善。

十一、结论与建议

（一）结论

（1）课题研究中组建了专业的校园心理健康教育领导小组，健全了校园心理健康教育工作的各项规章制度，形成了校园心理健康预防和维护的工作机制，完善了学校的规范化管理。

（2）实践中打造了"一主两翼"的心理健康教育师资队伍，开展了全校教师参与的面向全体学生的全程心育活动，着力构建了九年一贯制学校的心理健康教育体系，初步形成

了校园心理健康教育的特色建设。

（3）开发了三套试用心理健康教育校本读物，物化了一批心理健康教育论文成果。心理健康教育理念和实践工作有一定特色和前瞻性，所做的研究和探索具有较高的推广价值。

（4）促进了全校学生在学习生活、人际交往、自我认知、潜能开发等方面健康发展和综合能力的提升，推进了素质教育的开展。

（5）本课题采用文献研究、调查研究等方法展开，注重实效、讲究方法，资料齐全，兼具可行性和创新性。调查问卷和心理测评有效地展现了课题实践的真实状态，客观地展现了研究的巨大效益。

（二）建议

经过近三年时间的研究和实践，课题组老师得到了很大的锻炼，虽然取得了一定的成果，但也存在许多亟待改进的地方。

1.深化心理健康教育的实施，把心育工作拓展到学校工作的方方面面

心理健康教育是当下和未来更需要的一种教育方式、管理方式、个体自我成长方式，仅仅校园内部的实施还远远不够，势必需要建立全方位的大合作体系。加强教师与学生、教师与家长、学校与社区，学校与科研机构之间的互动研究和应用，打造全方位、全时空的合作体系，把心理健康教育引向更广阔的社会空间，为国家的长治久安贡献力量。加强对管理层的心理健康培训的管理，完善心理健康教育的硬件建设。

2.探索心理健康教育的评价体系

目前，对学校心理健康教育评价体系的研究较少，不仅缺乏理论基础，也无实证研究。在实际操作中，心理健康教育课的评价不应只落脚于教师知识点的传授和学生对知识的掌握，而应着重于学生心理素质的增强和教师教学水平的提高。因而，心理健康教育课程评价的重点，应落脚于检查课程教学活动是否改善了学生的自我概念、是否增强了其自我教育和自我完善的意识与决心、是否提高了行动的积极性和自觉性。大致可以分为对教学活动的评价和对学生的评价两个主要部分。心理健康教育课程是以促进学生健全人格的发展为宗旨，因此心理健康教育课程的评价要以人为中心，既要关注教师，更要关注学生。

3.加强心理健康教育的宣传和科研支撑

心理健康教育是一门新兴学科，并不为广大社会所熟知，需要深入专业的学习才能有效掌握和应用。建议学校借助网站、QQ工作群、微信公众号等互动平台，加大心理健康教育校本课程开发和课题研究的动态宣传力度。建议上级教育主管部门多开展心理健康教育的专题培训、学习、活动，或提供更多的研究资金和科研成果支撑，让更多的教师具备扎实的心理素养和心理健康教育的能力，以推动心理健康教育的发展。

4.学科全覆盖、全渗透，向全员育人的总目标靠拢

通过培训，使全体教职员工心理素质得到提升，在人文性较强的语文、思品、音乐、美术、体育等学科，依托读物渗透积极心理的建设等。对全校班主任开展包括心理健康教育的理论知识学习、操作技能训练、案例分析和实践应用等内容的继续教育培训，提高班主任对心理健康教育操作和评价能力。

总之，研究成果是喜人的，但也存在一些问题。坚信在各级领导的关心下，在各位专家的引领和帮助下，学校的心理健康教育工作也会更有成效，重庆市两江新区人和实验学校科研之路也一定会越走越宽广，科研之花会更加芬芳美丽。

课题负责人：牟　军

主研人员：肖　询　韩丽丽　梁隆均

代淑华　王俊霖　朱声明

西部地区中学教师专业素养城乡协同发展模式的建构研究

重庆市巴蜀中学校

一、问题的提出

教师专业化发展论题从20世纪60年代提出以来，受到各国教育界的高度重视。近年来，重庆市通过"领雁工程""捆绑发展""帮扶计划"等方式对贫困区县（自治县）的乡村学校进行了帮扶，在一定程度上提升了乡村学校教育质量，促进了我市城乡教育均衡与公平发展。然而，如何对乡村教师专业发展实施"精准扶贫"，以提升其教育教学水平，尤其是如何发挥城市中学对乡村教师专业发展的引领作用，构建城乡协同发展模式，实现优质教育资源共享，是一个具有重大理论意义与实践价值的课题。

（一）研究的政策依据、理论依据、实践依据

1. 政策依据

习近平总书记在重庆考察时曾发表重要讲话，着力解决"两不愁三保障"突出问题，打赢脱贫攻坚战，不获全胜决不收兵；国务院办公厅出台《乡村教师支持计划（2015—2020年）》；其他与城乡教师协同发展、扶贫攻坚等有关政策，均为本课题提供了政策依据和支持。

2. 理论依据

按照《中共重庆市委宣传部关于印发〈大力开展精神扶贫工作方案〉的通知》（渝委宣〔2017〕104号）文件要求，按照市文明办印发《关于主城区志愿服务组织结对帮扶18个深度贫困乡镇的工作方案》的通知要求，落实《重庆市人民政府办公厅关于贯彻落实乡村教师支持计划（2015—2020年）的通知》（渝府办发〔2015〕148号）和《重庆市教育委员会重庆市财政局重庆市扶贫开发办公室关于加强教育扶贫实现精准扶贫的通知》（渝教财〔2015〕79号）精神，充分发挥教育资源相对优质学校的引领和扶持作用，帮助贫困地区农村学校教师专业发展。

3. 实践依据

巴蜀中学抓实抓好教育帮扶相关工作，分管校领导和骨干教师多次赴西阳土家族苗族

自治县车田乡中心小学、云阳养鹿中学、巫溪上磺中学、奉节巴蜀中学等学校进行实地考察，通过捐资捐物、指导办学、教学示范等方式，精准帮扶，促进教师专业素养城乡协同发展。

（二）研究主体的本质及意义

1.学术意义

（1）有利于丰富和完善乡村教师专业发展理论。本课题在已有研究的基础上，对我国教育均衡发展政策提出的乡村教师专业发展研究进行了全面梳理，对国外教育人力资源开发理论和实践进行了系统研究，尤其是对国内外乡村教师专业发展的理念、策略、机制等进行了综合分析，有助于从学理层面丰富乡村教师专业发展理论。

（2）有利于建构教师专业素养城乡协同发展模式。促进西部地区中学教师专业素养协同发展，须构建城市中学帮扶乡村中学教师专业发展的创新培育模式。我们以协同发展培育模式为重点，通过对乡村教师专业发展目标的分析，即初级目标——成熟型教师、中级目标——骨干型教师、高级目标——专家型教师；构建乡村教师发展平台，即教学平台、资源平台、科研平台、竞技平台；建立乡村教师培养体系，即指导办学体系、提高教学质量体系、网络社区培养体系、援建心理健康体系，有助于在整体上构建城市中学帮扶乡村中学教师专业协同发展的培养模式。

（3）有利于深化西部地区教育均衡问题的研究。西部地区城乡教育发展严重不均衡，而对乡村教育的帮扶机制又太过于单一，即主要采取从外部支援和单一培训的方式以提高乡村教师专业水平，导致其效果不理想。本课题立足西部地区乡村学校的客观实际，关注乡村教师的专业发展现状，反思其专业发展的现实矛盾和价值诉求，探求有效促进乡村教师专业成长的实践路径，从而提高乡村教师的专业发展水平，对推进城乡教育均衡发展，具有十分重要的理论意义。

2.应用价值

（1）有助于发挥城乡协同发展模式对乡村教师专业发展的促进作用。通过城乡协同发展模式的构建，运用在校的跟班、顶岗、跟访，以及向乡村学校输出理念、教师、管理团队，在乡村学校建设试验班等策略，并借助"互联网+"建设慕课等线上教育平台，能够为乡村教师的专业成长提供不受时空限制的科学有效的支持系统，进而提高乡村教师的专业水平。

（2）有助于相关政府部门为城乡教师帮扶发展以及乡村教师发展方面的政策提供科学依据。本课题以《乡村教师支持计划（2015—2020年）》为指导思想，立足当前西部地区城乡教育的不均衡现状，以乡村教师的专业成长为切口，对乡村教师的发展现状以及城市中学帮扶乡村中学教师专业发展的培养模式、运行机制与实践策略等进行系统研究，能够为当前我国乡村教师专业发展的相关政策提供决策依据。

（3）有助于促进重庆地区城乡教育均衡发展。《关于加快中西部教育发展的指导意见》

（国办发〔2016〕37号）中明确提出：建立义务教育学校动态调整机制，优化学校布局，推进学校标准化建设，提升农村教师队伍总体水平，扩大优质教育资源覆盖面，缩小城乡差距、校际差距。然而，西部教育基础差，保障能力弱，特别是农村、边远、贫困、民族地区优秀教师少、优质资源少，教育质量总体不高。本课题研究单位重庆市巴蜀中学校是西部地区城市重点中学，长期以来注重城乡教育均衡的研究与实践，已经与奉节、江津、黔江、涪陵等贫困地区的乡村学校建立协同发展关系，具有一定的实践经验，因而通过本研究能够在更大范围内促进西部地区城乡教育均衡发展。

3.研究课题的概念界定与假设

（1）西部地区。西部地区包括陕西、四川、云南、贵州、广西、甘肃、青海、宁夏、西藏、新疆、内蒙古、重庆等12个省、自治区和直辖市。西部地区疆域辽阔，大部分地区是我国经济欠发达、教育较落后的地区。西部地区的教育发展尤其是教师专业素养的发展，是一个值得研究的问题。

（2）教师专业素养。教师专业素养是指从事教育教学工作所必须具备的特质。一般来讲，教师专业素养主要由四个部分构成：专业精神、专业知识、专业能力和专业实践。教师专业素养和教师专业发展紧密相关，它强调教师个体的、主动的和积极的专业成长，体现教师由非专业化到专业化再到去专业化（自为自觉）的动态发展过程。

（3）协同发展模式。协同发展模式是指通过协调两个或者两个以上的不同资源或者个体，相互协作完成某一目标，以达到共同发展的双赢效果的发展模式。协同发展模式已被当今世界许多国家和地区确定为实现社会可持续发展的基础。本课题重点研究的教师专业素养协同发展模式，即由三部分——目标·平台·体系，构成的城市中学帮扶乡村中学教师专业发展的培养模式。研究教师专业素养城乡协同发展模式，是解决教育不均衡问题，提升城乡教师素养，实现优质教育资源帮扶的重要探索。

二、研究目标

（1）建构城乡教师素养协同发展模式，全方位、多渠道促进乡村教师专业发展，实现乡村教师"教得好"的目标。

（2）为政府科学决策提供依据，探索出城市中学优质教育资源的共享和辐射模式。

（3）"以点带面"，促进乡村教育改革与创新，推进城乡教育统筹协调发展和教育均衡。

通过课题研究，本课题基本达成了以上指标，构建了西部地区中学教师专业素养城乡协同发展模式，提升了教师素养，在研究领域有一定的借鉴价值。

三、研究对象

本课题的研究对象明确，即西部地区的城市中学、乡村中学、城乡中学教师。

四、研究方法

1.文献研究法

本研究通过对教师专业发展、乡村教师专业发展以及中学教师专业素养城乡协同发展相关文献的搜集、整理和研究，为课题的开展奠定扎实的资料基础、提供有益的经验借鉴。

2.行动研究法

本研究强调城市中学支持乡村教师专业成长的各类实践行动，借助课题研究边实践、边总结、边研究，并及时反馈和修订行动方案，探索出中学教师专业素养城乡协同发展的培养模式。

3.调查研究法

本研究通过问卷调查与深度访谈等方式，对中学教师专业素养城乡协同发展的客观实际进行全面考察和深入研究，揭示其存在的现实问题，为课题的开展提供实证依据。

4.案例研究法

本研究选择中学教师专业素养城乡协同发展的典型案例作为研究对象，深入探讨城乡协同发展的培养模式、运行机制和实践效果。

五、研究内容和过程

1.西部地区乡村中学教师专业发展现状的调查研究

通过抽样调查和访谈，全面了解乡村教师专业发展现状，揭示乡村教师专业发展存在的现实问题，为城市中学帮扶乡村中学教师专业发展提供实践依据。

2.西部地区中学教师专业素养城乡协同发展存在的问题研究

通过对过去近十年西部地区城市中学与边远地区教师协同发展的实际状况进行调查分析，归纳协同发展存在的具体问题，确保创新培养模式研究具有实效性和可推广性。

3.西部地区中学城乡教师专业素养协同发展的创新模式研究

创新发展模式是本课题研究的主体部分和核心内容，创新发展模式基本建构模式：目标·平台·体系（图1）。

首先是目标构建，即基于对乡村教师的综合评价，设定三级培养目标：初级目标——成熟型教师、中级目标——骨干型教师、高级目标——专家型教师。

其次是平台构建，即为乡村教师培养构建多维发展平台，包括：教育教学平台、教育资源平台、教育科研平台、教学竞技平台。

最后是体系构建，即为了使乡村教师的培养工作更加深入长效地开展，必须构建培养体系：指导办学培养体系、提高教学质量体系、网络社区培养体系、援建心理健康体系。

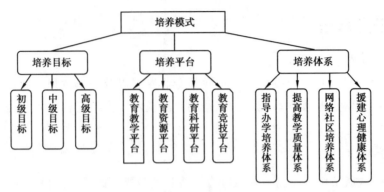

图1　创新发展模式基本建构模式

六、研究结果与分析

重点构建了西部地区中学教师专业素养城乡协同发展模式，即目标·平台·体系，同时通过国家级培训、市级培训、"巴蜀云校"、巴蜀教育学院等项目进行推广。

（一）确定目标

根据对西部地区乡村教师的基本素质评价，制订相对合理的三级培养目标：初级目标——成熟型教师；中级目标——骨干型教师；高级目标——专家型教师。学校选定培养实验教师，通过基本素质测评，为培养对象量身定制三级培养目标，并在培养过程中不断修订目标参数，注重培养教师的基本专业素质发展和个性特质发展。

（二）搭建平台

为西部地区中学教师搭建多维发展平台：

1.教育教学平台

在城市重点中学初高中起始年级为西部地区中学教师制订教学岗位，鼓励西部地区中学教师在教育教学一线进行学习提高，受培养的西部地区中学教师与所在重点中学同年级教师一样承担教育教学任务，接受教育教学目标考核。

2.教育资源平台

受培养的西部地区中学教师享受给予支持的重点中学的相关优质教师资源、教学资源、课程资源以及其他自主研发的优质教育资源。包括："51好课网"平台课程资源，"未来教育研究院"的培养项目，"巴蜀云学校""双师直播室""强基计划直播室"等直播资源。

3.教育科研平台

受培养的西部地区中学教师可以跟随导师参与重点中学在研的某些教育类课题，提升科研能力，同时在导师的帮助下，独立完成一些基本的科研项目，参加区级、市级的科研论文比赛，积极发表科研论文。

4.教学竞技平台

一是举行西部地区中学青年教师优质课大赛、班主任基本功大赛等，提高教师专业素养；二是开设西部地区中学教师中青班、拔尖班、名师工作室等，加强教师队伍建设；三是邀请全国教育专家为西部地区中学教师授课，进一步提高教师的教学能力。

（三）构建体系

1.指导办学培养体系

由城市重点中学领导牵头，与西部地区中学的管理团队进行无缝对接。针对教学、德育等方面，以座谈或交流小组等形式，交流经验，制订办法，形成管理上的有效互动，进而提升办学品质。

2.提高教学质量体系

一是在教育科研方面，城市重点中学帮助西部地区中学制订教师专业发展规划、教学科研工作计划，提高管理、科研、教学水平。二是在教学示范方面，组织城市重点中学的优秀教师代表，传授先进的教学理念和教学方法。三是在教师培养方面，充分发挥城市重点中学优秀教师、学科带头人的作用，以"师徒结对"等活动提高教师素质，充分利用"国培计划"优势助力教师队伍成长。四是在专题研讨方面，双方课堂教学和研究活动互相开放，互学互进。

3.网络社区培养体系

践行"科技赋能，减负提质"的理念和政策，利用5G网络、高清直播设备、人工智能、大数据分析等技术，依托"51好课网""未来教育研究院""双师直播室""强基计划直播室"等方式、手段，打破时空限制，构建西部地区中学教师网络社区培养体系。

4.援建心理健康体系

城市重点中学可定时安排心理教师到西部地区中学开展心理讲座，了解并改善西部地区师生的心理健康状态。

七、讨论及结论

（一）理论研究相关成果

在课题撰写方面，本课题组完成了1万多字的课题研究报告，内容翔实、佐例丰富；在学术论文发表方面，课题主研人员在多个中文核心期刊上发表直接课题成果学术论文5篇，直接课题成果论文获市级一、二等奖5篇（其他学术论文成果参见课题成果统计附录）；在教育部、市政府教学成果奖方面，本课题组获中华人民共和国教育部颁发的国家级教学成果奖二等奖，重庆市教学成果奖一等奖、二等奖等；在获优秀基础教育著述奖、优秀教育科研成果奖等方面，本课题组获重庆市第七届优秀基础教育著述评选及重庆市第六届优秀教育科研成果多项奖项；在课题影响间接著作成果方面，本课题主研人员开发的多门课程、多本著作都在教学领域产生了广泛且深远影响。

理论研究成果

（二）实践研究相关成果

1.研究影响

（1）课题组多篇研究论文在《中国教育学刊》等核心期刊发表，获得重庆市一等奖，将西部地区中学教师专业素养城乡协同发展模式在全市乃至全国范围内宣传推广，彰显了学校和课题组在该领域的领先优势。

（2）课题承担单位运用"互联网+"手段建立了成熟的、有效的国培计划项目管理机制，将研究模式运用到实践中，保障了"国培计划"课程方案的设计质量和有效落实，尤其是在培训模式和方法上作了大胆的探索和有益的尝试，相关事迹多次被华龙网、大渝网等媒体报道。

（3）课题承担单位通过51好课网平台构建起了多元课程体系，将学校优质的教育资源与乡村学校、普通学校教师、学生进行了分享，此外，课题组所在学校肩负社会责任，坚持名校的引领示范作用，推出"51好课""云课堂"，向社会输送优质教育资源。

（4）研究成果参加第五届中国教育公益博览会（中国 珠海 2019.11），其间开展工作坊，受到国内外嘉宾好评。

（5）课题承担单位师资力量雄厚，便于开展行动研究，承担国培、市培项目，实现城市中学对乡村中学、薄弱地区的教育帮扶，促进乡村中学教师专业发展，通过对比找不足，加速教师从新手到专家的转变。课题承担单位依托本单位19门市级精品选修课程、6个重庆市课程创新基地、成立的国家级、市、区级名师工作室，在主持人带领下，校内外一大批新教师迅速成长。截至目前，学校有国家万人计划名师工作室1个，市级名师工作室6个，区级名师工作室10个，校级名师工作室9个。

2.研究效果

（1）国培计划。国培计划示意图见图2。

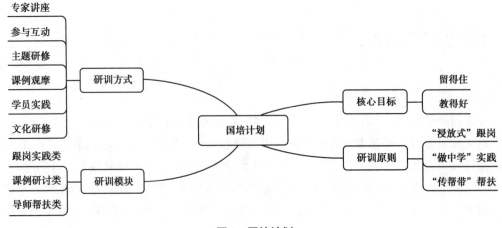

图2　国培计划

（2）结对帮扶。结对帮扶示意图见图3。

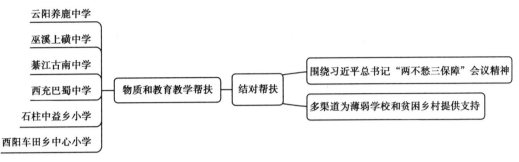

图3　结对帮扶

（3）科研助推。科研助推示意图见图4。

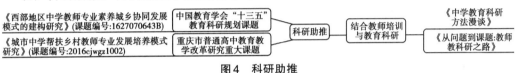

图4　科研助推

（4）巴蜀云校。巴蜀云校示意图见图5。

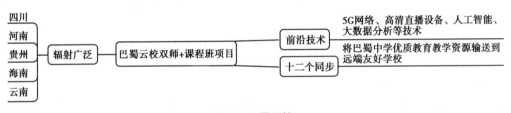

图5　巴蜀云校

八、有待进一步研究的问题

（一）问题与讨论

1.理论方面

西部地区中学教师专业素养城乡协同发展模式缺乏专业的理论指导和可供借鉴的优秀案例。因此，教师专业素养发展的校际支持系统在边探索边实践、边实践边总结、边总结边创新背景下进行系统研究。在传统教师专业素养发展层面上探索校际支持系统的路径。

2.实践方面

课题组在研究中仅通过国培、集团化办学、"领雁计划"、对口帮扶薄弱学校几个实践单位开展工作，在其他学校中未全面拓展本研究，需要在接下来进一步推动，让更多学校参与进来，使西部地区中学教师专业素养城乡协同发展模式成为教师专业发展的常规化发展途径之一。

3.推广方面

由于受时空限制，课题研究将进一步利用学校网站、云学校课堂推广课题的相关研究实物成果。结题后，课题组会进一步总结、提炼、升华，努力完成该目标任务。课题组会继续搭建平台，依托课题承担单位在重庆市校本教研基地建设经验，新课程、新教材实施国家级示范校的建设成果经验，继续为西部地区中学教师专业素养城乡协同发展模式的建构的深入研究拓宽思路、提供发展契机。

（二）改进与完善

1.加强学习研究

加强教师的理论学习，让我们的教育科学研究有一定哲学高度，才能够得到更有科学价值和社会价值的学术成果。在后续研究工作中，要更多地"走出去"和"请进来"，及时地把阶段性成果拿来锤炼，在广泛的交流与实践中获得教育科研的源头活水。

2.完善奖励机制

要建立相关激励机制，千方百计激发教师专业发展的内驱力，这是重点。教师专业发展需要动力，一方面是外驱力，如考核、评优评先、职称晋级等；另一方面是内驱力，如主动追求更高的教学水平，提升自己的专业竞争力等。通过本课题研究发现，最佳的发展路径应是内外兼修，尤其要注重内驱力的激发，变被动发展为自主发展、自我赋能。

3.落实扶持政策

要完善相关扶持政策，用"不均衡"的政策促进教育的"均衡"发展。所谓不均衡，是指政府及教育主管部门要对相对落后的乡村中学、普通中学在政策、资金等方面给予更多扶持，尤其是工资待遇要跟上，职称晋级要倾斜，以此提升教师的幸福感，促进教师一心一意搞好专业发展，搞好教育教学。

附录

课题负责人：王国华

主研人员：刘雅林　李潇珂　周刘波

戴金洪　郑亚平　赵　岚

优质均衡背景下集团化办学的实践研究

重庆市人民小学校

一、问题的提出

（一）研究依据

1.政策依据

集团化办学的实践是先于政策的。2002年，杭州市成立了首个公办基础教育集团。2005年，教育部印发《关于进一步推进义务教育均衡发展的若干意见》，在意见中指出"要充分发挥具有优质教育资源的公办学校的辐射、带动作用，采取与薄弱学校整合、重组、教育资源共享等方式，促进薄弱学校的改造"。2006年，杭州市出台关于基础教育集团化办学的政策。

政策是政府层面对集团化办学的认可和助推，是推动实践的关键力量。截至2021年，我国在国家层面尚没有出台针对集团化办学的专门性政策文件，但在一些国家级文件中有所涉及（见表1）。

表1 集团化办学相关文件梳理

文件出台时间	出台部门及文件名称	文件所涉及内容
2012年	国务院 《关于深入推进义务教育均衡发展的意见》	通过探索集团化办学等新办学模式，整体提升学校的小学水平
2013年	教育部等部门 《关于全面改善贫困地区义务教育薄弱学校基本办学条件的意见》	强调通过集团化等方式扩大优质资源的覆盖面，合理分流学生，解决大班额等问题
2016年	国务院 《关于统筹推进县域内城乡义务教育一体化改革发展的若干意见》	通过实施集团化办学方式，对薄弱学校和乡村学校进行扶持，促进教育均衡发展
2017年	中共中央办公厅、国务院办公厅 《关于深化教育体制机制改革的意见》	改进管理模式，探索集团化办学等办学形式

可以看出，国家层面对于集团化办学促进教育均衡优质发展的作用是予以认可的，并希望通过探索和推广集团化办学促进教育体制深层次的改革。许多地区也纷纷出台了关于集团化办学的政策。国家层面的认可激发了各省级行政区实践集团化办学的活力，集团化办学模式在全国超过一半的省市都得到政府层面的政策支持。2017年12月，重庆市教育委员会发布了《重庆市教育委员会关于实施义务教育质量提升行动计划的通知》，文件中明确指出要实施"学区化、集团化办学示范项目"，推广成功经验，完善学区化、集团化管理机制，扩大优质教育资源的共享；还设定了具体化目标，即"争取到2020年实现义务教育50%的学校进入学区化、集团化办学"。

基于以上分析可以看到，在全国范围内，政府层面对于集团化办学的政策目标日益清晰，保障力度也越来越显著，这使得我们所做的这份研究更加具有现实意义。

2.理论依据

（1）国外文献述评

教育集团化，国外被称为教育管理组织（Education management organization，简称EMO）。在发展的过程中，教育管理组织根据是否营利，是否与特许学校和地区学校合作，是全国性还是单州性，分为三大类。第一类是营利性教育管理组织与非营利性教育管理组织。营利性的教育管理组织，如爱迪生学校集团、国家遗产学院、利昂娜集团、白帽、马赛克和想象学校，他们至少经营30所学校，并通常拥有大量的财政资源允许他们帮助学校贷款或者购买设备。非营利性的教育管理组织，相对营利性的组织数量较少，并且大部分都只经营几所学校，如密歇根州的三家非营利性教育管理组织，总共才经营4所特许学校。第二类是合同学校与特许学校。"合同学校"，即与当地学区签订合同，据此来管理现有的传统K12阶段的公立学校；"特许学校"，此时教育集团既可以作为特许学校的所有者又可以经由跟所有者签订的合同来进行对该特许学校的管理。运营特许学校的优点就是有更高的自主权，而运营合同学校则可以申请更高的资金投入。第三类全国性分布经营与单州分布经营。前者分布在多个州经营多所学校，因此享有的资源也就更丰富；后者聚焦在一个州范围内，经历几所学校，享有的资源相对要薄弱。

通过对国外不同教育管理组织的分析，可以看出他们在集团化办学上呈现出一些共同的特点：一是文化导向，目标定位；二是关注学生个体需求，基于评价体系，精准教学服务；三是重视课程建设，按不同学段进行系统设计；四是重视教师专业发展，构建系统的教师发展机制；五是重视领导力的发展；六是重视资源的整合，除了政府或教育行政部门以外，引入基金会、社区、专家、家长等众多资源。

当前，国内的教育集团化正在不断地深化革新中，寻找在管理制度、文化建构、课程开发、教师发展、资源整合、保障支持等方面的借鉴路径。国外的教育管理组织，虽在文化背景上与国内的教育集团化发展不能完全对等，但是在管理运营上的共性优点是值得我们在集团化发展中参考借鉴的。

（2）国内文献述评

我国的集团化办学是在20世纪90年代初自职业教育领域开始的；90年代至21世纪初，随着市场经济改革深入，民办教育集团开始在东南沿海兴起；21世纪初至今，集团化办学进入基础教育领域，并逐渐从民办转为公办。学者们从刚开始对集团化办学这一现象的关注，对国外教育集团和国内民办教育集团的发展经验研究，渐渐转移到对各地区集团化办学的实践研究上来；研究视角也更加聚焦，从集团化办学的教育公平意义、办学模式、发展问题及对策等宏观视角渐渐发展为集团治理、文化引领、教师发展等中观和微观视角，研究对象也更加专业化和精细化。

从文化认同的角度看，集团化办学的本质是使成员单位教育愿景一致，促进成员校之间的文化融合。教育愿景统领集团文化，并不是让成员校照搬核心校的校园文化，而是帮助各成员校明晰教育实践的共同方向。同时，在共同的教育愿景内化的过程中，要尊重集团校各成员校的历史，挖掘每个成员校在独特发展环境中形成的特色，在相对独立发展的基础上形成集团整体的优质化。

从组织结构与运行体系的角度看，从单一学校的管理跨越到多校区的综合治理，涉及教育理念、管理架构、运行机制等方面的创新调整，这使得教育集团的管理者面临巨大挑战。早在2005年，周彬就提出，集团化办学需要学校管理者向学校经营者转型。在北京师范大学2015首届卓越校长论坛报告中，北京史家小学教育集团王欢校长也提出，集团化办学从管理走向治理，是学校发展的必然要求。孟宪彬、董巍两位学者提出的"行政与学术并行"的管理架构与运行机制使得集团化办学的治理模式有了清晰的图景（图1）。

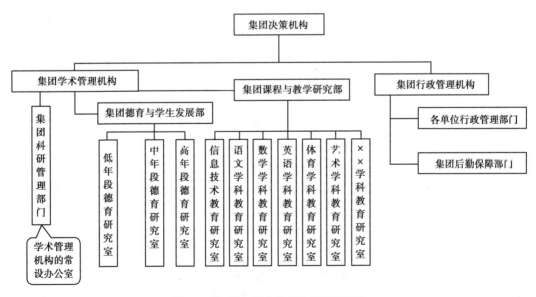

图1　"行政与学术并行"的管理架构

从课程构建的角度看，教育集团一般会建立基于集团层面的课程框架体系，集团内的学校会进行联组教研，实现优质教育资源共享。王雨田在对上海静安区集团化办学的实践研究中发现，当教育集团的文化同一性过高时，集团会努力挖掘各校区的特色课程文化，完善集团的课程共建共享机制，发挥各校区特色课程的影响辐射力。集团化办学的背景下的课程建设，凸显出课程目标的整体性、课程实施的协作性、课程管理的规范性和课程成果的共享性等特征；其目标是促进课程资源的整合、优化和共享，推进校际课程建设的均衡发展，实现教育质量的整体提升。

从教师发展的角度看，集团化办学也需要为各校区教师的专业发展提供时间和空间上的支持。上海上实教育集团以浸润式培训来解决其成员校东滩学校的教师发展问题。通过专家导学、师徒制、同伴互助的方式，全方位提高其专业素养，并在此过程中，实现"以文化人"，充分发挥了本部学校文化的引领作用。史家教育集团从管理体制和组织架构上进行改革，化解教师发展过程中的管理阻力，以集团文化为导向，用共同愿景引领集团教师共同体的形成，并促进教师以解决实际问题实现再聚合，激发其内在发展驱动。

国内关于教育集团化的研究是多方面的，各地也在进行实践探索，但以政府自上而下的推动较多，以学校为主导较少，集团内部各学校之间的内在需求关注度不够，治理模式与相应的运行机制有待进一步探索。特别是，学校尤其是优质学校从区域社会经济发展的大背景出发，进行自觉的系统探索不够，将其作为学校持续优质发展的着力点，进行系统规划、长期探索的也不多。

3.实践依据

重庆市作为中西部唯一的直辖市，以大城市、大农村、大库区、大山区并存为显著特点。从2000年开始，重庆作为"国家统筹城乡教育综合改革试验区"。通过市政府和教委的一系列有效举措，部分地区已经初步实现了义务教育均衡发展。随着经济社会的发展和城市化进程的不断推进，名校成为一种稀缺的、宝贵的公共资源，实现名校资源利用效益最大化，是实现优质均衡发展的必由之路。

人民小学从1945年建校至今，学校沿着老一辈革命家指引的道路继续前行，在他们创立的爱党爱国、艰苦奋斗和自强不息的伟大精神支撑下，在源远流长的巴渝文化滋养下，经过几代人的辛勤耕耘，已实现了跨越式的发展，取得了辉煌的成就。学校七十多年的发展，是逐渐由"应试教育"转向素质教育；由局部改革到整体改革再到综合全面改革；由个别亮点到项目特色再到办学特色；由自我发展转为向外辐射的发展过程。七十多年的光荣岁月，人民小学逐渐由"马背上的摇篮"成长为重庆市基础教育的"前排兵"，这和人民小学始终和国家的每一次教育改革保持一致，始终葆有教育改革的自觉与勇气密不可分。

在推进义务教育均衡发展的过程中，我校参与了我市帮扶农村学校、薄弱学校的大量工作，在教育教学、校园文化建设、学校管理、教师培养等方面有着丰富的经验，足迹踏遍重庆38个区县，彰显我校对社会责任的主动担当。在教育优质均衡发展的大趋势下，我们有责任将教育均衡发展推向更深入、更优质。

但是由一所学校发展成一个集团，甚至是更大范围的教育集团，在学校办学上毫无先例，也没有任何成熟的模式可以借鉴。如何从组织结构、机制体制、资源共享与协作等方面创造性地解决问题，构建一个和谐共生、有效运转、高水平发展的教育集团，是研究与实践所必须解决的问题。

（二）研究课题的界定与假设

1.研究课题的界定

集团化办学是在教育优质均衡发展的大背景下，由重庆市人民小学这所名校为主导和核心，跨区域、跨办学体制，在不同阶段以不同方式生长3个学校，通过探索科学、有效的学校治理模式，创建的一体化、紧凑型、共生型的教育集团。集团各学校在共同教育愿景的引领之下，利用各自优势、发挥各自特点，多层次多特色的发展，实现"各美其美，美美与共"。

2.研究课题的假设

（1）均衡发展的生命和意义在于优质，集团化办学是实现教育优质均衡发展的有效途径。

（2）集团化办学是一个系统工程。要发挥集团化办学的最大效益，需要在统筹全局的基础上，立足于各成员校的特点，从学校治理的高度，对教育集团的组织架构与运行体系、课程体系、教师发展、资源共享等重要内容进行系统研究。

二、研究目标

（1）通过探索科学、有效的学校治理模式，组建共生型的教育集团。

（2）通过优质教育资源最大限度的共享，实现教育优质均衡发展，办人民满意的教育目标。

（3）为重庆市同类学校开展研究提供借鉴，也为教育行政部门制定适合学校多元发展的政策提供个案范本。

三、研究方法

（一）科研方法选定与应用范畴

1.文献研究法

充分收集相关的中外文献资料并进行深入分析。通过整理和研究现有的资料，对现有的关于教育集团化办学的研究进行总结和分析，为本文的写作提供一定的理论依据和案例借鉴。

2.行动研究法

本课题将理论构建与实践探索相结合，在具体的办学实践中将理论具体化，在实践研究中发现问题，指导实践。以行动研究法为主要研究方法，贯穿于整个研究的全过程中。

3.教育调查法

通过问卷调查，了解学校集团化办学的状况、成果和亟待解决的问题，进行反思与改进，为进一步的研究奠定基础。

（二）课题研究路径

课题研究路径见图2。

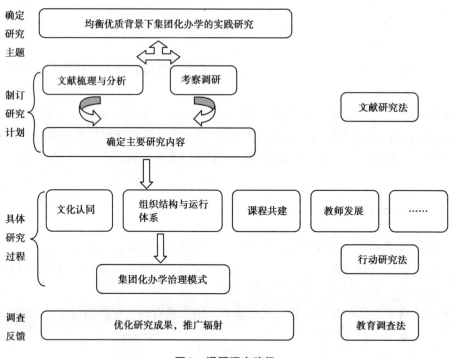

图2　课题研究路径

四、研究内容和过程

集团化办学与一所学校的管理是完全不同的，组织结构与运行体系是其中的中枢。文化认同、课程共建、教师发展，又是集团化办学核心的资源与抓手。因此，本研究着力于以上几个方面的内容。同时，集团化办学的研究与实践也不是一蹴而就的，文化认同、组织结构与运行体系等内容的探索也不是齐头并进的，在每一个发展阶段，因每一个校区建立的现实问题，也有破解侧重。

（一）以文化向心力铸牢发展底色

1.寻根文化基因，固本正源

文化的延续与发展依赖于传承，文化传承并非与生俱来的，其过程具有动态性，起始于最初的文化传统。一座有着悠久历史的名校，其学校精神根植于教育活动中一贯坚持、代代相传、独特的办学传统。学校在办学实践中形成的鲜明的、个性化的传统，是一所学校区别于另一所学校的重要特征，也是集团中所有学校能够团结一致的根本保障。

重庆市人民小学学校精神的源头，是革命年代的"延安精神"。从古城邯郸到重庆，从晋冀鲁豫军区干部子弟学校到西南局人民小学再到重庆市人民小学，学校沿着老一辈革命家指引的道路前进，在他们创立的爱党爱国、艰苦奋斗和自强不息的伟大精神支撑下，一代又一代人民小学的老师和同学，坚定信仰，默默无闻，扎实苦干，勇于创新，崇尚奉献，追求卓越。这是人民小学独有的光荣传统，这是学校特有的文化基因。"我们要为将来建设社会主义新中国培养人才，他们必须有文化、有道德、爱劳动、爱祖国，具有创造精神和铁的纪律。这个办学宗旨一定要明确，千万不能培养特殊阶层和娇骄儿。""千万不能培养特殊阶层和娇骄儿"的育人宗旨一直延续下来，从未改变。今天看来，校训谈"两有""两爱""创新精神""铁的纪律"，简明扼要地回答着育什么样的人、立什么样的德，怎样育人的根本问题。这也明确要求人民小学在任何时候都不能忘记人才培养的使命和要求。为此，在集团化办学下，各个成员校，也需要秉承此校训传统，立足新时代的发展要求，不断赋予人才培养的新内涵，书写人才培养的新篇章。

与此同时，人民小学的首任校长卓琳曾勉励老师们："以爱立德，教书育人，继承传统，努力创新。"这成为了人小教师的育人准则，也应该成为人民小学教育集团"以爱立德"的教师队伍的根基所在。每位教师，一旦加入人民小学的教育集团大家庭，就需要牢记这十六字育人准则，并在教学实践中，去感悟它，践行它。

2.立足时代创新，落地生根

文化在传承中发展，在传承中创新，其结果一方面适应外部不断变化的环境，另一方面满足自身不断发展的需要。因此，根植于校训，提出"好奇、勇敢、责任、荣耀"的学校精神。"为将来建设社会主义新中国培养人才"，就是学校教育的关键。不是传授给学生们多少知识，而是鼓励学生好奇心和求知欲，点燃对学习的激情；杜绝"特殊阶层和娇骄儿"，就是要坚持在"铁的纪律"面前，实现人人平等，让他们以勇敢的精神去求知、去发现、去探索、去开拓。"两有""两爱"就是全面发展、积极进取、勇担责任的现代公民素养；"具有创造精神"，就是要张扬个性，在奋斗和创新中追求人类的理想，取得崇高的荣耀。可以说，"好奇、勇敢、责任、荣耀"是集团师生在行动上共同的追求、在精神上特有的标志。

同时，确立"最美的童年在这里发生"的办学理念。"我们要办的学校，是一所让孩子们热爱的学校，热爱这片校园，就是热爱自己的人生，热爱每一个平凡却伟大的生命！这，或许是我们认为的，最美的童年。我们希望它能在这个校园里发生起来，我们乐于欣赏这样美的童年在这里发生的状态……"——这是全集团的共同愿景所在。

3.秉持因校制宜，文化共生

集团内任何一所新建的学校，需要在认同和移植集团文化的基础上，结合实际状况以及周围环境的影响创造出适合自身发展的文化。从初创融侨园区的完全移植，到北校区与龙兴校区办学的文化创生，走出了一条具有集团自身特色的道路，特别是其中以建筑这一物质文化为载体的"颜值革命"。

2003年，新建的融侨园区突出的问题就是文化积淀薄弱，需要老师们迅速建立起对集团文化的认同，这就需要把主校的学校文化"原汁原味"地移植过来。通过移植，使主校的文化内涵和人文精神在新校区得以延伸。因此，在新校兴建之初，就要在精神文化、物质文化、制度文化多个方面渗透，通过干部、教师流动带动整个校区文化的向心力。集团尝试将教育教学理念与建筑设计融合，它既承载了集团母体历史文化的建筑风格，如五星门、卓琳像，也延续了重视功用、重视美与坚固、重视有意味的细节的集团物质文化风格。2018年，建成的龙兴校区，作为学校体制创新的实验基地，在学校建筑的设计上也实现了新的突破。它"会呼吸，面向未来，支持学生无限的可能性"。设计上不再是常见的单元组合，以强大的交互性将室内与室外，人与自然环境衔接，形成会呼吸的建筑环境气场。

随着集团化办学的深入，学校从最初的简单直接移植，到关注细节及文化的创生上。特别是在建设龙兴校区之初，从一开始的设计起，便改变冰冷单一的学校建筑，将"最美童年在这里发生"的办学理念，将"好奇、勇敢、责任、荣耀"的学校精神植入校园建筑的内心，而不仅仅是形式上的悬挂。新校由于文化创生产生了新的学校文化，和主校区的文化一起共存于教育集团中，交相辉映，从而使集团内的学校文化不断丰富。

（二）以结构变革赋能高质量发展

重庆市人民小学的集团化办学，是以重庆市人民小学本部为核心，跨越渝中区、南岸区、渝北区、两江新区，结合公立、民办两种办学体制，以不同的方式集合四所学校组建而成的教育集团。

国内许多教育集团是当地行政部门外力牵引撮合而成的学校共同体，而重庆市人民小学教育集团是在教育行政部门引导下的自觉行为，是一所公立学校自主生发出的、对未来学校发展的实践探索，是有着共同文化信仰的学校共生体。一校多校、一校多区、一校多制催生新的组织架构与运行体系。

1.科学、清晰的校区定位

从集团架构来看，重庆市人民小学教育集团拥有四所学校，每个学校各自有着清晰的校区定位，这种定位在校区创建之初就有所筹划，集团会根据不同区域的教育需求，因地制宜地设计校区发展路径，给予每个校区不同的定位和使命。

重庆市人民小学是集团母体，七十年的高水平发展，使这里聚集了整个教育集团最深厚的文化积淀、最强劲的研发能力和最富庶的师资资源，是人民小学优质教育的孵化器（图3）。2003年，创办的重庆人民（融侨）小学校，聚集了一大批在民办教育中敢于创新的优秀年轻教师，有着相对于公办学校更加开放的课程实施空间，是人民小学课程改革的基地。2015年，学校抓住城市向北发展的机遇，建立重庆两江新区人民小学，是人民小学优质教育的增长极。重庆市两江人民小学成立于2018年，它地处国家第三新区"两江新区"，是中国、新加坡第三个政府间合作项目的落户地，新区创新的要求赋予这个学校先行先试的创生机遇，是人民小学体制创新的实验基地。

图3　重庆市人民小学教育集团架构

2.协同、高效的组织运行

面对如此各具特色和使命的四个校区，人民小学教育集团以"一会五中心"的扁平化组织架构应对管理挑战，以纵横交错、融会贯通的运作体系达成价值目标，以集团层面的规章制度强化管理效能。

人民小学教育集团实行"一会五中心"的集团组织架构，"一会"指的是理事会校长联席会，"五中心"指的是课程研发中心、新媒体文化中心、教师发展中心、学术委员会和督导评估中心。"一会五中心"的组织架构极为扁平，以纵横交错、融会贯通的高效运作促进集团校之间的协作，保障整个教育集团的常规运作，推动整个集团优质发展。

（1）理事会校长联席会保障集团运作

从组织功能来看（图4），理事会校长联席会统领四个校区的整体运筹，是整个集团的中枢神经，对整个集团的发展方向、战略规划、资源调配进行统筹，是整个集团的决策机构。校长联席会已建立了常规的议事协商机制，每周一次例会，对集团内的重大事项进行讨论和决策。理事会校长联席会不针对某个具体的校区做决策，但各个校区都需要为它提供资源，从而使得这个"头脑"部门管理站位更高。比如在防控疫情的工作中，理事会校长联席会可以收集到渝中、南岸、渝北、北部新区对疫情防控的不同要求，从而使这个部门可以充分利用四个区域的信息资源，高效应对各个校区的防控工作，提升整个集团的管理能力。

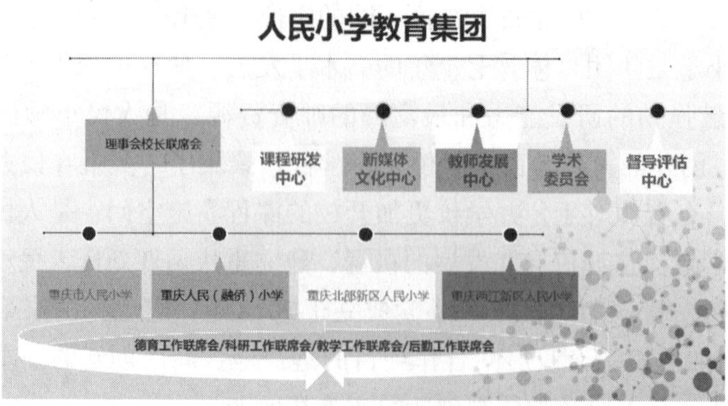

图4　重庆市人民小学教育集团组织架构

理事会校长联席会实行"总校长负责制"，集团母体的副校长担任各个分校的执行校长。各校区执行校长在组织架构中起承上启下的作用，对各自所负责的校区拥有一定的自主权，具体包括教师研修创建权、校区运行决策权、财务运行独立权等。执行校长在做好集团整体工作的同时，还要对接当地的教育行政部门，负责各分校区的日常工作，包括课程建设、德育教育、教师管理以及科研工作等，保障四所学校的常规运行，满足学校要实现的教育教学目标。因此，执行校长需要协调各个校区在当地的运作，减少运作阻力，增大外部支持。

（2）五大中心保障集团优质发展

集团设立了新媒体文化中心、课程研发中心、教师发展中心、学术委员会和督导评估五个中心来统筹集团的核心工作，如果说理事会校长联席会是整个集团的大脑，那么这五个中心便是心脏，为整个集团的发展供应源源不断的强劲动力。

五大中心领衔着集团层面的所有核心工作，地位重大，它们有的由总校长直接负责，有的由执行校长负责，有的由具备多年经验的业务骨干主持。例如，新媒体文化中心承担着意识形态输出和文化纽带的作用，而各个校区又是由集团文化来统领和整合的，该中心由总校长直接管理。五大中心的运作非常稳健灵活，每个中心都有专职人员坐镇，以课题和项目为龙头，在集团内抽调合适的优秀教师加入工作小组，所产生的成果为整个集团所用。以教师发展中心为例，该中心由教龄十年以上的优秀骨干教师专职主导，抽调具有研究能力、综合素质强的老师们一起承担不同的教师发展课题，如教师职业发展规划、教师个性化发展、教师团队建设、教师评价标准体系等，这些研究课题立足整个集团的教师发展，而非仅仅针对单个校区，所产生的研究成果可以在集团内各个校区运用。

（3）四校区各部门间横向联动

在校区层面，各个校区之间各部门建立了横向联动机制，由德育工作联席会、教学工作联席会、科研工作联席会以及后勤工作联席会等促进校区间的横向联动。例如整个集团的行政人员每周也会举行一次例会，通过集体议事、广泛征求民意，对各校区的工作进行部署沟通，最终形成集团共识与决策；学校举办的"红星耀童年"未成年人思想道德工程就是由德育工作联动会制订统一方案，各校区根据自身特点来实施的；各校区的教研工作以年级组为单位，由教学工作联席会统领协作，为各校区的教育教学工作提供集团层面的资源支撑。

理事会校长联席会自上而下的决策管理，德育、教学、科研、后勤各个工作联席会的横向协作，使得整个集团纵横贯通、高效有序运转，保障了整个教育集团的常规运作。

（三）以课程共建夯实发展根基

学校课程体系承载着学校教育核心理念。有什么样的核心教育理念，就应该有什么样的课程体系给予支撑，就应该有什么样的课程实施与评价体系加以落实。因此，更需要集团有效统筹，由专门的组织进行课程规划与建设，促进集团范围内课程资源的高效整合。

1.设立课程研发中心，建立课程共研共享机制

集团课程研发中心，是课程建设与研发的孵化器。以国家课程为核心，以学校发展、教师队伍水平、学生发展水平为依据，依托强大的专家团队资源，充分整合和运用各类教育资源，在课程改革的不同阶段，为整个集团提供科学的课程建设方案。

从2012年开始，集团持续专注于EOC学校课程体系的打造，一步一个脚印地从边缘向核心，进行课程的优化和重构。课程研发中心对学校课程历史、现状和未来发展方向做了系统的梳理和提炼，确定并构建了一套以实现"最美的童年在这里发生"办学愿景为目标的EOC学校课程体系。

集团提出EOC课程的三点基本认识，即课程要着眼质量提升、课程要立足教材发掘、课程要关注人的发展，提出EOC学校课程核心理念——体验、开放、综合。体验（Experience）是亲身体会，在实践中认识事物。孩子用自己的亲身经历来验证事实，感悟生命。开放（Open）是相对于封闭而言的，我们倡导开放的课程平台，吸纳、包容利于学生成长的课程元素，同时希望借助这一平台来释放儿童天性！综合（Comprehensive）不是简单相加，而是按照儿童的兴趣、视野将不同的教学资源、教学因素甚至教学方式、学习方式统整到特定的主题内容中，涵盖学科内综合和跨学科综合。

将原有的三级课程，细化为"基础课程—选修课程—社会服务课程—社团课程"四大显性课程板块。基础课程以质量为导向，体现国家的共性要求和育人意志，涵盖语文、数学、英语、品德、艺术、科学、体育、综合实践等国家规定的所有课程；选修课程以综合为导向，满足学生的个性化需求及差异发展，细分为语言类、科学类、艺术类、运动类生活类五大类别；社会服务课程以责任为导向，以活动的形式，涉及学校、家庭、社区和社会；社团课程以专长为导向，由建校之初的兴趣小组发展到今天，分为普及型社团与明星社团。普及型社团面向全体学生的兴趣特长，而明星社团则为有天赋、有专长的孩子提供成长通道。

2.化整为零，特色生长，和谐共生

在紧密型集体内部，为了避免"同质化"倾向，合理利用资源更好地因地制校、因校制宜，集团始终秉承"特色生长 和谐共生"的原则，使集团课程框架下的课程建设、课

程创新都实现了既有共同之处又含独特之美的统一。

2014年起，选修课程只在具有宽松民办机制体制的融侨园区开展试验，样本选择已经掌握学科基础知识的三、四年级学生。学年伊始学生通过网络选课。实行导师制，主要利用周一至周四下午进行实施。涵盖语言、运动、科学、艺术、生活五大类别，27门选修课。五个类别中，运动、科学、艺术三大类为必选，其他两个类别根据兴趣自选。

2018年，龙兴校区建立，作为机制体制创新的校区，引入了众多高素质的综合性人才加入教师队伍，他们带来了丰富的课程资源。基于此，龙兴校区在集团课程研发中心的指导下，进行了有校区特色的课程建设探索与实践。比如，课时安排上，35分钟的短课和50分钟的长课相结合；课程内容上，结合教师个人特长、学生发展需求，新增了食育、雕塑、服装设计等课程。

各校区在集团指导下进行的实践探索，既扩大了集团学校的课程选择权利，形成各校区优势化发展趋势，又避免课程低质开发与同质化办学，最终形成集团整体的办学特色。

（四）以教师发展构筑集团新生态

集团通过激励、运行、保障三个机制的有效运作，解决集团教师共同体构建过程中面临的文化认同、均衡优质发展和内部治理问题。

1.激励机制

（1）目标激励。整合集团内部资源，统筹调配，合理利用，形成与集团化办学相适应的专业成长规划制度。集团建立"模范教师、优秀教师、特色教师、教坛新秀、服务之星、管理能手"等六类教师发展规划，以师徒结对、教师论坛、大师开讲、教师基本功大赛等载体推动各类教师成长。每年教师节，集团以六类教师发展作为评价标准，对各层次教师进行表彰。

（2）项目激励。自主参与的校区项目合作制度，就是在"共性"的标准下，对"个性"的保护和鼓励。如渝中园区汇聚了集团大多数有经验的教师，是集团优质教育的孵化器。因而，渝中园区教师主要承担整个集团新入职教师的培训工作。通过师带徒等形式，入职教师在渝中园区跟班实习，跟着师傅听课、参与教研等。在渝中教师的年度考核中，除关注教育教学情况与质量、教研培训情况等之外，指导培养教师被作为重要的考核内容。

（3）评价激励。单所学校运用评价激励教师全面、个性发展已成为共识。集团化办学则注意处理好园区评价及时性、具体化、特色化、与集团评价综合性、方向性、示范性的关系，科学引导、充分尊重园区评价，统筹平衡园区间评价的协调性，使评价发挥出积极正面的导向作用、激励作用。

2.运行机制

集团化办学中，我们以各校区教师专业成长联动机制为突破口，既有集团层面的统筹安排，又立足于分校区的校本实践，打造纵横交错、生动活泼的教师发展团队。

（1）集团主题方向一致下的聚焦式教研。集团延续传统，以"教研会"和学术年会为平台，根据课程改革的动态，结合教师队伍发展实际，确立教研主题。集团内教师打破学区壁垒，以学科为单位，组建学习共同体，参与到教研中。聚焦式教研是强调团队协作"啃硬骨头"，共同解决教育教学面临的根本性、方向性、普遍性问题，改进教学实践，在促进团队深度学习的基础上，转而促进教师专业发展。

（2）教师发展中心统领下的交流式研学。集团充分借助高校在教师教育领域的优势和专业力量，探索与高校、科研机构之间的良性互动，创新在教师发展中心统领下的交流式研学。每年暑期，集团教师发展中心制订研学计划，与培训学校协调制订研学课程，选派集团内部优秀教师组成研学团队参与研学活动。近年来，在华东师大、北师大、西南大学等高水平师范院校，开展了近五轮500多人次的全员高水平研修。

（3）教师发展中心统领下的分层分类发展机制。纵向上，按教师发展的不同阶段形成分阶成长机制。如新教师，实现入职前两月岗前培训课程与入职一年研修的衔接；5~10年的青年教师，以青年教师协作组、协作项目的方式促进成长。横向上，因为集团强大的吸引力和灵活多元的机制，近年来吸引许多研究生和综合性大学的优秀毕业生加入教师队伍，集团形成灵活多样的个性成长机制。如以研究型教师和研究生为共同体，凝聚研究生，在项目研究中发挥特长，促进理论与实践的结合；如艺术体操国家级裁判、IT工程师等专业性极强的教师，支持组建工作坊，促进学校高水平社团的发展；如市、区、校各层级名师工作室建设，提升专家型教师的学术影响力，带动整个集团教师的发展。

3.保障机制

高质量和协同发展是集团化办学的核心，要让整个集团有序、高效地运作，建立科学、稳定的保障机制尤为重要。

（1）健全人事管理制度，以人为本

集团通过人、财、物管理的一体化运作促进协同发展。将集团内教师的选拔和招聘权统一，以集团的名义招聘教师，再根据不同校区发展的需要，合理调配师资，把每一位教师放到最能发挥其优势的位置，使每位教师都能做到人尽其才。建设集团优质师资资源库，实现优质师资的共享，使集团各校齐头并进，协同发展。

坚持以人为本、依法治校，健全教师人事管理制度，服务教师发展。以融侨园区为例，非编教师比例最大，并且通过多年的成长已经成为教育教学的主力。为了提高队伍的凝聚力，解决老师的后顾之忧，我们克服了教师继续教育认定、人事档案统一存放管理、岗位级别确认等一系列难题，积极争取政策支持，解决了民办教师职称评定、定级定岗等方面问题，打通了教师队伍发展的瓶颈。

（2）健全教代会制度，民主监督

教职工代表大会是在实行集团校长负责制的同时学校实现民主管理的基本形式，是集团教师行使民主管理权利的机构。教代会制度既是加强集团民主建设的需要，又是完善管理体制改革的需要。

教代会代表由本校区教师选举产生，他们代表所在校区教师参与到集团的民主监督、民主管理中。教代会是筹划集团发展的智囊、民主管理的主体，集团重大问题提交教代会讨论、审议、通过，教代会代表教师建言献策，依法行使权利。在坚持公开、公平、公正的原则下，加大了集团公开的力度，充分尊重和保证了每个子学校教师的参与权、表达权、监督权，建立起民主的监督机制。

五、研究结果与分析

为了对人民小学教育集团集团化办学成效进行评估，2021年2月，我们对四个校区的300多名教师发放了调查问卷，回收有效问卷206份，样本覆盖了四个校区、全年龄段的教师群体，具有很高的代表性。通过问卷调查，了解教师对教育集团的文化认可度、集团化办学对教师职业发展的影响、各校区之间教师交流的程度以及教师对于集团化办学效果的整体感受，从而找出集团化办学的有利因素，进行结果分析，提出相应举措。

研究结果及分析　　　　　　　附录

课题负责人：杨浪浪

主研人员：刘永红　杨泽平　赵季秋

尹　杰　刘　欣　陈　燕

美育校本课程建设与实践研究

重庆市巴蜀小学校

一、研究背景及意义

（一）研究背景

2020年10月，中共中央办公厅、国务院办公厅印发《关于全面加强和改进新时代学校美育工作的意见》，提出"将学校美育作为立德树人的重要载体"，可以说为新时代学校美育的改革发展提供了行动指南。巴蜀"学科+"成果，为我们奠定了基于育人功能的课程综合化的研究基础和丰富实践经验，特别是为体艺学科的建设与研究，提供了更为融合的课堂研究载体。巴蜀的美育工作，滋生在本土文化中的浸润式教育。作为重庆市美育示范先行学校之一，巴蜀人探索与创建新美育改革的新路径、积累新经验，用"教育是'做'的哲学"，植根于教育的第一现场，以此推进学校美育教学创新。

（二）研究意义

1.基于学校

华东师范大学教育学博士郑金洲在《走向校本》一书中说道："所谓校本，一是为了学校，二是在学校中，三是基于学校。"我校是一所具有85年深厚文化底蕴的名校，以"创造 所新的学校环境，实验一些新的小学教育（《巴蜀学校建校宣言》）"为办学宗旨，践行"与学生脉搏一起律动"的办学理念，培养头脑科学，身手劳工，自信、豁达、优雅的现代公民。作为新课改首批实验学校，美育示范学校，我们依托我校提出了"基于学科育人功能的课程综合化实施与评价"改革主张，以美育课程研究的方式促进学校美育文化建设和课程的有效实施。同时，在学校大美育的实践与研究中，为国家课程校本化实施的过程中注重美育的教学相融和全面提高学生审美与人文素质提供可操作、可复制、可推广的案例成果。

2.基于教师

校本课程是国家课程与地方课程校本化、个性化的表现与实施方式，教师需要对课程、教材进行选择、改编、整合、补充、拓展，从国家课程和地方课程的基础上让学生的学习能更好地渗透一定的美育知识，使学生的知识获取真正转化于生活、服务于生活，并形成相应的学校美育课程文化建设，让学校的教学更符合学校发展、学生的需要，在团队的美育实践研究与探索中，提高教师的艺术专业和教学技能，提高教师的课程设计思维能力、创造力，提升教师的跨界审美意识及跨学科参与认知方式。

3. 基于学生

从学生的角度探究艺术学习与其他学科的关联，以及对其他学科学习的影响，满足每一个学生的成长需要，尊重个体差异，为不同需求的学生提供课程的选择性，围绕艺术实践活动，感受艺术文化的多样性，在学生参与体验与展示的研究中，关注学生意识、态度、行为的改变，用艺术的方式陪伴学生一生，提升生活品质、生活品位，以美育人，真正培养学生做一个全面发展的人。

4. 基于学科

以学科、儿童和社会需求为原点，以建构儿童立体知识网络为主旨，通过"学科内融合""学科+学科""学科+生活""学科+技术"等方式实现课程内容学科内统整和学科间关联，一方面注重发挥各自学科独特育人功能，防止"去学科化"倾向；另一方面，加强跨学科教育教学活动，充分发挥学科间综合育人功能，培养学生综合素质。在此课程研究的脉络下，将美育渗透在学科中，真正形成美育课程并校本化研究落地转化。

二、研究目标及内容

了解学生的艺术素养，不断在艺术综合课程中寻找适度的融合，让学生的学习和成长回归完整的生活，形成基于学科综合化校本实施的教材，从而促进"全人"艺术发展的探索。

（一）研究目标

（1）以美育校本课程促进学生"全人"发展，为学生的课程提供更多个性化的选择性，实现艺术全方位的整体育人功能。

（2）以美育校本课程提升教师专业素养，提升美育教师团队艺术专业素养及教育教学实践研究的能力。

（3）以美育校本课程形成学校大美育场域，为国家课程校本化实施过程中的学校美育课程文化建设提供可操作、可复制、可推广的案例成果。

（二）研究内容

（1）深化美育实践活动。基于渝中区美育改革实验学校创建，围绕"都市美育"，加强美育实践教育活动。

（2）落实学校美育课程。在"学科+成果"实践研究过程中，进行基于美术、音乐学科课程建设，围绕学校美育课程之课堂、活动、评价研究，在选点研究中寻求突破。

（3）形成美育品牌代言。通过特色项目研究，用课程和学术的力量实现美育教育，形成美育品牌课程、课堂、教师、学生代言，凸显美育课程在学校美育教育中的主体地位。

三、研究路径

美育的共性是"大同"，美育的个性是"各美其美"。巴蜀提倡地方的"各美其美"，共绘理想的"美美与共"。为贯彻国家的相关要求，深化学校美育改革发展，植根本土文化，结合所在重庆母城——渝中区山城文化发源地的独特优势和资源特点，明晰学校美育工作的总体思路，紧扣学校美育改革发展，注重儿童立场、人文精神、师生生命成长，聚焦学生发展核心素养，制订了重庆市巴蜀小学校美育改革实验方案。

（一）发挥美育平台优势，加强美育实践教育活动

充分发挥渝中区创建美育实验区的主要优势与工作基础，在区政府支持和教委主导下，我校全面统筹推进"都市美育"课程与教学改革实验，打造具有"都市美育"渝中文化特色的名校，学校立足渝中、面向重庆、放眼全国、走向国际，系统利用渝中区积淀的各类都市文化，改进城市学校美育工作，探索与创建新路径、积累新经验。

（二）基于巴蜀"学科+成果"，落实学校美育课程

在"学科+成果"实践研究过程中，进行了"基于学科的课程综合化实施"，基于美术、音乐等学科课程建设，围绕学校美育课程之课堂、活动、评价研究，在选点研究中寻求突破（图1）。

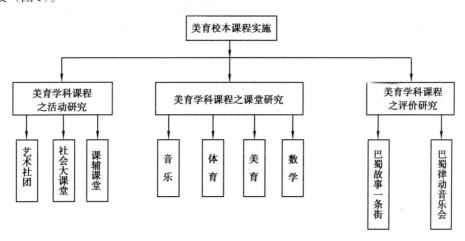

图1 美育校本课程实施图

1.美育课堂——促进学校美育整体性发展

依托本课题研究，多学科教师文化素养互为融合、互为转化、互为提升，围绕"学科学生核心素养"，提高学生审美与人文素质，促进学生"德智体美"全面发展，在美育课程的实施过程中，促进学校美育整体性发展（图2）。

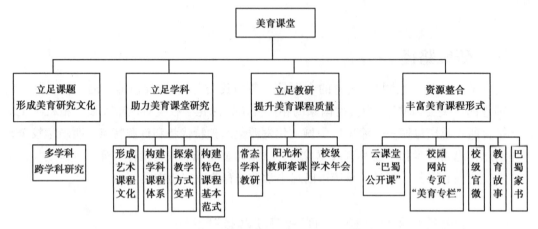

图2　美育课堂

2.美育活动——丰富美育课程的多样性

作为新课改首批实验学校，美育示范学校，课题组依托我校提出了"基于学科育人功能的课程综合化实施与评价"改革主张，以校本课程研究的方式来达成美育场的形成（图3）。

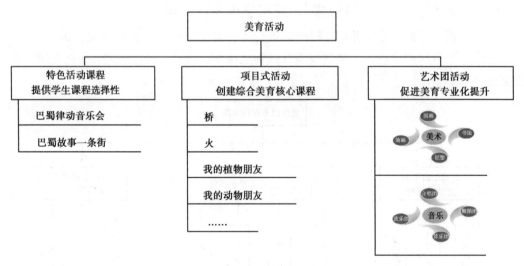

图3　美育活动

3.美育评价——以表现性评价为切入点，以评促建

（1）依托"都市美育"课程引领评价

坚持"以评促建"的原则，研究制订科学的"都市美育"课程与教学评价标准，将学

校艺体课程教学评价体系与"都市美育"进行有效融合，构建较为完善的"都市美育"课程与教学评价体系。以"自评+验收"的评价形式，兼顾过程与结果，采取实验学校改革项目申请加自评方式，承办各级各类美育展示活动，结合专家验收情况，评鉴实验校目标的达成情况。

（2）依托"学科+"成果，选点突破

以国家艺术教育质量监测达标标准为依据，学校美育课程与教学建设评价重点对照国家艺术教育质量监测达标标准，对美育课程内容与体系设计与建设、美育课堂教学实施过程及效果以及美育教师和学生课堂即时表现进行评价，关注学校美育课程内容及其形式，着重评价教学中的灵活性、多样性和创造性。以"表现性评价"为切入点，运用了特色校本课程的表现性评价方式进行实践，用自评、互评、师评的评价方式，让每个学生有不同层次的提升，从中获得经验的积累和综合能力的发展。将原来平面化的评价，变成基于学生学科素养水平的立体化、生活化、校本化的评价。

（3）依托智慧校园建设，让评价数据化

借助学校信息化平台建设，应用"互联网+大数据评价"方法，收集高效、真实、实时动态的发展数据，积极探索美育课程与教学改革评价新路径。如巴蜀公开课中运用平台资源，我们为学生的艺术实践提供的展示平台，形成学生学习评价的动态资源库，数据化的"巴蜀榜样章"。据不完全统计，有67.68%的学生喜欢将自己的表演录制成小视频用于反馈，有72.38%的学生在班级群中得到同学关注与老师的点评，有62.43%学生获得了音乐老师颁发的"会欣赏、会演唱、会演奏、会表现、会创造"的"巴蜀榜样章"。

四、研究成果

通过实践探索，课题研究成员在课题负责人的统筹规划下，形成研究团队、管理团队，在研究上取得了突破。

（一）形成巴蜀"都市美育"课程体系

对以音乐、美术、体育为主的课程进行审美化改造。充分使用美育特点与方法，充分挖掘和开发审美内容，将"都市美育"的内容融入现有的课堂内容之中。将内容延伸融合，将课堂空间延展，使学生树立科学自然观和有关自然科学的审美观念，具有发现、认识、鉴赏自然美的能力（图4）。

（二）组成巴蜀"都市美育"学科课程实验团队

构建"多位一体"的美育团队精神与研究行动，开发多种形式的美育特色课堂，形成课程研究共同体，团队凝聚和学科研究的共融形成研究文化（图5）。

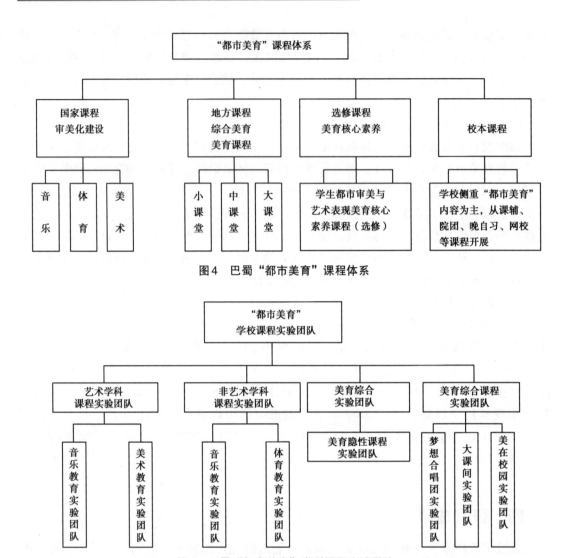

图4　巴蜀"都市美育"课程体系

图5　巴蜀"都市美育"学科课程实验团队

（三）形成特色校本课程研究策略

在"学科+成果"实践研究过程中，进行了"基于学科的课程综合化实施"，基于美术、音乐学科课程建设，围绕学校美育课程之课堂、活动、评价进行校本化的实施研究，在选点研究中寻求突破。以音乐学科特色校本课程"律动音乐会"为例。

1.特色校本课程建构

通过教材的结构与重组，挖掘学科课程的深度。如图6所示，课题组将音乐课程划分为：以国家课程为主线的核心课程，与国家课程同步；以拓展课程为辅的校本课程，丰富课程的多元性；以特色课程为特需的专业课程，为学生兴趣发展提供更高的平台。为师生营造一个科学的、完整的、有趣的、有追求的艺术场。

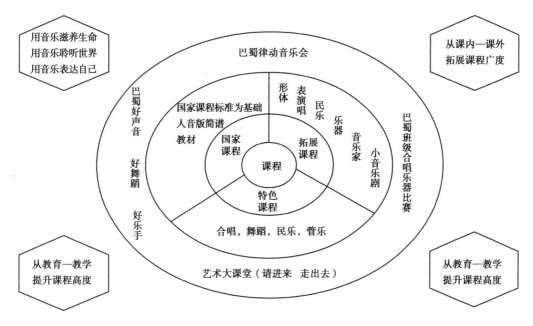

图6　巴蜀律动音乐会

2.特色校本课程类型及组织形式

课题组将课堂与舞台实现完美的结合，基于此，在实践中研究了律动音乐会的类型与组织形式（表1）。

表1　律动音乐会的类型与组织形式

音乐会类型	教学组织形式
班级音乐会	立足于课堂教学，以小组合作的形式，围绕一个主题，让每一个学生参与音乐实践活动，从而唤醒他们学习音乐的兴趣，发现和发展他们的音乐潜能
跨班音乐会	打破班级授课的独立课堂形式，因地制宜，在同一时间，不同年级的多班在音乐会舞台上展示，让学生感受不同年段、不同内容的音乐体验活动，拓展学生音乐视野
年级音乐会	以年级为单位，进行主题性的音乐会展示，集合学科组与小学校，音乐教师与班主任联动，让学生在相同音乐能力、认知水平的同伴中，相互学习、相互认同
校级音乐会	作为艺术人才的选拔，从面到点，再以点带面，提高全校性的艺术实践活动、营造浓郁的艺术氛围，起到积极的推动作用，涌现出来的艺术人才也可成为校艺术节比赛的后备力量

3.特色校本课程序列化设计

律动音乐会的序列化设计，让无序的样态成为科学的常态。将常态的教学与国庆、元旦等庆祝活动整合，化繁为简。课题组德育部门协调，进行了学校艺术活动的序列化设计，形成美育艺术场。

表2 律动音乐会的序列化设计

时间		律动音乐会
第一学期	期末	主题班级音乐会
	国庆节	"班班上台"年级音乐会
	元旦	"班级展示"校级音乐会
第二学期	期末	主题班级音乐会
	艺术季	"巴蜀好声音" "巴蜀好舞蹈" "巴蜀小乐手"
	儿童节	"个人秀"校级音乐会
每天7:50—8:00		古典音乐进校园，每月更新

4.特色校本课程范式研究

音乐学科特色校本课程——律动音乐会运用音乐曲式结构的方式，来链接常态音乐课与主题式班级音乐会，为每一位学生搭建个性化音乐表达的平台。律动音乐会类型及策略见表3。

表3 律动音乐会类型及策略

音乐会类型	策略
班级音乐会	常态流程：音乐会素材学习 → 音乐会策划创意；美中动、乐中学、合中创；音乐会展示分享 → 音乐会排练合作。个性表达
年级音乐会	常态流程：音乐会素材学习 → 学校统筹实施；国庆序列化活动展示；班主任协同排练 → 学科教师指导。合作创新
校级音乐会	常态流程：音乐会素材学习 → 音乐会班级海选；巴蜀好声音、好舞蹈、好乐手；元旦序列化活动展示；音乐会校级海选 → 音乐会年级海选。合作创新

5.特色校本课程的评价研究

评价可反观课堂，也是促进核心素养落地最为有效的办法。通过对学生的年段及分层目标进行梳理，逐渐建立音乐学科学生音乐素养评价体系，即教师、学生评价手册，成为"律动音乐会"评价标准指南之一。

（四）形成美育品牌代言

结合学校"综合改革"全面推动学校美育工作，美育实践研究在巴蜀落根推进，将音乐、美术等学科艺术元素合二为一，用课程和学术的力量实现大美育教育（图7）。

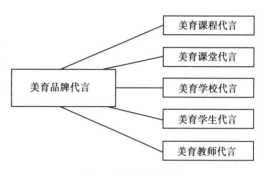

图7　美育品牌代言

（五）物化成果

1.出版著作

（1）吴倩、庹祯平主编和巴蜀小学美育团队参与编写的《美育课堂》（ISBN 978-7-229-13886-8）在2019年4月由重庆出版社出版发行。

（2）吴倩、李雄心主编《守艺童行　最美匠心》（ISBN 978-7-229-14525-5）在2019年10月由重庆出版社出版发行。

2.论文发表

课题研究团队在立足课堂教学、活动开展等基础上不断加强理论学习，将学习转化于实践，在研究中提升沉淀（图8）。在国家级、省市级等不同刊物发表论文14篇，7篇论文案例获国家级一等奖。先后获得"全国美育成果展全国高校美育先进工作者""全国美育成果展优秀辅导教师""全国美育成果展艺术美育个人教学成果奖""全国美育成果展""全国艺术美育先进单位"、全国美育大会"新时代美育突出贡献奖"等荣誉。

图8　课题组成果推广图

五、研究影响与效果

（一）研究影响

1.美育专家指导，引领研究方向

我校推出小学艺术《审美·跨界》课，李莎莎（美术）+陈雅丹（音乐）老师共同执教的四年级《三峡纤夫》一课受到了著名美育专家、"全国美育终身成就奖"获得者、"中国美育网"主编李田，辽宁省音乐家协会理事、辽宁省美育专业委员会副理事长王英奎，西南大学赵伶俐教授、白智宏教授、邓翠菊副教授，渝中区教育委员会副主任李嘉靖，艺体专干文化英的高度评价。

"巴蜀《三峡纤夫》音乐美术跨学科教学是一堂典型的美育综合课，新型课，不是理论的灌输，作为一种课型出现，是一种创新。三峡纤夫的力量感、形象感、历史感、艺术感，在师生共同参与、感受、欣赏、交流、对等的关系中，师生相互作用、相互促进、共同美感。师生配合好，教师的综合能力和素养，教师是主导者，师生共同感受、共同赋能"

——李田（全国美育专家）现场分享评价整理

学科+学科中，两个学科共同执教，不是简单的学科分段式教学叠加呈现，巴蜀《三峡纤夫》音乐美术跨学科教学做到学科间不割裂，实现学科与学科间整体的融合。

——白智宏（西南大学教授）现场分享评价整理

2.美育会议承办，示范辐射效应

课题组承办多场会议，形成示范辐射效应（表4）。

表4 承办会议及辐射效应

会议名称	会议主办单位	辐射效应
2019全国"小学教育巴蜀峰会"	中国教育学会、重庆市教育委员会、重庆市渝中区人民政府、"中国好教师"公益行动计划办公室	艺术学科工作坊面向全国中小学艺术教师
2019年10月第四届全国美育大会，我校承办"美术教育与美育高端论坛"	第四届全国美育大会筹备组、重庆市渝中区教育委员会	巴蜀小学获得"新时代美育突出贡献奖"称号；学校美育分别从课堂、论文、案例、报告等一举摘得九个一等奖
渝中区学校美育实验现场研讨会	渝中区教育委员会	学术报告《"基于学科育人功能的课程综合化实施与评价"学科+学科之都市美育落根课堂》。音乐、美术、体育立足美育跨学科推出"大课间活动"、美育作品展览、美育会节目展演、美育展板展示、美育校园文化等系列成果展示

3.学生美育活动，序列化推进

学校开展了一系列学生美育活动序列化推进。"2020元旦艺术馆暨跨代美育活动展示"——元旦丰收节庆祝活动，将跨代教育实施落地很好地体现在美育中，创造条件让祖辈和孩子共同参与一些社会实践活动，让孩子更多地与人交往，向长辈学习，接受他们在不同知识领域中给予的指导，立足于家校共育促进学生的全面发展。2019年9月——"我们的时光"主题课程国庆庆祝活动，深入学科特色课程"律动音乐会"的研究，在新中国成立70周年庆典中，将学生的课堂艺术实践活动进行了主题课程设计，首次面向社会开放，巴蜀园学生教师家长人人参与，实现了"学科+"的包容与开放。

4.校园文化建设，提升以美育人

校园文化建设不是简单的基建、装饰、添加、摆放、悬挂、美化，一所学校应从"功能与审美统整"的校舍建筑通过文化传承、儿童思维、课程发展、艺术创造等推动律动的校园打造来润泽人。我校校园文化的特点整体表现为 "和谐"，美育功能是校园文化建设最为重要的功用，只有以"审美"为基本标尺，才能更好地实现校园文化的育人作用，达到"和谐"育人的最高境界。美育功能渗透在校园文化建构的各个层面，校园文化的审美陶冶能使学生更好地在审美体验中意识到个体的存在，得到个体价值的实现与精神上的满足。

（二）研究效果

巴蜀小学作为重庆市美育示范先行学校之一，在解构与重组、课程综合化、学科+学科等基础上立足于美育探索课堂教学如何更加形象、生动、新颖、自主、创造、愉悦；充分挖掘和开发审美内容，系统开发与"都市美育"相关的课程与教学体系。让美育融于课堂教学、课外活动、校园文化等。形成学校、家庭、社会相互联动的协同育人新格局。而这种将美育体现于课堂新格局正是发现每个学生与生俱来的潜力，促进其个性的发展，能自主、合作、探究性地跨学科学习，并激发学生多学科智能，培养广泛的学习兴趣，这也正是我们"学科+学科"下不断"解构与重组"，凸显"全学科育人"下的巴蜀美术课程文化及美育审美发展。

在近二年的课题研究历程中，学校基于美育活动和各种赛事活动，给学生提供各种空间舞台，激励学生人人参与。教师26次组织学生参与不同类别的赛事活动，获奖近千人次；教师26人次获得不同的指导奖项；12人次获得教学奖；30次组织不同的美育活动。

六、问题与讨论

（1）课堂的律动实践与"美育校本课程"的理论研究结合度不够。加强"美育校本课程"理论研究与美育课堂学生的真实需要结合度，让常态化下的美育课堂真正成为儿童的艺术创造生活，尊重学生的个性思维与促进学生的全面发展过程研究力度不够，还需要得到更多专家的指导。

（2）"美育校本课程建设与实践"的研究还需进一步拓宽提升。从校本教材提炼，美育校本课程落地课堂，学生在美育过程中的参与、收获、感受和认识能更有力地推动习惯的养成、自信的树立。课题组做了大量实践探索，但要找准研究目标，坚持不断地拓展影响。

（3）"美育校本课程建设与实践"在落地美育课堂过程中如何更有效地使用科学化、信息化、技术化等现代新技术教学手段，仍需在实践中不断探索。

（4）在校园文化建设上，我们要加大学生美育文化展示，创造对校园自然生态环境建设的融入，让美育文化在校园的每一个角落带给孩子们永久的学习探索、自信生活、健康成长和全面发展。

（5）怎样有效地加强课题研究的力度，如研究时间的合理安排、研究人员的真正参与、研究经费的保障等，还需进一步探索。

七、结论与建议

本课题在研究过程中逐步完善、积累，成效也逐步显现，以培养"全面发展的人"为核心，让学生在德智体美劳全面发展，在跨学科的实践中逐步实施，通过"基于学科的课程综合化实施"，在"学科+"的课程研究内容中，充分发挥学科间的综合育人功能。聚焦音乐、美术学科，学生在艺术实践活动中，让学习、成长回归完整生活，发挥学科独特育人价值，突出美育的独特功能和作用，并凝练为物化成果，形成能推广示范的案例，让美育研究成为每一个美育工作者的责任与使命。

课题负责人：吴　倩

主研人员：庹祯平　陈雅丹　徐忠毅

　　　　　罗　军　彭丽君　夏　武

基于机器人教学培养农村学生的动手与
创新能力的研究

重庆市北碚区双凤桥小学

一、研究背景及意义

随着信息技术的不断发展，智能设备与人类越来越紧密。智能制造作为制造业转型升级的重要方向，承担着实现《中国制造2025》中提出的在2025年迈入制造强国行列的战略目标，作为智能智造的重要一环，机器人被提升到国家战略高度。

随着机器人产业的深入发展，机器人教育在国家教育体系中的地位也不断提升。"学生们通过设计、组装各种机器人，不仅加深了对电学、力学、机械原理等知识的了解，还能掌握日常生活所需要的各种技能，这将使孩子们受益终身。"教育部信息技术课程标准专家组组长李艺说。

在全国第三次教育工作会议上，党中央、国务院明确把"重点培养学生的创新精神"写入党的教育方针。如何在新时期培养具有创新精神的新一代，是事关国家前途和民族命运的大事，也是基础教育义不容辞的责任，更是基础教育和实施素质教育的核心。

我校是重庆市的科技示范校，机器人教育是其中一部分。自2007年初开展机器人实践活动，已在市、全国取得了多项好成绩，目前处在全区乃至全市农村小学的领先地位。为了学校的长远发展，推动我镇信息技术教育向更高层次发展，结合国家课程改革"创新"发展的方向，我们努力创建"小学机器人创新实践基地"，开展机器人教育与实践的研究，培养农村学生的动手与创新能力。

二、理论基础与依据

（一）布鲁纳的认知结构学习理论

布鲁纳认为，学习是一个主动的过程。教育者的任务是，把知识转化成一种适应正在发展着的形式，以表征系统发展顺序，作为教学设计的模式，让学生发现学习。

（二）建构主义理论

建构主义教育理论的核心可以概括为一句话：以学生为中心，强调学生对知识的主动探索、主动发现和对所学知识意义的主动建构。它提倡在教师指导下的、以学习者为中心的学习，认为教师的教学是"为了每位学生的发展"。

（三）《中小学智能机器人课程指导意见（试行）》

全国中小学计算机教育研究中心发布的《中小学智能机器人课程指导意见（试行）》指出，中小学智能机器人课程的主要任务是培养学生对智能机器人的兴趣，让学生了解和掌握以智能机器人为载体的通用技术与信息技术的基本知识和技能，了解技术的发展及其应用对人类生活和科学的深刻影响。

（四）《中小学综合实践活动课程指导纲要》

教育部《中小学综合实践活动课程指导纲要》指出，在活动过程中，鼓励学生手脑并用，灵活掌握、融会贯通各类知识和技巧，提高学生的技术操作水平、知识迁移水平，体验工匠精神等。

三、核心概念界定

1.机器人

机器人是指科技室配套的 AS-MF32（ET502）技术教育机器人普及套件和学校机器人工作室购买的乐高 EV3 机器人。

2.机器人教学

机器人教学是指把机器人学看成是一门科学，在小学各年级中，以开设课程的方式，使所有学生普遍掌握关于机器人学的基本知识与基本技能。

3.动手能力

动手能力是相对于动脑能力、智力而言的，它以"做"为主要特征，是一种需要外部动作或操作参与解决问题、完成活动的能力，常常被理解为操作能力、做事能力或实践能力。

4.创新能力

创新能力，是能够利用现有的知识和物质，在特定的环境中，本着理想化需要或为满足社会需求，而改进或创造新的事物，并能获得一定有益效果的一种行为能力。

四、国内外相关研究综述

国外一些发达国家非常看好智能机器人教育对未来高科技社会的作用和影响，尤其对年轻一代创新能力的培养作用。他们在中小学教育中都不同程度地对学生进行智能机器人知识的教育，已把机器人教学实践活动作为中小学信息技术的必修课。

在我国的上海、广东、江苏等发达地区，已开展了中小学机器人教育教学的试点工作，并取得了一定的实践经验。

观察各地中小学机器人教育的方式，大体区分为以下四种：

第一，通过学校、少年宫、少科站等单位吸入机器人爱好的部分学生，组成智能机器人学习小组，以学员制进行活动，并可代表地区参加各类竞赛活动。

第二，把智能机器人技术学习放入综合实践活动课中普及。这在大中型的城市中非常普遍，开设情况相对于经济欠发达地区较成熟。

第三，把智能机器人作为信息技术课的内容之一纳入中小学信息技术教育课程，这种形式正在形成期，教材的编写、课程的常规性开设正在起步。

第四，智能机器人教育以研究性课程的形式进入中学。

所以，根据国际发展趋势，针对国内外目前存在的规模小、不独立开设的不足，我们拟在全校学生中开展机器人教学这门课程，进行校本课程的系统开发，培养学生的动手和创新能力，提高学生的综合素养。

五、研究的目标和内容

（一）研究的目标

调研农村小学生对机器人认知行为的现状及原因分析；探索机器人教学的方法与策略；开发机器人校本课程及学习教材；构建知识与动手、创新能力的表现型评价。

（二）研究内容

（1）调查分析农村学生对机器人的认知情况的现状。

（3）机器人课堂教学的方法与策略。

（3）机器人校本课程的开发研究。

（4）编制机器人活动评价标准。

六、研究对象及范围

研究对象：本校一至六年级的学生。

研究范围：小学机器人教学。

七、研究方法及运用

本课题的研究综合运用调查研究法、文献研究法、行动研究法等多种研究方法。

1.调查研究法

拟定计划、准备材料、网上调查、收集数据、整理材料、写出调查报告。

2.文献研究法

文献研究法主要指搜集、鉴别、整理文献，并通过对文献的研究形成对事实科学认识的方法。课题组成员根据本课题确立研究问题，利用各种渠道对文献和资料进行合理的搜集与整理获得了一些理论知识。如学习了中国电子学会发布的《2019中小学机器人教育调研报告》、《教育信息技术》发表的《中小学机器人教育的问题与对策》、《赢未来》发表的《小学STEAM教育的实践与思考》等文献。通过对这些资料信息的分析与研究，对一些文献进行了解读，界定本课题研究的价值性、可行性及关键概念的内涵与外延，并制订研究目标与实施方案等。

3.行动研究法

行动研究法是指在自然、真实的教育环境中，教育实际工作者按照一定的操作程序，综合运用多种研究方法与技术，以解决教育实际问题为首要目标的一种研究模式。我们根据学校自身的特点和学生的状况特做了以下的工作，如图1、表1所示。

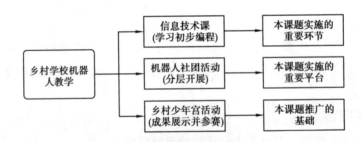

图1　行动研究法及运用

表1　学校机器人教学具体操作模式

模式	对象	学习平台	内容
信息技术课程	三年级	scratch系统	感知编程
	四、五年级	scratch系统	系统学习编程
	六年级	scratch系统	创作性编程
机器人社团活动课	一、二年级学生	学校社团	积木搭建
	三、四年级学生	学校社团	搭建积木，按要求编程
	五、六年级学生	学校社团	根据任务自己完成搭建以及编程
乡村少年宫课	五、六年级学生中机器人设计佼佼者	学校少年宫活动	创作机器人并参加各种大赛

4.案例研究法

根据学生、教师的实践情况确立个案研究对象（学生个案），在实践中长期跟踪观察，定期调查访问，搜集实验资料，综合统计评价，形成个案研究体系，为课题提供丰富的第一手资料。

课题组成员根据学生特点重点关注一个学生的发展形成了学生的个案。特别是邱占俊同学，是机器人学习的佼佼者。该生从四年级就开始参加机器人社团和乡村少年宫的机器人活动，积极参与各类科技竞赛。2013年12月，邱占俊同学参加了北碚区科技模型大赛，获得了"手摇发电机"三等奖。2016年5月，与王伟俨同学一起制作的"遥控智能'快餐'点餐机器人"代表北碚区参加了第三十一届重庆市青少年科技创新大赛，获得机器人创意项目小学一等奖的第一名，并取得全国赛资格。同月，他们参加了重庆市首届创客嘉年华机器人创意赛，获得金奖。2016年7月，他们代表重庆市参加了中国科学院大学在北京举办的第十六届中国青少年机器人竞赛机器人创意比赛，获得小学组三等奖。

邱占俊同学获得这样的好成绩与他平时的刻苦训练是分不开的。通过参加机器人活动，他的计算机知识得以增长，动手能力也得到了增强，现在他已经掌握了热博机器人、能力风暴机器人和FLL的EV3机器人三种编程平台的程序编辑。

八、研究成果

（一）通过调查分析，加深对学生机器人创新学习的认识

通过调查分析，加深对学生机器人创新学习的认识。问卷调查报告详见二维码。

问卷调查报告

（二）探索出我校机器人课堂教学的方法与策略

机器人教学的主要任务是培养学生对机器人的兴趣，让学生了解并掌握机器人相关的基本知识和技能，了解技术的发展及其应用对人类生活和科学探索具有的深刻影响。通过机器人课程培养学生良好的信息素养、创新精神和实践能力。通过教学实践形成以下课堂教学的方法与策略。

1.以学生为中心，以问题为驱动

激发兴趣是首要策略，关键要实现学生学习机器人从"身向往之"到"神向往之"的改变。在教学中，依据教学内容，给学生一些相关资料，创造一个轻松、和谐、活跃的课堂气氛激发学生积极主动探求知识的兴趣。

2.以小组为单位组织课堂教学，让学生习惯于合作学习

在教学中把学生分成若干个合作小组，每组4～6人，学生在主动参与的同时，小组

内和小组间都可以互相讨论和交流，提出各自的观点，选择最优方案。

3.自主学习与协作学习相结合

学生在能力提高的同时，需要一个展现自我能力的舞台。根据机器人比赛的一些项目，课题组搭建了实物和虚拟舞台，为学生提供了学习的平台。针对不同学生的特点，兼顾他们其他学科的学习，教师在平时的教学过程中总是通过不同的方式让学生形成自主学习与协作学习相结合的良好局面。

（三）机器人校本课程的开发研究

机器人的课程教学分为三种形式，一是利用各班级信息技术课的时间；二是机器人社团分年段每周一个下午开展机器人活动；三是每周二、三、四下午4—5点开设机器人特长班训练。

课题组重视组织机构设置，分工合作，职责落实（图2）。课题组组织编写了机器人教材一套，分别是适合低段的《乐高机器人积木搭建》、中段的《能力风暴机器人仿真》和高段的《能力风暴机器人》，并形成了《农村小学智能机器人校本课程实施报告》。

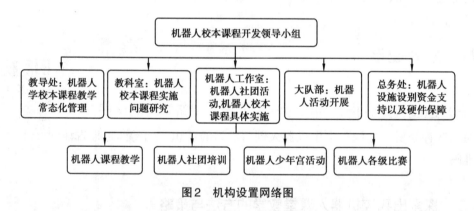

图2　机构设置网络图

（四）制订机器人课堂教学内容、教学形式及课程评价

课题组将课程的内容分为三个主要的板块：认识基础构件搭建；图形程序设计；创意作品完成。在这三个板块的基础上还有第三方传感器和控制器的学习作为教学补充。学校将机器人传感器和控制技术基本定位在研究性课程和拓展性课程上，为了能保证教学的课时，对课程的课时设置数量基数降低，给教师一个比较大的变通空间增加操作性。总课时学校基本以乐高机器人教学的课程为主，分为初级、中级、高级三个阶段，重点定位在中级三、四两个年级。全课程总课时数为每学期40个课时。各段的细分课时：一、二年级机器人积木搭建，共10课时；三、四年级程序设计，共20课时；五、六年级创意设计，共10课时。具体内容见表2。

表2　乡村学校机器人教学课程开发

教学对象	教学内容	教学平台	教学形式	教学评价
一年级	积木搭建（初级）	乐高积木	教师指导教学	初步搭建好简单积木
二年级（上）	积木搭建（中级）	乐高积木	教师指导教学	搭建好积木能进行说明
二年级（下）	积木搭建（高级）	乐高积木	教师指导教学	自主创意搭建好积木并能说明
三年级（上）	简单程序（初级）	scratch为平台进行程序设计	教师指导教学	初步学习程序
三年级（下）	简单程序（中级）	scratch为平台进行程序设计	教师指导教学+学生自主设计	学习程序并能在模拟平台完成任务
四年级（上）	简单程序（高级）	scratch和乐高程序相结合	教师指导教学+学生自主设计	能把积木和程序融合，执行某项功能
四年级（下）	项目：灭火、轨迹、足球	scratch和乐高程序相结合	学生自主设计	能把积木和程序融合，执行完成任务
五年级（上）	3D仿真、模拟机器人	scratch和乐高程序相结合	学生自主设计	能自主设计简单机器人，完成简单任务
五年级（下）	足球仿真	scratch和乐高程序相结合	学生自主设计	能设计复杂机器人进行对抗
六年级	自主创意	scratch和乐高程序相结合	学生自主创作	自主创意出机器人，有一定新意

（五）课题组教师队伍得到发展

课题组高度重视教师队伍建设和培养，专门制订了科技教师培养计划，努力创造条件，积极鼓励、支持教师参加全国、市、区的各种科技培训。同时，课题组在实践过程中发现机器人课堂实践对教师的要求很高，所以在机器人工作室成立了机器人课题研究小组，定期开展教学研讨活动，交流经验相互学习，调到大型比赛时互帮互助、互相推荐，分配代表参赛。

历经近两年的课题研究，在开发校本教材的过程中，在学生活动的指导过程中，课题组研究人员的研究能力得到了整体提升。课题组成员罗德能、周伟、杨发智、谢灵生均获得不俗的成绩。

（六）编制我校机器人活动评价标准

1.评价形式

采用创新意识性评价和实践性评价两种方式。创新意识性评价是在机器人教学活动后，评价学生创新思想观念的更新和发展程度。实践性评价是指通过机器人教学活动，对学生的操作实践能力进行评价。

2.评价方法

（1）重视日常评价

教师在教育活动的全过程中，坚持定性分析与定量分析相结合，采用多样的、开放式的评价方法，了解每位学生的学习兴趣与习惯、学习状况与发展、学习特点与潜能等情况，对学生达到的学科和学段目标进行随机评价，以促进学生全面发展。

（2）建立学生成长记录

成长记录中要收集能够典型、客观、真实反映学生学习过程和结果的资料，包括学生的自我评价、最佳作品、教师、同学的观察和评价。

（3）评价结果

对学生的综合素质给予客观、公正的整体描述。评语应在教师对搜集到的学生资料进行分析并与同学、家长交流沟通的基础上产生。评语采用激励性的语言，注意以积极鼓励、正面肯定为主。

机器人教学
评价量表

基于机器人教学活动培养学生创新意识、创新兴趣、创新能力的要求，制订创新能力评价和实践能力评价量表，对学生进行公正客观的评价。

九、研究影响与效果

1.培养学生创新意识、创新思维，提升创新能力

通过机器人教学的有效开展，培养了学生的动手能力，使学生学会自己编写简单的机器人控制程序，让学生在对机器人的设计与制作过程中，逐步培养创新意识、创新思维，提升他们的创新能力。

创新意识是创造的前提和关键。机器人的教学与制作过程，是学生锻炼意志、培养和增强创新意识的过程。机器人的学习环境不受传统教学环境的局限，强调自主式和开放式，充分尊重学生的主体地位，满足学生的表现欲望，学生发挥想象、大胆质疑，使得我校机器人社团的学生初步具有了一定的创新意识。

学生有了创新改进的想法后，课题组成员引导学生动手实践，帮助解决制作过程中遇到的问题，培养学生创新能力。机器人的设计从方案制订到具体实施，全部过程由学生独立完成，使学生从被动学习转向主动学习，能够独立分析并解决问题，能够自主选择知识，并结合理论进行实践操作。学生通过研究分析，用各种方式去设计机器人，极大地发挥个人潜能，同时能够培养学生的设计能力、全面提升学生的创新素质水平。目前，课题组成功创建了机器人工作室和机器人创客空间；编写了课程教案，制作了机器人的教学课件；制作了机器人的视频，丰富了教学资源。

2.让学生动手，培养创新

"实践出真知"。对于学生提出的新意见、新想法、新方案、新做法，要让学生动手加以实现，这是提高青少年创新能力的要素。通过实践活动，使学生的认识从研发到理性产生飞跃，把课本中学到的知识和自己顿悟到的知识紧密结合。每个实践活动其实都是一个"实践—认识提高—再实践—再认识提高"的过程。每个机器人的制作和编程不可能一次性获得成功。当学生失败时，我们及时给予鼓励，告诉他，失败不要紧，我们可以重来一次，或者引导其求得同伴的支援，培养学生相互协作的精神。学生在一次次的失败中克服困难、吸取教训、积累经验、提高认识；当学生在编程遇到困难时，课题组成员予以指导和适当的帮助，但不是包办代替；当学生成功时，我们大力表扬，共同庆祝。只有让学生体验到成功带来的快乐，才能提高他们探索科学的信心和参与实践活动的兴趣。现在学生对机器人学习兴趣大增，学校开展的三至六年级学生机器人创意设计活动，收到创意设计400多篇，并收到学生自己动手组装的小狗机器人、大象机器人、精灵机器人等机器人作品50多件。学生从中还学会了3D打印设计、激光切割，为自己的创意作品制作组装零件。

3.竞赛获奖

组织学生参加各类比赛，并获得了好的成绩。

各类竞赛
获奖情况

十、问题与讨论

1.教材编写的数量还不够多

目前编写了《能力风暴机器人》校本教材，内容单一。根据这两年的机器人教学的实际情况，我们将开发《点灯机器人编程》校本教材和《达奇-达达机器人》校本教材。

2.低段学生的机器人教学较薄弱

今年我校购进"达奇-达达"机器人，这款机器人是利用平板或手机进行编程的编程平台，有四款编程的App编程平台可以给机器人进行程序编辑，适合多个年段的学生，这样低段学生的机器人教学得到了改善，因此，在后续阶段抓紧时间把低段的机器人教材编写出来。

3.其他

论文发表的篇数不够多；微课的数量不够多。

十一、结论与建议

1.培养农村学生的动手与创新能力必须抓住科技育人的主渠道

课题组通过研究一致认为，培养农村学生的动手与创新能力的活动必须定位"面"上普及，"点"上深化，即让所有学生参与机器人搭建与控制活动，培养学生的科学兴趣，在此基础上，成立机器人兴趣小组，为有探究兴趣的学生创设科学探究的平台，引领他们探究科学的奥秘，培养科学的思维方式，进一步提升科学素养。

2.做好机器人教学课程——亮在行动

机器人教学活动是培养学生科学素养的重要途径。每学年，机器人工作室将本年度开展的活动都纳入学校重要工作议事日程，做到"五有"，即活动有计划、有指导教师、有活动基地、有总结、有方案。针对低段学生，学校重点开展机器人积木搭建；针对中段学生，开展机器人程序编写；针对高段学生，重点开展机器人创意，并长期与西南大学材料学院开展"大手拉小手"活动，依托高校资源优势，推动机器人教学质量的提高。

3.落实机器人教学课程——强在深化

课题组在做好机器人教学的同时，还注重"点"上深化。学校在一至六年级全体学生参与机器人学习的基础上，选出热爱机器人创意的学生加入"机器人创意"乡村少年宫，为他们搭建更为广阔的学习平台。每天下午放学后开展培训和实践活动，引导学生关注生活，在生活中探究发明。机器人教学辅导员选择有进一步探究价值的、学生感兴趣的话题，进行深入研究，指导学生制订探究计划，撰写探究方案，实现探究成果。在此过程中，学生自觉地体验了发现问题、研究问题、解决问题的全过程。

4.建议

通过研究，我们发现小学生机器人创新意识较强，但是动手能力相对较弱，对科技创新的本质、内涵理解和认识不足；创新思维能力较弱，怀疑精神欠缺；学生在机器人创新活动中寻求问题解决的途径也较为单一。因此，我们应该对机器人创新活动项目的内容上进行丰富，培养学生创新精神和实践能力，指导学生多多参与课外实践活动。同时，引导家长加深对学生创新能力培养的认识，支持学校开展机器人创新活动，努力营造浓厚的机器人创新活动氛围，形成较为完善的机器人创新活动体系。

课题负责人：罗德能

主研人员：谢灵生　周　伟　江永春

杨发智　周京鹏　邱芳国

"多彩教育"的学校文化建设研究

重庆市渝北区龙溪小学校

一、研究背景及意义

随着教育事业的蓬勃发展和素质教育的全面实施，学校文化逐渐成为教育理论和实践工作者关注的话题。因为学校文化建设既反映了学校办学水平和管理水平，更体现了学校内涵发展的精神底蕴。同时，学校文化又是实施素质教育的重要载体和广阔途径，是顺应教育事业发展和学校实际工作的需要。

龙溪小学经过几十年的发展，几代人教育思想的沉淀，教育教学质量有口皆碑。特别是，我们在美术特色教育上积累了一些经验，学校围绕美术特色文化教育开展的各项活动，都取得了一些可喜的成果。自2008年起，学校确立了"创造幸福教育，描绘多彩童年"的办学理念。其中，最为核心的学校文化建设理念就是"多彩教育"。"多彩教育"核心价值观，即为每位受教育者提供适合的教育，使每位受教育者做最好的自己。"多彩教育"核心特征就是"多元共生、和而不同、因性而教、涵养个性、培养特长"。可以说，学校的特色教育思路明确，定位形成，并已初具规模。

为进一步全面推进学校特色化、品牌化建设，课题组提出将"'多彩教育'的学校文化建设研究"作为学校的研究课题，目的是通过学校"多彩教育"文化建设的途径与方法的研究，构建丰富多彩的学校文化体系，从而达到提升学校建设品质，让学校文化建设促进和谐校园、和谐家庭、和谐社会建设的目的。

二、理论基础与依据

党的十六届六中全会把构建社会主义和谐社会作为一个具有全局性、前瞻性、战略性的崭新课题提到全党全国人民面前。创建和谐社会需要多元人才观。

通过对"多元智能理论""建构主义""人本主义""全面和谐发展理论"等权威理论的学习，深入领悟，再结合我国的教育方针、政策以及时代的发展所呼唤的个性彰显，我们适时提出了构建"多彩教育"的学校文化建设，以满足不同学生自我发展的需求。

"多彩教育"理念的提出是人性的呼唤，是社会生活的需求，是教育改革路上的自然呈现。首先，教育是培养人的社会实践活动，如何看待人，也就如何看待教育。每一个学生都是作为生命个体存在的，每个生命个体之间具有一定的共同性，但是，由于每个个体的先天因素和后天环境的差异，从而使每个生命个体都有其特殊性，即个性。因此，人性的复杂多样必然呼唤适合不同个体需求的多样化的教育。其次，从哲学意义上说，个体知识与社会知识之间的矛盾，是教育得以存在的根源。作为培养人的社会实践活动，教育的全部意义与价值就在于教育能够在个体知识与社会知识之间建立起一座桥梁，实现两者之间的互通，从而不断解决社会与人之间的矛盾。随着社会生产力的不断提高，人类社会生活的丰富多彩必然需要多姿多彩的教育与之适应，获得共同发展。

"为每位受教育者提供适合的教育，使每位受教育者做最好的自己"是科学的教育观的体现，它逐渐成为党和国家对教育的新要求及人民群众对教育的新期待，"多彩教育"也就应运而生，其明确了教育的起点和归宿。教育观的核心是教育的价值取向，即培养什么样的人的教育才是好的、优质的教育。"多彩教育"的核心价值观为教育确立了正确的教育观，即在顺应个体发展规律与个体需求的基础上，培养健全的、优秀的、有独特个性的人的教育观。"为每位受教育者提供适合的教育"是我们各个学校办教育的出发点，"使每位受教育者做最好的自己"为我们指明了教育发展的方向和归宿。

教育均衡发展不是要标准化、僵化的发展，不是所有的学校都按一个模子去发展，而是要在保证优质教育的前提下，积极鼓励学校办出特色。我们在学校特色创建过程中提出了"多元共生、和而不同、发展特色、实现均衡"的教育呈现形式，这是一种和谐共生、百花齐放的教育，是一种充满生命活力的、高品质的教育。

三、对课题概念的界定

1.多彩

"多"，指多样、多元；"彩"，指色彩、精彩。本课题的"多彩"就是生命的色彩之多、教育的精彩之多、办学的特色之多。

2.多彩教育

"多彩教育"指坚持以美育人的理念，以个性多元、特色鲜明、优质精彩为价值取向的教育。发挥教育的最优化功能，在区域层面实现区域教育的优质特色、高位均衡发展，坚持特色化办学，通过课堂改革、校本课程的开发、各项活动的开展，使受教育者获得与其全面成长及个性发展需求相匹配的教育。我们的"多彩教育"核心价值观是为每位受教育者提供适合的教育，使每位受教育者做最好的自己。我们的"多彩教育"核心特征就是"多元共生、和而不同、因性而教、涵养个性、培养特长"。

3.学校文化建设

学校文化是指以社会先进文化为主导，以师生文化活动为主体，以校园精神为底蕴，由校园中所有成员在长期办学过程中共同创造而形成的学校物质文明和精神文明的总和。

我校的学校文化是以"多彩教育"为根，以根为系，派生出多彩的环境文化、多彩的制度文化、多彩的课堂文化、多彩的班级文化、多彩的活动文化、多彩的课程文化六方面的学校文化，以此来彰显我校"创造幸福教育，描绘多彩童年"的办学理念。

四、国内外相关现状综述

"多彩教育"脱胎于多元文化教育。当前，美国小学多元文化教育的实施路径主要包括三个方面:创设校园多元文化环境、开设多元文化课程、开展多元文化实践活动。发展至今，美国小学多元文化教育已经从最初单一的、旨在改变种族偏见与种族歧视、追求公平的社会变革运动，成为了一种教育理念先进化、教育目标多元化、教育途径多样化、教育内容丰富化的寓于整个美国基础教育中的教育形式。通过对美国多元文化教育的学习和借鉴，我国的"多彩教育"应运而生。

在我国，多个地区的基础教育学校中明确提出办"多彩教育"，并有一定成效。如内蒙古巴彦淖尔市五原县第一小学遵循多元智能理论，开展素质教育研究，确立了"多彩教育"办学理念；陕西省三原县中山街小学确立了"多彩教育绚丽人生"的办学理念。甚至还有一个区的教育理念都以"多彩教育"为核心，打造该区的教育品牌。如山东省青岛市李沧区根据区域教育发展情况适时提出了"多彩教育"的理念；郑州市二七区在"多彩教育"发展理念的统领下，提出了"尊重生命、以生为本、基于生活、生态发展"的"多彩教育"核心理念，努力打造"现代化教育体育强区、名区"。

在借鉴国内外针对"多彩教育"所提出的理念和做法的基础上，我校的多彩教育根植于渝北区龙溪街道老城区进城务工人员子女生源地，因地制宜，提出了为每位受教育者提供适合的教育，使每位受教育者做最好的自己。我校的"多彩教育"核心特征就是"多元共生、和而不同、因性而教、涵养个性、培养特长"。

五、课题研究的目标及内容

(一) 研究目标

通过课题研究，每一位学生在"多彩教育"中能健康快乐、幸福成长。通过课题研究，校园文化在建设"多彩教育"的过程中能丰富多样、特色鲜明。通过课题研究，每一位教师在实施"多彩教育"的过程中能体现自身价值、获得专业发展。通过课题研究，"多彩教育"能促进我校和谐发展，丰富我校教育内涵。

(二) 主要内容

本课题的研究着重围绕"多彩教育"展开六种文化的研究，即建设多彩的环境文化、优化多彩的制度文化、打造多彩的课堂文化、建设多彩的班级文化、丰富多彩的活动文化、开设多彩的课程文化。

六、研究的对象和范围

本课题的研究对象是全校师生，从环境、制度、课堂、班级、活动、课程六个角度展开研究，实现多彩学校文化建设的有效途径。

研究范围涉及学校教育、德育、后勤等方面。

七、研究的方法及运用

1.文献研究法

课题组广泛学习了有关"多彩教育""多元教育"的文献专著。美国哈佛大学教育研究院的心理学家霍华德·加德纳在1983年提出的多元智能理论，认为每个人都拥有八种主要智能，主要包括语言智能、节奏智能、数理智能、空间智能、运觉智能、自省智能、交流智能、自然观察智能。加德纳的多元智能理论是对传统的"一元智能"观的强有力挑战，给人以耳目一新之感。结合我国对"多彩教育"的研究，其中温建锋、高艺菲的《聚焦河南省郑州市二七区"多彩教育"》一文中提出，"多彩教育"被认为是一种具体的教育，它是一种理念，是一种追求。学校不再是千校一面的样态，而是富有活力、保有质量、各具特色，以满足孩子的需求与促进孩子的发展为中心，帮助孩子发现自己的禀赋，并进一步保护、支持其成长，促进每一个孩子做最精彩的自己，为一生成长奠定坚实的基础。

2.调查研究法

六种文化建设中，"多彩"的课程文化建设是重中之重，因此在开设多彩课程之前，课题组针对"多彩课程"的设置对全校师生进行了调查问卷。"'多彩课程'设置调查表"真实地反映了孩子们对于多彩课程的期待。"教师特长爱好统计表"为多彩课程的设置提供了第一手的真实数据，为多彩课程的开设起到了很好的摸底工作。

前测数据显示95.4%的学生非常期待"多彩课程"的开设。在"多彩课程"开设一年后，再次对学生进行了问卷调查，99.5%的孩子对"多彩课程"满意。前测数据显示在"多彩教育"施行以前，教师对素质教育的认知度低，只有52%的教师认为"素质教育"是包含学科教育、综合能力在内的全面发展学生能力的教育，48%的教师认为"素质教育"就是学科教育的优化。而在这几年的"多彩教育"课题的研究及"多彩课程"的开设后，98%的教师认识到"素质教育"就是全面提升学生综合素质，"多彩教育"就是"素质教育"在龙溪地区的操作模式。

3.行动研究法

课题组力图通过六大文化的建设来呈现"多彩教育"。"多彩教育"的外在体现就是六大文化的建设，而六大文化的建设又落实到具体的实施。教育是核心，它体现在六大文化，即多彩的环境文化、多彩的制度文化、多彩的课堂文化、多彩的班级文化、多彩的活动文化、多彩的课程文化（图1）。

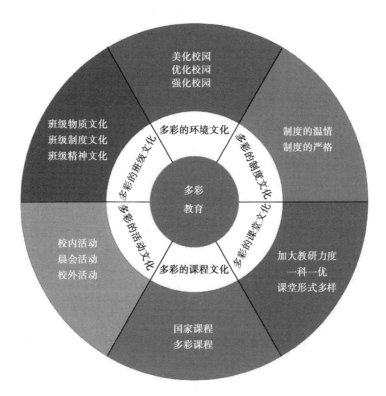

图1 "多彩教育"六大文化

（1）多彩的环境文化

在这个方面，学校后勤做了大量的工作。如每学期定期修剪学校花木；厕所的设计装修；操场金属烤漆标语；办学愿景、教风金属烤漆字，外教学楼学风金属字等工作美化校园；分部图书馆藏书的增书工作。

（2）多彩的制度文化

学校教学、德育、办公室等各部门先后出台了21项制度。其中，我校教职工代表大会制定并通过了《龙溪小学"多彩教育"机动假》制度，体现了制度的温情；为提高教师们的课堂教学质量，行政会制定了《"多彩教育"·行政督查学科》制度。通过制度的约束和保障，奠定了我校教学质量高位运行。

（3）多彩的课堂文化

从2016年秋期起，我校在以往分年级、分学科开展教研活动的基础上，又专门增设了语文、数学两个大学科的中心教研组，加大教研力度，深耕课堂教学，狠抓内功，提升内涵，向40分钟要质量，课堂教学出成果，向着"一科一优"的方向迈进。课堂形式多样，班级小课堂、学校中课堂、社会大课堂，打造多空间育人，提升学生综合素质。

（4）多彩的班级文化

紧紧围绕班级物质文化建设，初步打造"书香班级、诗化班级"的气氛。建立健全班级制度，抓好班级常规管理，抓好班级制度文化建设。积极开展评优争先，共建精神文化建设。老师、学生共同组织主题班队会，形成良好的班风。

（5）多彩的活动文化

多彩的晨会活动、人人参与，让孩子们在传统文化的浸润下，苗壮成长。多彩的校内活动、激励学生，丰富多彩的活动开阔了孩子们的视野，为孩子们的校园生活增添了色彩。多彩的校外活动、提升多元智能，多彩的活动丰富了孩子们的校园生活，为多彩校园的构建添砖加瓦，助力前行。

（6）多彩的课程文化

每周一至周五上午，班级制学习国家课程；周五下午半天，全校学生"走班"选课。2016年9月起，开展了多彩实践课程，开设了53门课程，分为19个校队，34个年级队，努力促进学生全面而个性的发展。

六大文化的建设在各自的板块中突显关键因素的建设，为"多彩教育"在我校的生根发芽开花提供了广阔的空间和养料。

八、研究成果

以学校"创造幸福教育，描绘多彩童年"的办学理念为统领，以"五彩校园，快乐人生"的办学愿景为目标，以"立德立人，求知尚美"校训为警示，为了追求"活泼多姿，共塑精彩"的校风，为了形成"笔绘春天，爱育桃李"的教风，为了养成"画好每一笔，走好每一步，快乐每一天"的学风，我校提出了"多彩教育的学校文化建设研究"课题。在总课题下的六大文化建设，都按照课题研究的规范和总课题的时间安排，有效、有序地开展了研究与实践，及时地完成阶段性总结和报告，并且写出了一定数量的科研论文、案例等。下面分六个板块阐述研究成果。

（一）建设了多彩的环境文化

课题组深刻认识到校园文化建设的必要性，认为学校不但是学习文化知识的场所，更重要的是育人的阵地，它担负着培育一代"四有"新人的历史重任，因此校园文化不容许杂乱无序。这两年来为加强校园文化建设，美化校园环境（图2），我们获得了以下成果：

图2　校园环境

1.美化校园陶冶人

校园本部走廊画框、橱窗标语、公示栏、黑板通知栏、分部办公室镜框全部更换，让校园自然环境和人文环境的有序和整洁陶冶孩子们的性情。一花一木一字皆是教育的载体，让教育在潜移默化中丝丝浸润。

2.优化校园影响人

2016年寒假，学校完成校园走廊项目设计、制作、安装；制作了内容丰富的校园展板、标语；分部每层楼增加了书吧，各班划定区域，让孩子们将自己的课外书带到书吧，利用课余时间，孩子们可以在书吧自由借阅感兴趣的图书，在书吧畅游知识的海洋。

3.强化校园培养人

利用学校有限的空间，将以前杂乱的区域，打造成"多彩课程"的种植课的户外实验基地——幸福菜园；完成大门处校园文化墙项目；分部升旗台台面的装修；完成了录播室的打造；各个"多彩课程"功能室的设计装修，如小厨房装修了台面，添置了锅碗瓢盆、冰箱、烤箱等；美术室也提档升级。这一系列的硬件设施的建设，有效地为"多彩课程"的开设提供了物质基础和后勤保障，为实现"多彩"育人，为培养孩子更多能力奠基。

在充分挖掘和利用校园文化对学生潜移默化的作用下，校园文化建设发生着变化。校园文化对学生的影响虽不是立竿见影的，但却是稳定渐进的，优化的校园文化必然会结出人才成熟之果。

（二）优化了多彩的制度文化

制度文化是整个教学活动的重要组成部分，是学校在长期教育实践活动中，逐步形成的有校本特色的行为规范、规章准则、指导方针、方案等内容。制度文化在协调个人与个人，个人与群体的关系中起着重要作用。优化多彩的制度文化在"多彩教育"的学校文化建设研究中必不可少，通过不断的努力，研究成果凸显。

1.制度的温情，人文的关怀

2016年秋期，我校教职工代表大会通过了《龙溪小学"多彩教育"机动假》制度。每学期每位教师有三次机动假的机会，而没有请机动假的教师则获得全勤奖励。这样一个弹性的制度受到了教师们的纷纷点赞。这是站在教师的角度思考问题，体现的是"多彩"的制度文化。而我校教代会通过的《龙溪小学"多彩教育"·期末绩效考核方案》更是让教师们实实在在工作，踏踏实实教书，体现了最广泛的公平公正。任何制度的实施，都必须以人文的关怀为基点，才可以发挥它最大的服务作用。

2.制度的严格，成绩的突显

2016年春期，为提高教师们的课堂教学质量，行政会制定了《多彩教育·行政督查学科》制度。15位行政人员，每人都有相应的督查学科。为了将工作落到实处，学校教导处专门制订督查记录表。让行政人员深入课堂，深入学科教研。在第一线，了解学科教学，促进学科教学。2016年秋期，我校开展了周五下午的"多彩课程"，随即出台了周五下午"查岗查堂"的规定，督促教师们的课堂教学要备好课、上好课。因为制度的约束，让原本偷懒的老师，放弃了懒惰，促进了教育教学。

正是有了这一系列制度的实施，老师们变得更加务实了。在有限的40分钟的课堂，让质量说话。经过一年的努力，我校在2018年秋期及2018年春期的区期末调研考试中，全区综合质量排名第三，获得了史无前例的大丰收。

制度文化不是固定不变的，而是一个不断运动、变化着的过程。制度文化凝聚了学校师生的群体智慧，并通过师生的实践加以优化。在学校"多彩课程"的开展过程中，我们不断征集老师和同学们对课程的意见和感受，并从中总结经验，优化完善制度。我们始终会以发展的眼光去审视"多彩教育"，去优化多彩的制度文化，让制度更好地为我校"多彩教育"服好务。

（三）打造了多彩的课堂文化

1.加大教研力度，深耕课堂教学

从课题研究开始，课题组在以往分年级、分学科开展教研活动的基础上，又专门增设了语文、数学两个大学科的中心教研组。每学期两个中心教研组要分别开展一次校级的教研活动，一至六年级的语文、数学老师分别参加各自中心教研组活动。两学期中心教研活动开展下来，老师们明显感觉对不同年段的教学特点和教学方法有了新的认识，避免了只顾及所教年级内容，缺少学科全局意识"一叶障目"的错误做法。

2.课堂教学出成果，"一科一优"有特色

学校打造多彩课堂文化，物化出一系列成果，在"一科一优"道路上越走越扎实。语文学科以作文教学为特色，每年各班搜集5篇最优秀的作文，结集出版，形成一本学生作文集《多彩作文集》，在"六一"儿童节免费发放给所有师生。数学学科以"生活数学"特色作业为突破点，调动学生学习积极性。英语学科以英语话剧为特色。美术学科以版画为荣，学生版画作品曾进入湘教版美术教材，因版画的出彩，我校也被教育部命名为"中华优秀传统文化传承学校""重庆市美育改革和发展实验学校"。重庆市体育学科以篮球为特色，在2019年5月举行的重庆市小篮球比赛中，我校以优异的成绩进入西南片区决赛。科学学科以小发明制作为特色，2018年我校詹丰瑞同学获得"重庆市青少年科技创新市长奖"，并得到时任市长黄奇帆的颁奖，我校科学学科开创了渝北区在这一领域的先河。微机学科以3D打印为特色。音乐学科以管乐为特色，我校"多彩管乐团"获得2017年重庆市行进乐一等奖。

3.课堂形式多样，鼓励百花齐放

随着课程改革的深入，我们迫切需要打破在教室里授课的传统单一教学模式，建构丰富多维的课堂教学，才能满足学生个性发展的需要。因此，我校从"班级小课堂、学校中课堂、社会大课堂"三个层面打造了适合不同层次孩子发展个性的立体课堂教学模式。"班级小课堂"利用班级课堂教学教给孩子文化知识；"学校中课堂"通过校会、升旗仪式、红领巾广播站以及校园实践课堂等多种形式引导孩子文明礼仪；"社会大课堂"采用

带领学生走进社区、参观教育基地、开展社会实践活动等方式让学生体验社会。"小、中、大"三个课堂相互支撑、相互映衬，起到了很好的育人效果。

（四）建设了多彩的班级文化

班级，是学校的细胞，是学生学习、生活、成长、发展的场所；班级，是学生学习知识、人格成长、社会性发展三位一体的环境，班级文化是影响学生发展的重要条件。

这两年多来，我校各班在学校的统一安排下，开展了班级文化建设活动。在研究中获得了以下成果：

1.班级物质文化建设

老师们根据不同年级学生的特点，利用现有资源，把教室布置得很有特色。黑板报，富有创意和特色，不仅充满浓郁的文化气息，同时也体现了孩子们的孩童情趣；展示台，把孩子们各方面优秀作品展示出来，培养学生审美情趣，彰显个性，让学生用自己的双手创造美；班级标志，给孩子们温馨的感觉；读书角，调动每一位学生的读书积极性，让全体学生"感激书籍，享受阅读"。"雏鹰争章"，展示孩子们在学习生活各个方面（劳动、听讲、作业、发言、纪律、单元测试等）取得的一些成绩和进步。

2.班级制度文化建设

（1）建立健全班级制度

各班包括班级公约、奖惩制度、值日生、行为习惯等方面的制度，组织学生认真执行《中小学生守则》《中小学生行为规范》。

（2）强化学生行为习惯养成教育

利用板报、校园文化宣传栏等载体向学生进行宣传，经常性地利用国旗下讲话、晨会课、班队课，对学生进行爱国主义、道德规范、文明礼貌、言行规范、禁毒法制、交通安全、社会公德等方面的教育，加强学生良好品质、规范行为的养成。

（3）抓好班级常规管理

各班级落实"每月主题活动""黑板报评比方案"等，落实"值周工作要求"，坚持常规检查评比，把打扫卫生、班级纪律和"两操"作为检查评比的重点，检查评比做到客观、公正，每周分发流动红旗，获得情况纳入班级期末考核。

3.精神文化建设

积极开展评优争先，落实"'一月之星'评选方案""龙溪小学学生评优细则""优秀班级评选方案"等德育制度，在班级开展"优秀少先队员""优秀学生干部""雷锋式学生""美德少年""绿色小卫士""龙小之星"等个人评优，在校内开展"体育道德风尚奖""优秀黑板报班级"年度"优秀班级"等集体评优，规范学校的德育管理，使学校班级工作始终保持良性循环。

4.主题班队会建设

主题班队会，是形成良好班风的保障，是学生德育活动的主阵地。我校主题班队会在一至三年级由学生和老师共同参与，四至六年级完全由学生组织活动。根据《龙溪小学校"多彩教育"主题班队会校本教材》上建议的每周主题，再结合传统佳节、重要节日、纪念日，确定活动主题。在活动中，学生们组织策划参与合作，既锻炼了能力，又受到了教育。每年四年级的学生都会在主题队会展示活动。2019年5月21日，我校开展了渝北区首次队会课展示活动，与龙溪片区10所学校交流了队会课的经验。

（五）丰富了多彩的活动文化

课题组持续开展多彩校园教育，多彩的校园活动就是多彩校园教育的有力体现，孩子们通过多彩的校园活动乐在其中，乐有所获。在活动文化的研究中我们的收获主要有：

1.多彩的晨会活动、人人参与

晨会活动包括"晨读经典5分钟"和"主题晨会10分钟"。"晨读经典5分钟"开启美好的一天。"主题晨会10分钟"渗透传统佳节、二十四节气等传统文化教育，让孩子们在传统文化的浸润下茁壮成长。

2.多彩的校内活动、激励学生

长期以来，我校每学期的常规活动有开学典礼、散学典礼、体育竞技运动会、庆祝元旦和六一、建队纪念日和表彰等活动。这些常规活动以多样的形式进行，丰富了孩子们的视野，做到了活动育人。

开学典礼上，孩子们在大队委的带领下齐诵新《小学生守则》，再次明确了小学生的准则；散学典礼上，孩子们从陈校长的手中接过毕业证书，沉甸甸的硕果捧在手里，喜上眉梢；运动会上，孩子们为了班级荣誉和个人风采奋力拼搏，大展身手；元旦歌咏比赛中大家在指挥的带领下或整齐划一或凸显个人才艺；"六一跳蚤市场"活动中孩子们精心准备、积极售卖，提高了市场应用能力；建队纪念日上，孩子们握紧拳头重温入队誓词，再一次接受了光荣的洗礼；表彰活动上，孩子们手捧奖状，露出纯真的微笑；在学雷锋活动中，启动仪式上大队委干部进行了倡议，各班学生代表进行"寻找雷锋足迹 弘扬雷锋精神"签名；在教师节上学校开展了"老师您好 我的好老师"征文、演讲比赛……这些活动丰富了孩子们的视野，为孩子们的校园生活增添了色彩。

3.多彩的校外活动、提升多元智能

长期以来，我校的艺术活动都是丰富多彩的，有合唱、管乐、舞蹈、版画、篮球、田径、科技，这些艺术活动每周都有固定的训练时间，并且长期参加区、市级的比赛，取得优异的成绩，既拓展了孩子们的艺术能力又提升了学校的艺术水平。

在社会实践活动中，一至三年级的学生到"宝贝梦想城"进行职业体验；四年级学生体验了奇妙溶洞，快乐探险；五、六年级学生参观了动物园，体验了科技带来的娱乐设备。

多彩的活动丰富了孩子们的校园生活，为多彩校园的构建添砖加瓦，助力前行。

（六）开设了多彩的课程文化

"多彩课程"研究小组重点对学校课程建设进行了深度研究和探索。经过两年的努力，龙溪小学根据目前学生发展需要，把学校课程分为了公民素养、人文学养、科学涵养、健康素养、艺术修养五个维度，让学生通过必修国家课程、地方课程、选修校本课程进行学习，接受"五个维度"的全方位教育。强化必修课程的落实，落实选修课程的建设，实现人人有课程、个个有兴趣、周周有新篇的课程格局。经过全校老师的共同努力，目前多彩实践课程开设了53门课，组建了53个队，让学生从个人兴趣爱好入手，培养学生科学、全面的发展。在此研究中我们收获了以下成果。

1.开足开齐课程，落实"五维"育人

完善与新课程相适应的学校管理模式和课堂教学模式，提高教育教学质量，为学生的终身发展奠定基础（表1）。

表1　课程安排

	公民素养	人文学养	科学涵养	健康素养	艺术修养
国家课程（必学）	思想品德	语文、英语	数学、科学	体育、健康	音乐、美术
地方课程（必学）	班队每月主题活动	绘本阅读、诵读经典	生活数学、科技制作	篮球、田径、足球、健康与卫生	少儿版画
校本课程（选学）	劳动（种植、养护、厨艺、烘焙）演讲	文学、英语话剧、戏剧、书法、阅读	发明制作、科技小论文	轮滑、花式跳绳、营养与保健	行进管乐、合唱团、舞蹈团
主题活动课程	升旗仪式、元旦合唱节或者元旦游园、六一龙小之星汇演、运动会（三跳、田径）、实践课堂				

形成国家、地方、学校三级课程管理机制，坚持重庆市教育委员会"1+5"行动计划，学校开足开齐课程，因校、因师、因生制宜，加强开发课程资源。每周一至周五上午，班级制学习国家课程；周五下午，全校学生"走班"选课。

2.多彩实践课程建设、奠基幸福童年

人的个性多样化乃是客观规律，关注人的发展，教育适应人的个性发展需要，这是当今国际教育改革的共同主题。

我校以"创造幸福教育，描绘多彩童年"为办学理念，认真贯彻落实国务院《基础教育课程改革与发展纲要》精神，按照重庆市教育委员会"1+5"行动计划的要求，从生活出发，自2016年9月起，开展了多彩实践课程，开设了53门课程，分为19个校队，34个年级队，努力促进学生全面而个性的发展。

通过两年的探索，我校多彩课程已经编成校本教材106本（图3）。这些教材是多彩课程的物化成果，但学校对多彩课程的深度研究还在进行。

图3　校本教材

（七）物化成果

课题组成员来自我校各个学科的中坚力量，在课题研究的过程中，课题组成员积极性高，2014—2019年在各种国家级刊物上发表论文16篇，为课题研究不断注入新的活力（表2）。

表2　"多彩教育的学校文化建设"课题组成员论文发表一览表

姓名	论文名称	发表刊物	发表时间
秦纪梅	《以"多彩教育"为主题的校园文化建设与德育渗透》	《教师》	2015.06
	《语文综合性学习的实践策略》	《科学咨询》	2015.11
	《浅谈小学语文弹性作业设计策略》	《科学咨询》	2016.03
	《浅谈思品课堂教学中如何从学生"学"的角度来评课》	《科学咨询》	2017.09
蔡玲	《激发小学生阅读兴趣提高语文阅读能力》	《文理导航》	2016.04
詹昌伟	《在教学中如何培养和提高学生信息技术能力》	《中小学教育》	2017.05
陈玲	《浅谈小学语文教学》	《小学生导报》	2018.04
余朝宏	《浅谈新课程背景下音乐常规的建立》	《科学咨询》	2014.09
甄登兰	《如何让问题意识渗透到小学语文教学中》	《未来英才》	2017.12
曾丽婷	《浅析如何让小学语文课堂呈现"童真童趣"》	《教育科学》	2018.03
吴小娟	《对小学语文情趣课堂文化的实践研究分析》	《教育科学》	2018.12
张枞羿	《多彩课堂让学生个性飞扬》	《教育》	2016.04
	《小学语文开放性作业初探》	《科研》	2017.07
	《优化作业设计提高学生素质》	《科研》	2018.05
饶显君	《简析小学语文课堂教学中的有效合作》	《教育》	2017.04
	《在小学语文的教学中如何提高学生素质》	《教育科学》	2018.05

九、影响及效果

（一）影响的辐射性

1.获奖及媒体报道

课题在研期间，我校詹丰瑞同学获得"重庆市青少年科技创新市长奖"，时任重庆市长黄奇帆为詹丰瑞同学颁奖。龙溪小学"多彩教育"得到了市长的肯定，这也是我校"多彩教育"在全市发出的第一声。紧随其后，我校"多彩教育"受到重庆电视台多次报道，《重庆日报》《重庆晚报》《重庆商报》《重庆家长报》《中国少儿版画》等多家报纸杂志也密切关注学校"多彩教育"办学特色。

《渝北时报》专版报道了我校"多彩教育"。渝北区教育委员会网站年均采纳我校稿件20余次，学校微信公众平台每年发布信息100余条，被关注数5 000人次以上。我校还被评为"区级优秀信息宣传工作先进集体"。

2.走出去，介绍"多彩教育"办学

校长陈怡在渝北区教育大会上分享了龙溪小学办学经验，在重庆市少儿美术年会上分享我校版画办学历程。

2019年4月，学校行政人员帮扶云阳县凤鸣小学，带去了我校办学思路和经验。

龙溪小学"多彩教育"随着各级各类媒体的报道逐渐在全市有了知名度，甚至因为网络的宣传，吸引了其他省市学校前来观摩、学习。

3.引进来，交流"多彩教育"办学

2017年12月14日，广东省东莞市22名骨干教师到我校进行了考察访问。2018年4月10日上午，宝鸡市高新第五小学的校长王荣一行到我校进行了参观访问。

考察团的领导老师们认为，龙溪小学在教育教学改革及学校特色建设方面卓有成效，值得学习。学校以生为本，无论是课堂展示还是课间操训练，无论是多彩课程建设还是学生艺术发展及校园文化建设，都从教育的本真出发，因材施教，为每个学生提供学习成长的平台，让每个学生都能在学校学有所得，幸福成长。

（二）效果

1.问卷

"多彩课程"开设前，前测数据显示95%的学生期待"多彩课程"。开设课程后，课题组通过问卷调查发现学生对"多彩课程"的满意度达到99.5%。这说明"多彩教育"在孩子心里生了根，开出灿烂的多彩之花。

2.学习质量高位运行

在没有进行课题的研究时，我校期末区抽测成绩长期保持在渝北区7~9名。在课题进行及实施阶段，即2014—2019年的期末考试区抽测成绩中，我校学生成绩逐年攀升，位

于全区50所小学前五（图4）。

数据说明，"多彩教育"在我校学科学习中取得了巨大的成绩，"多彩教育"对于我校发展起到了坚实的推动作用。

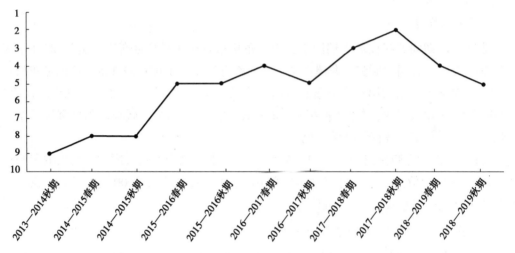

图4　2013—2019学年度龙溪小学期末考试区抽测排名图

3.素质教育全面开花

（1）学生获奖

据统计，我校学生每年获校级以上奖励比例达120%，在区级市级各类比赛中累计获奖150余人次。

通过查阅档案，统计对比我校进行"多彩教育的学校文化建设"课题研究前后期末考试，我校学生获校级及以上奖励的比例提高了42%。

（2）教师获奖

通过查阅档案，统计对比课题前后教师获奖情况，发现获奖比例有明显提升。

以2013—2014年和2018—2019年进行对比，教师获区级以上奖励的比例提高了40%（图5）。这充分说明"'多彩教育'的学校文化建设"课题对全校教师具有鲜明的促进作用。

我校教师在课题研究方面发展飞速，在美术、音乐、体育、科技等特色上有了显著的进步，这充分证明本课题对学校发展具有巨大的推动作用。

4.学校特色办学物化成果效果鲜明

我校在课题研究期间，以版画特色物化出了一系列产品，如版画文化衫、版画手提包、版画手机壳、版画书签、版画雨伞等；计算机3D打印物化出3D打印手机架；体育篮球特色物化出"大课间律动篮球操"；科学学科物化出"STEAM科技教材"，获渝北区校本教材一等奖；"多彩课程"物化出"多彩课程校本教材"53本，获渝北区校本教材一等奖。

这些办学成果受到了社会各界、各级领导、各地同仁的广泛关注和充分认可。

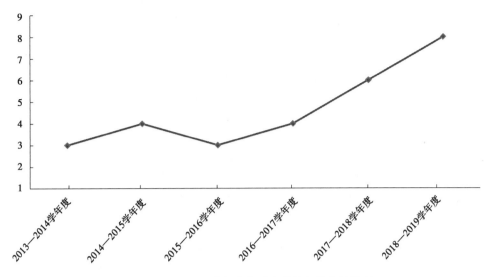

图5　2013—2019学年度龙溪小学教师获奖统计图

十、存在的主要问题及讨论

1.主要问题

"以'多彩教育'为主题的学校文化建设研究"从立项至今已有四年多的时间,在研究中我们取得了一定的成绩,但仍在实践过程中存在以下问题:

第一,课题组成员"多彩教育"的理论认识水平仍有待于提高。

第二,教师对学生个案的检测反馈力度不够。

第三,课题组对教师、学生的"多彩教育"发展性评价有待进一步完善。

2.今后的设想

(1)加强培训学习

学校提高"请进来,走出去"的广度和高度,加大对教师培训的力度,为内涵式文化发展奠定良好的师资基础。

(2)加大硬件投入

学校将在现有校园文化建设的基础上,整体规划,打造内涵式环境文化氛围。

(3)总结提升推广

我校"多彩教育"课程教学模式在实践中完善,在总结中提升,在校内外推广,以课题促进学校教学质量的全面提高,带动学生多样化能力的发展,为学生的幸福人生奠基。

十一、结论与建议

通过深入的研究,课题组结合学校文化建设的总体情况以及师生同步发展的情况,总结出以下的结论和建议。

（一）结论

1.“多彩教育”铸造学校品牌、文化建设促进内涵发展

龙溪小学地处的渝北区龙溪街道，属于旧城改造老城区，学生家长普遍为进城务工人员，家庭经济情况普遍属于中下层，父母对孩子的学习期望较大。正是基于这种本地区的社会情况，我校提出了“多彩教育”的课题，希望为每位受教育者提供适合的教育，促进学生综合能力的提升，使每位受教育者做最好的自己，改变过去学校、家长只关注成绩、不关注能力的教育现实，力求通过本课题，提升学生的社会适应能力、促进学生综合能力发展，真正践行“素质教育”。

在学校文化建设中，“个性化”是最基本的要素和精髓，是学校特色建设成功的标志。经过课题研究，“多彩教育”已成为龙溪小学最具“个性化”的标签。学校各项工作紧紧围绕“‘多彩教育’的学校文化建设”这一课题展开，经过努力，我校“多彩教育”已经在龙溪街道这片大地扎根发芽开花结果。“多彩教育”核心特征是“多元共生、和而不同、因性而教、涵养个性、培养特长”。学校的特色教育思路明确，定位清晰，并已颇具规模。

“多彩教育”已成为龙溪小学的办学品牌。经过科学、规范的研究，学校各类活动有了长效的运行机制，得到了较好的延续和发展。学校的办学特色和理念得到了进一步深化和发展。学校通过“多彩教育”文化建设的途径与方法的研究，构建起了丰富多彩的学校文化体系，从而提升了学校的建设品质，促进了学校内涵式发展。学校文化的建设有效促进了和谐校园、和谐家庭、和谐社会的建设进程。

2.研究范围广阔、研究着力点突出

本课题研究的最大特点是：范围广阔，研究着力点突出。六大文化建设涵盖学校文化建设的方方面面，主要包括：建设多彩的环境文化、优化多彩的制度文化、打造多彩的课堂文化、建设多彩的班级文化、丰富多彩的活动文化、开设多彩的课程文化。这六大板块涵盖学校文化建设的所有细节，从而对学校文化起到了提升和再造的作用。

研究着力点突出，六大文化建设板块都能找准最能体现文化特点的着力点进行打造和建设，共同实现龙溪小学“多彩教育”全角度、精准建设的特点。

3.多彩课程、乐中学，办学特色最亮点

在六大文化建设板块中，“多彩课程”的开设最具亮点。经过几年的探索和实践，每周五下午的“多彩课程”已成为学生最喜爱的课程。每周五下午，龙溪小学的孩子们都徜徉在幸福教育的课堂里，度过自己最喜爱的一段学习时光。因为是学生自己的选择，所以在乐中学，在学中跨越式成长。“多彩课程”已成为家长、社会最为关注和肯定的龙溪小学办学特色。

4.学生成绩好、综合能力强

经过课题研究，龙溪小学所倡导和坚持的“多彩教育”是素质教育的地方化实践模

式。学生不仅学科成绩优秀，而且学生的综合能力也得到了有效提升，形成良性的相互作用。沉浸在"多彩教育"滋养下的龙溪小学学生，自信的神采，活泼的身姿，卓越的能力，是本课题研究影响效果中最大的亮点。

（二）建议

为了"多彩教育"更加体系化、系统化、可持续地高素质发展，课题组建议学校针对"多彩教育课程体系"持续深入研究。同时，课题组建议全校教师能在"多彩教育"这一主体下，对自身学科进行深入研究，积极投入"多彩教育"下的学科建设。

四年多的实践与探索，充分证明了"'多彩教育'的学校文化建设"实践研究具有现实意义和长远意义，在操作过程和实验成果上科学、有效。

课题负责人：陈　怡

主 研 人 员：秦纪梅　徐吉龄　夏　旭

吴小娟　詹昌伟　饶显君

"分享课堂"实践策略研究

重庆市开州区汉丰第七小学

一、研究背景及意义

开州区汉丰第七小学作为教育部课程发展试验区的一所新建小学，教师存在理论知识薄弱、课程执行力不强、课堂教学效率低等问题。学生习惯于接受，不爱思考，影响着知识的掌握与能力的提升。基于此，课题组提出了"分享课堂实践策略研究"课题方案，以分析和研究教师的教学行为为抓手，构建科学合理的教学价值观，探究课堂教学策略，转变学习方式，提高课堂教学效率，促进学生健康发展，提高终身学习能力。

"分享课堂"是根据人的好奇、好探究、好讲理、好分享四大天性，探寻学生好分享的教育本源。以"新课改"的基本理念为指导，以教室为活动主要场所，研究学生与他人在交往过程中的分享智慧，分享学习过程中的思考和经验，实现共同成长，享受认同与尊重的愉悦。

课堂教学的本质是师生围绕文本（教学资源）共同分享的幸福旅程。我校在分享理念下的实践是根据人思考问题的三个基本单元"问题—思考—分享"，进而提出"分享课堂"教学基本流程的研究。这对于课堂如何以生为本、课堂教学中教师如何转型、课堂如何培养学生核心素养都具有重要意义。

二、理论基础及依据

1.建构主义理论

教师要成为学生建构意义的帮助者，激发学生的学习兴趣，帮助学生形成学习动机，通过创设符合教学内容要求的情境，帮助学生理解当前所学知识的意义。

2.多元智能理论

教学方法和手段就应该根据教学对象和教学内容而灵活多样，因材施教。学校的评价指标、评价方式也应多元化，使学校教育从纸笔测试中解放出来，注重对不同人的不同智能的培养。

3.《国家基础教育课程改革纲要》

《国家基础教育课程改革纲要》中明确指出："改变课程实施过于强调接受学习、死记硬背、机械训练的现状，倡导学生主动参与、乐于探究、勤于动手，培养学生搜集和处理信息的能力、获取新知识的能力、分析和解决问题的能力以及交流与合作的能力。"

4.人本主义理论

强调学习过程中人的因素，把学习者视为学习活动的主体，重视学习者的意愿、情感、需要和价值观，遵循"以人为本"的教学原则。

三、核心概念界定

1."分享课堂"

指在课堂中，教师充分发挥学生"好奇、好探究、好讲理、好分享"的个体特性，适时引导学生按"问题、思考、分享"为基本单元，学生在独学、对学、群学、展示中分享学习过程中的思考和经验，获得知识的提升，建设共同成长的一种新型课堂。

2.实践策略

实践是人类自觉自我的一切行为。分享理念下的实践是根据"问题、思考、分享"的基本单元，提出"分享课堂"教学基本流程的研究，从分享这一内在意识本体与生命本体的矛盾激发来推动学生自我解放的根本矛盾，最终通过内在需求转化为外在行为，达到自觉形成小组文化、课堂文化及班级文化，并在实践的过程中探寻问题产生、思维路径、分享方式等核心要素及课堂教学关键环节操作的经验与方法。

四、国内外相关研究综述

在国外，杜威"从做中学"教学思想提出教学要从儿童的经验和生活出发，罗杰斯提出"自由学习"和"学生中心"的学习观和教学观。我国的新一轮课程改革稳步推进，传统课堂存在的"以教定学，以本为本"的问题，教学、学法、目标、评价弊端，已经与新时代的育人目标不相适应。近年来，出现了以杜郎口中学为代表的，以展示、交流为主要特征的新教学方式，符合"学为主体，教为主导"的基本理念。各地借鉴杜郎口中学教学模式，创造和探索出了适合自己学校的不同课堂教学方式，形成了一种"类杜郎口现象"。成都、湖北部分学校也以"分享"作为教学理念，展开了相应研究。

五、研究目标及内容

（一）研究目标

（1）转变教师的教学观念和学生的学习方式，改革课堂教学结构、探索"分享课堂"教学规律、优化课堂教学模式。

（2）引导学生主动学习，激发内在学习动力，减轻课业负担，构建师生平等交流，多维互动的"分享课堂"模式。

（3）促进教师的专业发展，提升教师的课堂教学水平，教师获得专业发展和成长，成长为研究型、学习型教师。

（4）在前述研究的基础之上，探索出"分享课堂"管理模式和评价体系，为学校进行"分享课堂"管理提供参照及评价标准。

（二）研究内容

（1）通过理念与实践结合的研究模式促使教师在"分享课堂"中更新观念，转变角色，让学生成为课堂学习真正的主人。

（2）通过对"分享课堂"教学实践的研究，总结经验，科学设计，建构完善"分享教学"核心理念下的高效课堂教学模式。

（3）通过师生对"分享课堂"规则训练的实践研究，全面提升学生的课堂学习质量，为学生的深度学习奠定基础。

（4）通过对"分享课堂"评价的实践研究，改变传统的课堂评价方式，探索出一种新型的、多元的"分享课堂"评价体系，促进师生的全面发展。

六、研究对象及范围

本课题研究对象为我校一至六年级的全体师生及课堂，共52个教学班。同时，将成果在开州区太原小学、岳溪小学等小学实践。研究主要偏向"分享课堂"实践策略等方面，探讨课题研究对研究对象的实施效果。

七、研究方法及运用

1.文献研究法

课题开题前，课题组进一步综合运用各种路径进行了文献学习。如书籍、报刊、网络、考察、观摩等，特别是教育期刊，比如《小学语文教育》《小学语文教师》《小学数学教师》《语文教学通讯》《小学数学教育》《中小学数学》《教学与管理》《小学语文》《小学数学》《教学月刊》等相关文章论述，学习"分享课堂"的理论知识和实践操作，了解全国各地"分享课堂"以及分享教学的得失，深入研究并最大限度地把握与本课题相关的原理和理论，提升研究的理论层次，让课题有更明确的研究方向。在课题即将结束时，再次阅读关于教育名家专著，如《华应龙与化错教学》《教育过程最优化》《讨论式教学法：实现民主课堂的方法与技巧》和任景业教授的分享式教学理念等，理性思考课题的价值、意义和方向。

2.调查法

课题组通过调查、访谈，调查学生、教师等人群，探寻学生在课堂上的学习、成长过程中的规律，了解老师在课堂教学中的活动情况，发现问题，同时也调查了课堂的教学效果。调查中发现，课堂教学存在着以下误区：有的课堂在教师的安排下"忙碌"地交流、汇报、表演、操作、检查，很难看见有学生静静地思考；有的课堂教师淡化出场，一切学生说了算，在没有充分引导、创设高级情境的情况下，让学生想说哪一段就说哪一段，想和谁交流就和谁交流，把自主等同于放任自流，其结果是不少学生无所适从。我们还发现，教师课堂教学存在以下实践误区：教学组织上缺乏引导；分享内容上缺乏整合与梳理；方法上缺乏创新与突破；结果处理上缺乏成效。课题研究中，我们还进行了课堂教学场景、师生对话、课堂教学方式、课堂智慧创生、课堂信息反馈等多种实验前后的对比调查。

3.行动研究法

课题研究根据研究目标，认真解读新课程理念、新课程标准，通过多次讨论、论证，才确定"分享课堂"教学研究的内容。课题研究在理论文献研究的基础上，很注重实践层面的推进，包括"分享课堂"教学的理念、要素、方法、途径、评价和各学科基本要求。课题研究成果广泛用于学校课程建设、课堂教学，并在帮扶结对学校岳溪片小学进行尝试。课题研究注重问题诊断、研究计划、研究行动和过程反思，确保研究过程扎实、有实效。在实践过程中，不断探索实施"分享课堂"教学的操作策略，使理论与实践有机结合起来。

4.经验总结法

课题研究注重及时回顾总结实践研究的做法，如"分享课堂"教学校本课程体系如何构架；如何进行"分享课堂"教学校本课程星级评价等。将"分享课堂"的每一阶段实施过程都及时总结、提炼、修改、补充和完善，力求使分享课堂具有实效性和易于操作性。课题研究整理、总结出了可行性强的经验。这些经验，广泛用于学校教育、教学和校本课程建设中。

八、研究成果

（一）形成了"分享课堂"教学模式

"分享课堂"下的课堂教学，"重心下移，快乐分享"。模式的突出特点是，重点将教师从一讲到底的传统课堂中解脱出来，课堂重心从教师"教"向学生"学"发生根本转移，从学生实际出发，尊重学情，遵从学生的学习认知规律，较好地完成三维目标对教学的要求，有利于学生学业水平的提升，具有简单、易操作的特点。分享式教学模式体现了"高效课堂，追求卓越"的课堂特色，具有主动性、生动性、生成性的课堂特性。

课堂模式通常分为以下五步实施，三次信息收集。课堂环节五个基本步骤分别是独学；对学、群学；组内小展示；班内大展示；整理导学案，达标测评。课堂上的三次"回收”分别为在学生独学时，分享独立思考的成果；在组内小展示时，分享小组合作探究成果；在整理导学案，达标测评时，分享本节课的成功与收获。

根据学科的特点，构建出分享课堂下的学科教学模式。

1."分享课堂"下的语文课堂教学模式

"分享课堂"下的语文课堂教学模式见表1。

表1　"分享课堂"下的语文课堂教学模式

教学模式	主要方法、步骤
识字教学模式	创设情境、呈现问题——自主识字； 方法分享——寓识于读； 诵读分享——强化指导； 写法分享——巩固练习； 拓展分享——点拨提升
阅读教学模式	激趣导入→自读质疑→讨论探究→拓展创新
口语交际教学模式	创设情境，交际激励； 典型示范，交际引导； 合作实践，交际互动； 回顾评价，交际升华
作文教学模式	作前激情：创设情境，激发"写"； 作中明思：议引写改，明晰"写"； 作后悟法：多元评价，升华"写"

2."分享课堂"下的数学课堂教学模式

通过师生合作、交往、对话，共同体验、创造、享受彼此的经验、思想、情感、智慧、策略等方式，一起领略数学的美丽。基本模式为：复习旧知，搭建支架——创设情境，激发兴趣——自主探究，对话文本——组内对话，交流共生——全班展示，点拨提升——当堂反馈，课内补差。

3."分享课堂"下的其他学科课堂教学模式

课堂关注学生的学，让学生主动积极而自主地学习，设法培养学生的学习能力，把学生推向"前台"。基本模式为：提出问题，独立学习——小组合作，组内互学——小组展示，组间分享——反思学习，教师点拨。学生成为学习的主人，成为对自己学习负责的人，在学习中学会学习，产生成就感。

（二）建立了"分享课堂"规则

"分享课堂"规则详见二维码。

"分享课堂"
规则

（三）完善了"分享课堂"评价体系

1.教师评价

教师对每个小组学生的分享展示都要及时给予评价，肯定成绩和捕捉闪光点，对不足或错误之处给予点拨或补充。教师评价语言要精练，评价方式要多元化，如集体性的小组评价、大组评价、班级评价等。评价要多鼓励和赏识学生，尽量放手让学生动脑思考、动眼观察、动口交流、动手操作。

2.学生评价

（1）学生自评

评价自己时要评出自己的错误所在，再指出改进方向。

（2）生生互评

先肯定其他同学意见，再指出错误或不足的地方，然后更正或补充，学会用"我们小组认为他们的发言……"等句式。评价他人时，态度要诚恳，语言要文明，不取笑他人。

（四）优化了"分享课堂"教师的组织实施与学生参与

1.教师的组织实施

（1）广泛学习

每位教师大量阅读关于"分享课堂"的书籍，同时学校派老师到南京、成都、湖北、重庆主城区等地的教育名校观摩学习，并请区市级专家到校零距离指导，深入课堂手把手教学示范；请名师到校授课、解惑，区级专家培训讲座，提升了教师的业务能力和研究水平。

（2）深入实践

课题组以"分享课堂"为平台，实践课堂规则、语文教学课堂模式、课堂评价，教师不断进行自我反思和完善；搭建体验式大组教研平台，通过每期开展体验式教材解读、分享式大组教研、课例研修、每日教研、"分享课堂"教学大赛、教师论坛，每年撰写与"分享课堂"语文教学相关的论文，"分享课堂"语文教学设计大赛及命题大赛等校本教研活动形式，分享实践经验，完善"分享课堂"的相关资源。

（3）论证提高

在学习实践的过程中，我们主要以现代教育理论、新课程标准为指导，以第一线研究老师为主体，以专家指导为导向，注重经验反思和交流，边实践边论证研究方法的可行性，研究内容的科学性，研究成果的实效性与可操作性，并及时物化、对外推广。

2.学生的参与

（1）第一步：独学。要求：找出问题。

在独学环节开始之前，通常要进行对上节课有关知识的反馈检查和新课的导入。

①检查反馈。在检查内容和检查对象上要注意分层次，并重点关注C层次学生（即潜能生）。是否需要检查，或者检查哪些内容和哪些学生，可依照上节课导学案整理过程中

和达标测评过程中暴露的问题或学习组长反馈上来的情况而定。

②新课导入。导入虽然不作为课堂的一个基本步骤来看待，但它"教学艺术不在于传授本领，而在于激励、唤醒、鼓舞"。导入的作用主要体现在激发学习动力、调整学习状态、创设学习情境、建构知识系统等方面。导入新课后要明确本节课的学习目标。

③独学。高效课堂下的学生独学，以导学案为抓手，以发现问题、解决问题为主线，并运用双色笔就独学过程中存在的问题做标注，带入对学、群学中解决。独学是培养学生良好学习习惯和学习能力的关键，独学是学生最重要的学习方式。教师要特别关注学生的自主学习行为，所有能有效促进学生发展的学习，都一定是自主学习。而发展的即时感受大多表现为茅塞顿开、豁然开朗、悠然心会、深得吾心；表现为怦然心动、浮想联翩、百感交集、妙不可言；表现为心灵的共鸣和思维的共振；表现为内心的澄明与视界的敞亮。教师在巡视时应留心观察学生独学的状态是否投入，是否入情入境、入心入神。高效课堂上学生自主学习状态之所以普遍较佳的原因之一，是后面的展示环节所创设的学习情境更好地激励了学生自学。

④第一次学情调查。独学时，教师的主导作用体现在巡视调查，了解学生学习进度、对导学案独学内容的掌握情况（即基础类题目），并据此确定独学的时间，适时转入下一步学习。这也就是"三收"中的第一次学情调查。

（2）第二步：对学、群学。要求：尝试解决问题。

对学、群学环节仍然是以解决问题为主线，首先通过同质学生的对学，力求解决独学过程中存在的问题；然后以学习小组为组织单位，由学习组长组织成员对照导学案开展有效的合作、探究、对子帮扶，真正实现兵教兵、兵强兵、兵练兵。

对学、群学的过程，既是解决独学中存在问题的过程，也是发现新问题、探究新问题、解决新问题循环往复，不断提升的过程。课堂借此培养学生发现问题、研究问题、解决问题的能力和创造能力。

（3）第三步和第四步：组内小展示和班内大展示。要求：暴露问题、解决问题。

①展示的基本原则——"三性"。无论是组内小展示还是班内大展示都要明确，展示是提升，绝不是各小组对导学案上问题答案的重复性讲解。为此要突出展示的三大原则，即问题性、互动性、创生性。

"问题性"是指从展示的内容上来讲，要展示共性度高的问题或易错点；"互动性"是针对展示的方式上来讲，要体现出师生、生生的交往，可以是疑难求助、对话交流、质疑对抗、文本批判、合作表演、诗歌朗诵等多种形式的互动交流；"创生性"是指从展示的价值体现上来讲，包括学习的方法总结、规律探寻、学习的新发现、新思考、新感悟或新的成果展示等。这样就避免了展示不高效的情况，也真正体现出展示环节的必要性。这种生成既有预设中的生成，也有课堂即时性的生成，无论哪种生成都必须是有效的生成，而不是漫无边际、脱离主题的生成。

新课程下的课堂教学是开放的课堂、动态生成的课堂。一堂课缺乏动态生成性，这堂课一定是不精彩的，也很难感受到"生命的狂欢"。

②小展示和大展示的区别。二者的区别在于展示的范围不同，问题的共性度不同，内容的层次不同。

小展示是由小组长组织的在组内进行的展示，目的是展示对学、群学的学习成果，暴露对学、群学中尚未解决的问题，并由学习组长将学习成果或暴露问题汇报给老师，便于教师把握学情，进行大展示。

大展示是全班范围内由教师组织的展示，教师的主导作用和课堂教学机制在本环节将得以展示，好教师主导作用的体现就像《学记》中所说的："道而弗牵，强而弗抑，开而弗达。道而弗牵则和，强而弗抑则易，开而弗达则思，和易以思，可谓善喻也。"具体体现在：点拨、追问、即时评价等。大展示过程中力求达到课堂的动态生成效果，从教师的主导作用上来讲，教师要研究学生的最近发展区，适时追问、点拨、启发、引导，让学生"跳一跳能摘到桃子"，自主寻找解决问题的方法。同时，教师要及时评价学生展示情况，创设学习情境，激发学生学习内驱力。

③第二次学情调查。组内小展示时，进行第二次学情调查，调查的方式可以是教师巡视指导和学习组长的反馈。教师就小展示暴露出来的问题和小组备展的内容，灵活调整预设的时间安排；确定大展示的内容、时间，组织全班进行大展示。

（3）第五步：整理学案，达标测评。要求：生成能力。

通过前面的小组学习与展示，学生回到座位整理导学案，而后教师组织达标测评。

①学案整理的内容。主要包括对疑难问题的整理、个性化重难点、生成性知识整理、知识系统梳理，将这些内容整理在纠错本或者导学案的设定位置，并就重点内容用好双色笔标记。导学案整理一方面是为了课堂上的问题变为有价值的知识，另一方面是方便学生以后的复习。

②达标测评。教师根据导学案最后的测试题（也可以临时添加题目）组织小对子、小组长检查或抽测。题目的设计上要体现分层次的原则，按照基础题、提高题、拓展题，要简而精。达标测试检查的形式灵活多样，教师可以组织小组长之间互查、小组长检查或是抽查部分学生，但最终要达到把握学情，了解每一名学生的学习情况，尤其关注潜能生。这也是对下一节课反馈检查的主要依据。

③第三次学情调查。整理导学案，达标测评时进行的是第三次学情调查，教师了解整节课学生掌握的情况，分析不同层次学生存在的薄弱环节，作为下节课课前反馈和单元测试的依据。

（五）取得的主要课题成果

课题组主要的成果详见二维码。

课题成果

九、研究影响与效果

本课题注重理念架构，围绕问题、思考、分享三个关键词，进行"分享课堂"教学的策略与模式研究。课题注重总结出一套适应新课程改革的有效课堂教学策略体系，形成以分享式课堂教学为特色，以分享尚善文化为核心的学校发展内涵。"分享课堂"充分发挥学生作为学习的主体，注重学生在课堂学习中的体验分享，在分享中自我提升，养成良好学习方法，感受到学习上的成功。"分享课堂"通过师生、生生间的互动分享学习，使学生具有良好的人文精神和合作竞争能力，具有良好的创新精神和实践能力。

十、问题与讨论

本课题重点对"分享课堂"教学模式、"分享课堂"规则的建立、"分享课堂"评价的完善、"分享课堂"教师的组织实施与学生参与进行了研究。初步建立了"分享课堂"教学模式，并应用于实际教学中，全面提高了学生综合学习能力，建立起良好的学习规则，形成了较为完善的学习评价体系。综合课题研究成果发现，"分享"教育中学生、教师等主体参与对象的成长，有哪些积极的因素影响，对其终身学习和发展有哪些帮助还有待于进一步研究。另外，在分享教育的实施过程中，缺乏与家庭、社会等有机的整合与联动，没有充分建立起家校共分享、共育人的长效机制。

十一、结论与建议

（1）"分享课堂"下的课堂教学，具有主动性、生动性、生成性的课堂特性，将教师从一讲到底的传统课堂中解脱，课堂重心从教师"教"向学生"学"根本转移，从学生实际出发，尊重学情，遵从学生的学习认知规律，让学生分享成功的快乐，有效激活学生的内驱力，极大程度地提升学生学习能力和学业水平。

（2）"分享课堂"围绕问题、思考、分享三个关键词，形成了"分享课堂"教学的策略、模式，促进了学生在课堂学习中的体验分享，在分享中的自我提升，学生成为学习主体，养成良好的学习方法，感受到学习上的成功，从而具有了良好的人文精神和合作竞争能力以及良好的创新精神和实践能力。

（3）"分享课堂"教学要把握一些基本特征，善于根据影响分享课堂教学有效性的因素研究出与之相对应的策略，真正提高分享课堂教学的有效性。分享式教学应该做到问题由学生提出，方法由学生探究，给学生充分的展示自己的机会和平台。

（4）学校必须在途径、方法的直观性、可操作性的基础上，实现途径、方法的多元化、多样化，并保障多元多样途径与方法之间的默契配合，灵活运用。

课题负责人：邱永富

主研人员：刘勤学 黄 鑫 王 祥

李贤军 程 燕 王云祥

图画书阅读中幼儿学习品质培育的实践研究

重庆市渝中区人和街小学附属幼儿园

一、研究背景及意义

（一）课题的提出

优良的学习品质能为幼儿的全面、可持续发展打下坚实的基础，关于幼儿学习品质的研究是学前教育领域一个重要的研究方向。

《3—6岁儿童学习与发展指南》强调，应"重视幼儿的学习品质，要充分尊重和保护幼儿的好奇心和学习兴趣，帮助幼儿逐步养成积极主动、认真专注、不怕困难、敢于探究和尝试、乐于想象和创造等良好学习品质"。同时在健康、语言、社会、科学、艺术五个领域中也具体提出了幼儿学习品质培育的目标与教育建议，自始至终渗透着对幼儿学习品质培育的重视。

《幼儿园教育指导纲要（试行）》指出，要"利用图书、绘画和其他多种方式，引发幼儿对书籍、阅读和书写的兴趣，培养前阅读和前书写技能"等。图画书阅读能激发幼儿的阅读兴趣；能让幼儿倾听和表达，提高幼儿的语言表达能力；能激发幼儿自由想象，丰富儿童的想象力；能给幼儿带来各类情绪情感的体验，促进社会性发展；能扩展知识面，提升认知能力；能丰富幼儿审美表象，提高审美能力，促进幼儿全面发展。

人和街小学附属幼儿园从2010年开始进行幼小衔接研究。为了让我园的幼小衔接研究更加以儿童为中心，更具有实效性，我们将研究的焦点转向在图画书阅读中培育幼儿的学习品质。

（二）研究意义

1.理论意义

丰富关于幼儿学习品质的相关研究。本课题力图较系统、全面地掌握幼儿学习品质的内涵与特征，了解培育幼儿学习品质的新方法，为幼儿的可持续发展提供支持，落实儿童中心的教育理念，让幼儿成为学习的主人。

通过研究提升幼儿的学习品质，提高幼儿升入小学一年级的适应性，促进幼小衔接工作的有效开展，并为区域幼儿学习品质的培育提供可借鉴的经验，进一步充实和完善幼小衔接的理论研究。

2.实践意义

促进幼儿阅读能力的发展，为幼儿终身发展奠基。学习品质是对幼儿终身学习具有重要影响的基本素质，对幼儿的独立思考与学习能力的增强、创新精神与能力的培养乃至全面和谐发展具有重大意义。本课题着眼于幼儿长远甚至终身发展的需要，是幼儿有效学习的必需，能促进幼儿阅读能力的发展，为幼儿一生的发展奠定基础。

丰富幼儿园的特色课程，提高幼儿园办园质量。我园已开展了多年幼小衔接研究，本课题是在原有研究基础上进一步的拓展和深化，注重理论与实践的联系，针对性、操作性强，有利于解决工作中的实际问题。这将丰富幼儿园的特色课程，在更广的范围和更深的层次上实施幼小衔接，提高幼儿园办园质量。

二、理论基础及依据

（一）心理学基础

韦克斯勒曾收集了众多诺贝尔奖获得者的资料，发现这些诺贝尔奖获得者都具有以下共同特征：旺盛的求知欲、强烈的好奇心、知识面广、善于观察、丰富的想象力、长时间专注于某个感兴趣的问题等。

布鲁纳提出，应启发儿童自主地学习，逐步培养和形成学习的行为和习惯。现代心理学认为，培养幼儿的自主学习能力，是以良好的学习品质为基础，以一定的学习策略做保障。阅读是培育幼儿良好学习品质，培养自主学习能力，让幼儿变得能学、想学、会学的一条重要途径。

皮亚杰的认知发展理论揭示了学习发生发展的规律，对幼儿教师认识和指导图画书阅读活动有很大启示。实施图画书阅读活动时，要铭记儿童才是主动学习的主体，在阅读材料内容上不断丰厚并科学化，同时引导幼儿结合自身认知发展水平主动探索学习，习得自主阅读能力，促进口头言语同书面语言的对应，在实施方式上提升幼儿的参与度和积极性，以利于幼儿学习品质的发展，利于幼儿终身阅读能力的提高。

（二）教育学基础

幼儿教育是终身教育体系中必不可少的组成部分。幼儿教育作为终身教育的起始环节，要致力于培养终身学习者。通过阅读活动，培养幼儿基本的学习兴趣，教会幼儿基本的学习技能，初步养成幼儿的学习习惯，形成良好的学习品质，为幼儿提供一个文化富有的环境，在幼儿教育中融入终身教育理念，使幼儿园真正从小学的预备阶段转变为人生学习的初始阶段。

三、核心概念界定

1.图画书阅读

图画书阅读是以图画书为阅读素材开展幼儿早期阅读的重要方式，是儿童从图文合奏的叙事模式中获取意义的活动，包括对文字和图画这两种社会文化语言符号进行辨识和语义建构，并对文本进行复杂诠释的过程。

2.学习品质

学习品质是指倾向、态度、行为习惯、方法、活动方式等与学习密切相关的基本素质，是在早期开始形成与发展，并对幼儿现在与将来的学习都具有重要影响的基本素质。包括好奇心、学习兴趣、认真专注、积极主动、敢于探究和尝试、乐于想象和创造等学习素质。

本课题中的学习品质是指与图画书阅读相关的学习品质，在幼儿期的表现包括好奇与兴趣、主动性、坚持与注意、乐于想象和创造、反思与解释五个方面。

四、国内外研究综述

1.关于学习品质的研究

在国外，对幼儿学习品质的研究主要集中在美国。学习品质是美国各州制订早期儿童入学准备标准的一个重要领域。我国也有学者对幼儿学习品质做了相关研究。

美国国家教育目标委员会指出，学习品质通常受两个因素的影响，一是先天因素或早期倾向；二是学习风格。王宝华和冯晓霞通过研究发现，影响学习品质的因素是多方面的，有生理的和心理的，有个体的和社会的，有内部的和外部的。

国内外学者认为，学习品质不论是对个体发展而言，还是对学校、社会，都具有重大意义，具有良好学习品质的儿童在学校更有可能获得学业成功。汪乾荣和姚天勇认为必须通过优化教育途径来培养学生优良的学习品质。马淑仙认为要培养学生良好的学习品质，最重要的是要激发学生的学习兴趣。

2.关于儿童图画书阅读的研究

国外对儿童图画书阅读的研究以松居直为代表，探讨了图画书的特点以及其与儿童的关系、亲子阅读以及经典图画书赏析等。国内儿童图画书阅读研究主要涉及经典图画书欣赏及创编研究、图画书阅读价值的理论探讨以及图画书阅读的应用研究。

方卿提出，图画书阅读对儿童的语言、想象、思维、情感、社会化及审美能力发展都具有重要的价值。孙莉莉认为，图画书阅读的重点在于支持幼儿将阅读作为拓展经验的手段和方法。

综上所述，我们发现：对幼儿图画书阅读的理论探讨多于实践探索，对在阅读中发展幼儿良好的学习品质探索的深度和广度不够。对学习品质的重视程度越来越高，但以幼儿为主要研究对象的研究很少，尤其是如何在图画书阅读中培养幼儿学习品质的研究更是少之又少。

图画书是培育幼儿良好学习品质非常重要的媒介，因此"图画书阅读中幼儿学习品质培育的实践研究"具有一定的研究价值。

五、研究目标及内容

（一）研究目标

（1）形成在图画书阅读中发展幼儿良好学习品质的科学理念。研究各年龄段幼儿在阅读中学习品质发展的目标要求，帮助教师和家长形成科学理念。

（2）探索在图画书阅读中发展幼儿良好学习品质的方法策略。通过研究总结提炼促进幼儿良好学习品质的形成和阅读能力的提高，促进幼儿有个性的发展。

（3）提升教师的研究能力和专业水平。通过研究进一步深化幼儿园幼小衔接中养成教育的研究成果，促进幼儿园幼小衔接工作的开展，提升我园的办园质量。

（二）研究内容

（1）调研现状，了解3～6岁大、中、小班幼儿在图画书阅读中学习品质的不同表现。

（2）调查、了解教师在图画书阅读中发展幼儿学习品质的困惑，研究图画书阅读中发展幼儿学习品质存在的主要问题。

（3）探索在图画书阅读中发展幼儿良好学习品质的有效方法和途径。

（4）充分利用和挖掘图画书内容来发展幼儿良好的学习品质，建立幼儿感兴趣的，适宜发展幼儿学习品质的图画书资源库。

（5）追踪调查，评价幼儿学习品质的发展。

六、研究对象及范围

本研究对象主要涉及重庆市渝中区人和街小学附属幼儿园和人和长安幼儿园全体教师、幼儿和家长。

七、研究方法及运用

本课题主要采取行动研究的方法，同时综合运用文献研究法、调查研究法、观察法等方法，来研究利用图画书阅读培养幼儿的学习品质，具体方法步骤如下：

1. 文献法

本课题从理论方面，查阅大量相关学术性文献，分析和梳理国内外幼儿学习品质发展研究的现状以及问题，更新观念并学习有价值的做法。另一方面，基于园本实践研究，查阅和梳理了幼儿园有关"书香润童年"读书活动历史性研究和文档资料，同时，搜集实践中与本研究相关的文本材料，以总体把握和呈现幼儿园现实实践情况（图1）。

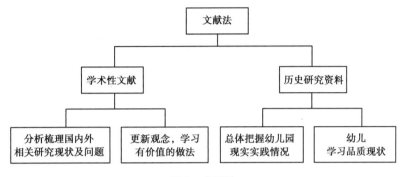

图1　文献法

2. 调查法

拟定"幼儿阅读情况家长调查问卷"和"幼儿阅读情况教师调查问卷"，对全园幼儿阅读状况进行摸底调查，了解幼儿学习品质现状，了解家长及教师在图画书阅读中对幼儿学习品质培育的实际情况，探讨影响幼儿学习品质发展的因素。

采用多种访谈形式，选取实验班级的教师和家长作为访谈对象进行访谈。同时，根据研究推进，灵活调整访谈内容，并做好每次研讨中专家、园长和教师们集体讨论和发言的记录，及时整理访谈资料，同时结合问卷调查的结果，探析教师、家长的观念和幼儿的学习品质行为现状，为相关研究提供有效的论证支持（图2）。

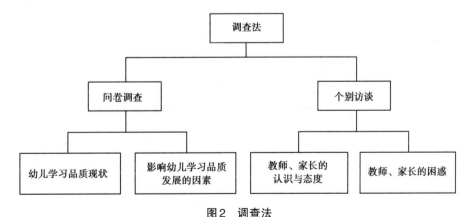

图2　调查法

3. 观察法

从研究初期，每年段设一个实验班，以"小课题"为切入点，对实验班级图画书阅读中幼儿学习品质发展情况进行跟进观察，包括每周二绘本阅读日、区角绘本阅读活动、阅览室自主阅读活动等；课题研究中后期，进一步关注幼儿一日学习生活中的学习品质行为表现，有目的地观察教师从观念到行为的转变情况、观察幼儿学习品质的发展变化情况，并收集整理真实、典型的案例（图3）。

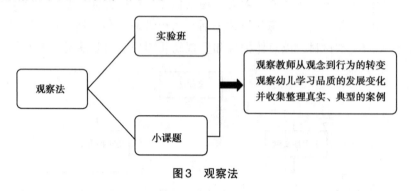

图3　观察法

4.行动研究法

采取"问题切入—制订计划—实践探索—反思调整"的研究方式解决研究中的实际问题（图4）。具体研究进程如下：

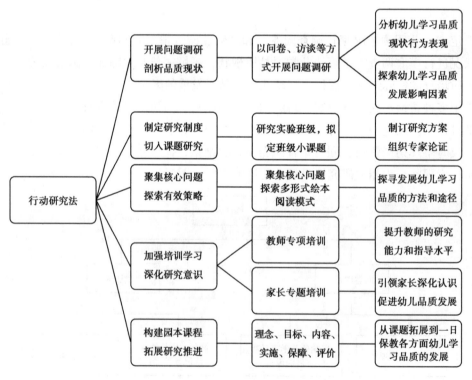

图4　行动研究法

（1）开展问题调研，剖析品质现状。基于多种图画书阅读活动，以问卷、访谈等方式开展问题调研，探析幼儿图画书阅读中学习品质现状的行为表现及影响因素。

（2）制订研究制度，切入课题研究。确定研究实验班级，拟定实验班级小课题，制订研究方案，组织专家论证。

（3）聚焦核心问题，探索有效策略。聚焦图画书阅读中幼儿学习品质的核心问题，在理论学习与实践中，探索在集体、小组、自主等多种形式的图画书阅读活动模式中，促进幼儿学习品质发展的教师有效提问、教师和家长的有效支持策略，探寻在图画书阅读中发展幼儿学习品质的有效方法和途径。

（4）加强培训学习，深化研究意识。从自主学习到专题培训，提升教师解读、设计、组织图画书阅读教学活动的驾驭能力和指导水平；对全园家长进行专题培训，深化家长的认识，引领家长用科学的方法开展亲子阅读。

（5）构建园本课程，拓展研究推进。构建基于图画书阅读的园本课程，不断调整和完善理念、目标、内容、实施、评价等，在不断研讨—践行—反思—调整的过程中，从图画书阅读中幼儿学习品质发展，逐步拓展推进到幼儿园一日保教各方面幼儿学习品质的发展。

八、研究成果

（一）形成了"图画书阅读中幼儿学习品质的现状"调研报告

通过发放问卷，进行访谈，观察儿童在图画书阅读中的行为表现，形成了"图画书阅读中幼儿学习品质的现状"调研报告，为区域幼儿学习品质培育提供借鉴和参考。

调研发现，在图画书阅读中培育幼儿的学习品质，应为幼儿创建优质的阅读环境，营造浓郁的书香氛围，选择适宜的图画书，提供更多的阅读机会和阅读材料。

结果显示，97%的家庭有专为孩子设置的阅读空间，并进行亲子阅读；家长为孩子购买的书籍包括多种类型；孩子阅读频率从每周2~3次增长为天天看，单次阅读持续时间从10~15分钟增长至20~25分钟；93%的孩子能坚持看完一本书，并在阅读中提问；96%的孩子能认真观察画面，经常与家长交流阅读感受；但在"想象和创造""反思与解释"方面需进一步提高。

（二）提炼了图画书阅读中幼儿学习品质发展的策略

1.书香环境，点燃阅读激情

课题组为儿童创设温馨舒适的阅读环境；创设与阅读材料有关的故事情境，准备有助于儿童理解图画书内容并进行演绎的材料（图5）。充满书香的校园环境，对幼儿有着潜移默化的影响，时时处处唤醒幼儿的阅读愿望，点燃幼儿的阅读激情。

2.适宜图画书，支持有效阅读

在选择图画书时，可以参考专家和研究者的推荐或参考获奖的绘本书目。如曾获全球儿童图画书"国际安徒生文学大奖""美国凯迪克奖"和"英国凯特格林纳威奖"三大奖项的图画书；结合幼儿的年龄特征、性别差异和兴趣爱好，科学选择与幼儿的能力水平及生活经验相契合的图画书；充分考虑文字的适宜性、文学性及图画的完整性、趣味性，选择能吸引幼儿阅读的图画书（图6）。适宜的图画书，能支持幼儿的有效阅读，发展幼儿的兴趣、专注与坚持等学习品质。

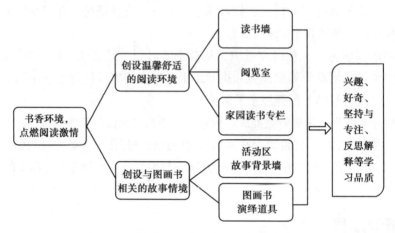

图5　书香环境，点燃阅读激情

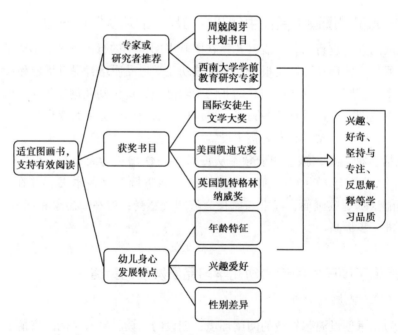

图6　适宜绘本，支持有效阅读

3.多样阅读，丰富阅读经验

多样阅读，丰富阅读经验主要从幼儿多元阅读、幼儿阅读沙龙、幼儿小组共读三个方面入手（图7）。

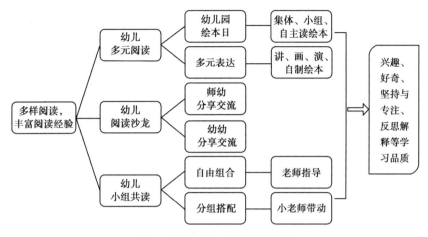

图7 多样阅读，丰富阅读经验

（1）幼儿多元阅读

采用集体、小组、自主阅读等多种形式，通过绘本剧表演、讲图画书故事、画图画书故事等多元方式表达对图画书的理解。

自制图画书、修补图画书等，让图画书融入幼儿的生活，无处不在无时不在，时刻浸润幼儿的心灵。

多元阅读表现形式，激发幼儿的阅读兴趣，让幼儿更加专注、持续地进行阅读，引导幼儿养成良好的阅读习惯和优秀的学习品质。

（2）幼儿阅读沙龙

指导幼儿开展阅读沙龙活动，进行师幼、幼幼分享交流，调动知识库存，把已有的知识重新组合、迁移，充分表达对所阅读图画书的理解。培养幼儿的协作精神、人际交往能力，拓宽幼儿的知识面，激发幼儿的阅读欲望。

（3）幼儿小组共读

共读小组的组成可以是幼儿自由组合，也可以结合幼儿的理解能力、知识面及兴趣爱好，同时考虑性格、性别诸因素，进行分组。阅读前，要提出要求，布置一定的阅读任务；阅读后，针对阅读材料进行提问，帮助幼儿理解阅读内容。对于自由组合而成的共读小组，教师在必要的时候加入小组，和幼儿一起阅读。

4.有效指导，搭建发展支架

给幼儿更多体验读本内容的机会，引导幼儿与读本直接对话，对画面情节进行连贯观察，关注画面细节，并表达对图画书的情感体验（图8）。

教师在进行指导时，善于捕捉幼儿的反应，抓住时机，适时指导。提问要合理有效，应充分考虑幼儿的"最近发展区"，符合幼儿的发展水平；提问要具有一定的层次性，以观察性问题为主，引导幼儿理解图画书内容。

有效的指导为幼儿学习品质的发展搭建支架，促进幼儿兴趣、好奇、坚持、专注、想象、反思解释等学习品质的发展。

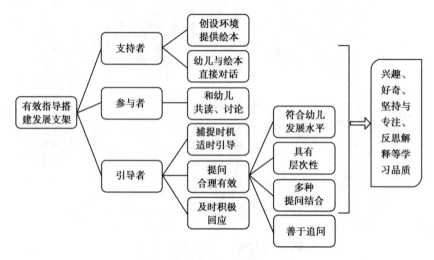

图8 有效指导，搭建发展支架

5.家园共读，促进品质提升

家园共读，促进品质提升，主要有资源共享、亲子共读、阅读交流三个方面（图9）。

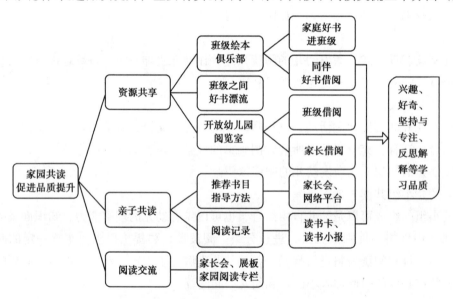

图9 家园共读，促进品质提升

（1）资源共享

成立班级绘本俱乐部，开展"家庭好书漂流进园"图画书借阅活动。开放班级图书角和幼儿园阅览室，幼儿每周不仅可以和同伴之间进行绘本借阅，还可以把班级的绘本和幼儿园的绘本借回家阅读，也可以到别的班级借阅绘本。

资源共享，激发了幼儿和家长的阅读兴趣，增强幼儿的阅读意识。

（2）亲子共读

利用家长会、班级群等平台，对家长进行亲子阅读方法指导，不定期开展亲子读书活动分享、亲子读书卡、读书小报展示。

（3）读书交流

通过家长会、家长开放日、班级群等多形式和渠道，倡导家长放下手机，拿起书本，和孩子一起阅读，并定期向全园家长和教师推荐阅读书目，向家长征集亲子阅读中的困惑，利用专门的时间进行亲子阅读交流。

（三）构建了各年龄段幼儿在图画书阅读中学习品质发展的目标体系

结合课题研究目标，研究中对幼儿学习品质现状进行观察、分析、研讨，构建了大、中、小三个年龄段幼儿在图画书阅读中学习品质发展的目标体系。

（四）建立了图画书阅读课程资源

收集课题研究过程中的活动设计，建立图画书阅读课程资源，由重庆出版社出版幼儿园园本阅读课程教师指导用书《绘本悦读》。

（五）促进了教师和幼儿的发展

通过课题研究，教师的教学理念不断提升，观念得到转变，对幼儿阅读活动的指导能力得到了提高；业务水平和教学能力得到了巨大的提升，参加各级各类教育教学比赛，成绩突出；科研能力得到了发展，形成了丰富的学术成果，发表二十余篇论文，四十余篇论文获国家、市、区级奖；小学老师普遍反映幼儿升入小学后适应性较强，能较快适应小学的学习和生活。

九、研究效果与影响

（1）通过研究，形成了一系列图画书阅读中幼儿学习品质发展的策略，促进了幼儿学习品质的发展，为幼儿一生的可持续发展奠定了基础。

（2）通过研究，转变了教师的教育教学行为，促进了教师的专业成长。

（3）通过研究，让我园的幼小衔接研究更加以儿童为中心，更加具体可操作，更具有实效性，克服了小学化倾向，提升了幼儿园的办园质量。

（4）发挥辐射带动作用，为区域幼儿学习品质的发展提供借鉴和参考。课题研究以来，引起了幼教同行的广泛关注，研究成果逐步推广。全国、市、区会议交流十余次。其中，课题主持人张凤的论文《基于绘本阅读下的园本课程的构建》、田楠的论文《小班语言听说游戏策略》在第九届全国幼儿园语言教育研讨会上交流；接待国内外同行参观交流学习多次，其中接待了四川、广西、新疆等地的国培学员跟岗学习，组织绘本教学观摩活动数十次，得到学员们的好评；多次进社区进行绘本剧表演等。同时，通过多形式的学习培训和活动，作为另一个教育主体的家长也逐渐对科学的幼儿学习品质发展观念有了新的认识，并不断延伸辐射到社会大众中，为促进幼儿终身学习、推动教育现代化贡献力量。

十、问题与讨论

通过开展"图画书阅读中幼儿学习品质培育的实践研究"课题研究，我们发现，目前研究工作重视对绘本阅读中培育幼儿学习品质的共性问题进行学习、实践和研讨，这对提高教师的整体认识与教学能力有积极的意义，而在图画书阅读中培育幼儿批判与反思解释学习品质的探索深度和广度不够，尤其对幼儿个体的研究探索往往不够深入。

幼儿学习品质培育的研究，对于幼儿的幼小衔接乃至一生的发展具有重大意义。结合小学办园的优势，对幼儿批判与反思解释的学习品质和幼小衔接的研究会在我园长期实施和开展。

十一、结论与建议

综上所述，图画书阅读中幼儿学习品质培育是一个教师、幼儿、家长等多主体共同参与、交流、对话与长期强化的过程。近几年的研究收获是：

（一）通过研究，促进了幼儿学习品质的发展

幼儿在丰富多彩的阅读活动中，不断成长，在阅读兴趣、专注、坚持、反思解释等学习品质方面都较研究前有较大的改观、长足的进步。升入一年级后适应能力也大大提高，普遍都能较快适应小学生活。

（二）通过研究，转变了教师的教育教学行为，促进了教师的专业成长

在研究过程中，我们明显地看到教师在用《3—6岁儿童学习与发展指南》指导自己的教育教学观念，自觉进行着对自己教育教学行为的反思，积极总结提炼，撰写观察记录、案例和论文，并且将其中有共同研究价值的问题提升为小课题进行研究，形成了良好的教科研氛围。

由于研究的落实，促进了教师队伍的成长，课题组成员及全园教师利用课题优势，积极撰写论文、案例，多位教师在市、区级获奖。

（三）通过研究，克服了小学化倾向，提升了幼儿园的办园质量

图画书阅读活动中儿童学习品质培育的实践研究，淡化办园的功利性，突出为儿童终身发展奠基的价值取向，克服幼儿园办园中重知识衔接的小学化倾向，办园质量逐步提升。

课题负责人：张　凤

主研人员：陈安琼　董红霞　王　莉

余　佳　郭欣欣　刘　艳

"爱雅"体验式园本课程实践研究

重庆市沙坪坝区实验幼儿园

一、研究背景及意义

（一）关注体验学习，实施科学保教

《幼儿园教育指导纲要（试行）》指出："幼儿园教育应尊重幼儿的人格和权利，尊重幼儿身心发展的规律和特点。"基于此，课题组充分利用一日活动，构建了包括生活小能人、亲子乐游派、户外运动体验、乐艺多艺术体验、"爱雅"梦想园组成的个性化多元体验式课程，营造真实情境调动幼儿体验积极性，帮助幼儿获得在语言表达、科学认知、艺术创想、社会交往、身心健全上的体验需求，真正实现了幼儿在经历中成长、在操作中进步、在体验中发展的目标。

（二）优化课程结构，提升教育质量

沙坪坝区实验幼儿园（以下简称"沙实幼"）课程改革坚持以儿童为中心，不断推进贯彻落实《3—6岁儿童学习与发展指南》精神。但在教学实践中发现了一些问题，如：幼儿园一日活动时间安排零碎；每日集中教学内容偏重；主题课程内容、目标较为统一；幼儿在感知体验中游戏、学习活动还不够充分、缺乏特色等。由此，我们重构一日课程的活动安排，本着"在情境中学习、在体验中成长、在合作中发展"的宗旨，提出了"S—E—S教学法"，变被动听为主动说、大胆做并构建起多元化的"爱雅"体验式课程，以满足幼儿的差异化发展需要，不断优化园本课程的结构，提升教育教学质量，促进幼儿的全面发展。

（三）打造优质团队，提升教师专业素养

《幼儿园教育指导纲要（试行）》《国务院关于当前发展学前教育的若干意见》《幼儿教师专业标准》等文件的出台对幼儿教师在知识素养、能力素养诸方面都赋予了崭新的内容。我园秉持在实践中做课题的态度，将课题研究与日常工作紧密结合，分层建立不同的

教师研修共同体，明确细化各团队研究任务，以互助共学的方式，帮助教师深化认识，提升教学智慧。充分发挥团队力量，以课题研究为载体推动全园教师专业水平的提高，真正实现课题研究、课程构建、幼儿发展、教师成长、园所提质的多赢局面。

二、理论基础与依据

1.体验式学习理论

1984年美国凯斯西储大学组织行为学教授大卫·库伯出版专著《体验学习——让体验成为学习与发展的源泉》，正式提出体验式学习理论，即注重为学习者创设真实或模拟的活动情境，学习者在与他人和环境的交往中获得个人经验。"爱雅"体验式课程以"体验"为关键词，构建了包括"学习体验、生活体验、游戏体验"在内的体验式课程类型，提出"情境激趣、操作体验、合作分享"三步教学法，遵循通过幼儿的体验、交流和反思来完成知识的内化，并最终用于指导幼儿的行为实践。

2.人本主义学习理论

人本主义学习理论代表罗杰斯把学习分为有意义学习和无意义学习两大类，对接意义学习的三大标准，我们做如下阐述：第一，"爱雅"体验式课程就是把幼儿感兴趣的、在生活中经常遇到的真问题纳入课程内容中，结合幼儿的兴趣、年龄等多方因素，致力于生成幼儿真正关心的和价值的真问题课程。第二，意义学习是全身心投入的学习，"爱雅"体验式课程就是注重幼儿亲身实践的意义学习。第三，意义学习是内发的学习，"爱雅"体验式课程重视幼儿的内在学习，是以幼儿为主体的学习，通过教师创设各类体验环境激活幼儿学习的内在驱力，促使幼儿通过亲历实践去积累经验。

三、核心概念界定

1."爱雅"

"爱雅"源于我园"爱启未来，雅行一生"办园理念。旨在培养幼儿对生活、学习及周围人、事、物积极的情感态度，健康阳光；形成优雅的言行举止，积累优良品质习惯；经历快乐的学习探索过程，丰富对未来学习有用的经验，让个性化的兴趣爱好得以启蒙；成为"阳光有爱、优品有行、乐学有梦"的现代儿童，成为文雅、优雅、博雅、高雅的未来所需之人。

2.体验式

体验是通过自己的感知器官对人或物或事情进行了解、感受，并在实践中认识事物，亲身经历，留下印象，是以身体之、以心验之、以思悟之的一种亲力亲为的活动。"体验式"是指在"爱生活，雅行课程""爱交往，雅言课程""爱探索，雅思课程""爱创想，雅格课程"的"四爱"课程中，以创设各种与幼儿学习与发展需求相关的教育情境，引发幼儿通过"亲身体验—大胆表达—反思交流—尝试运用"的学习方式循环构建新经验，形成新认知的一种学习过程。

3."爱雅"体验式园本课程

基于我园爱雅育人目标和体验式学习过程，由本园教师开发、实施、构建的能满足幼儿亲身体验并形成新认知的课程目标、内容、评价及其进程的总称；以生活问题为核心内容、以实践活动为主要途径、以内心体验为关键环节、以个性发展为根本目的的园本实践性课程。

四、相关研究综述

在国内，陈鹤琴先生在其"活教育"的思想体系中提出了"大自然、大社会都是活教材"的观点。南京师范大学教授虞永平提出了幼儿园课程生活化的理论。近几年，一些幼儿园也开始尝试做有关体验式活动课程的研究，从《幼儿艺术活动体验式课程实践研究》《论以幼儿经验为出发点的体验课程》《注重体验式教育，让感恩回归生活》等文献中，我们了解到江苏省张家港市金港中心幼儿园就从生态体验为切入口，开展了幼儿园体验式教学活动的实践研究，教师将教学知识内容中一定的文化价值和社会规范凝结于广泛而系统的教学内容中。

纵览相关研究发现，专家学者探讨大教育观下体验式课程观点方法的相对较多，关于园本体验式课程实践探索的相对较少；将"体验"作为教学方法的单向度研究成果相对较多，作为课程开发、实施与评价的整体性研究成果相对较少。

我园立足西部城区公办示范幼儿园提升幼儿自主学习能力的视角，重构园本课程文化系统，全面开展体验式课程的开发、实施和评价实践；在厘清园本课程内涵与特点、要素与结构、功能与作用、价值与目的的基础上，以育人目标为导向，以"体验"学习为关键，在课程理念、课程目标、课程结构、课程设置上探索构建适宜于沙实幼的园本体验式特色课程体系；注重园内与园外课程资源的有机整合，户内与户外课程资源的相互融合，充分体现"爱雅"体验式课程示范辐射的意义和价值。

五、研究目标及内容

（一）研究目标

（1）建构并完善爱雅体验式课程体系、目标、内容及评价，探索适宜的课程实施策略，全面推进沙实幼园本课程建设进程。

（2）在体验式学习中促进幼儿的全面发展及健康成长，培养"阳光有爱、优品有行、乐学有梦"的沙实幼宝宝，为其终身学习奠基。

（3）提高教师对体验式课程的开发、实施、评价能力，促进教师教学水平及科研能力的同步提升。

（二）研究内容

（1）基于我园园本课程实践的现状调查研究。
（2）"爱雅"体验式课程体系构建研究。
（3）"爱雅"体验式课程实施策略研究。
（4）"爱雅"体验式课程评价方法研究。

六、研究对象及范围

研究对象：全园教师、幼儿。
研究范围：爱雅体验式园本课程开发与实践。

七、研究方法及运用

（一）文献研究法

虞永平教授关于课程构建方面的书籍与文章，为我们的研究提供了宝贵的经验。课题组成员以自学方式阅读大量关于幼儿园课程方面的书籍，如《幼儿园园本课程之我见》《课程游戏化理论》等，整理出对"爱雅"体验式课程实践有借鉴意义的理论、经验等文字资料。通过全园教研分享会、课程理论与实践交流会、读书沙龙等活动，引导全园教师对课程的构建与实施在理念上产生新的认识，形成共同的"爱雅"体验式课程愿景，为课题的进一步开展奠定了基础。

（二）调查研究法

课题组制订了"爱雅"体验式园本课程调查问卷，全面了解我园体验式课程实施现状及问题，为课题的开展提供了可参考的依据（图1）。从调查结果来看，虽然老师们都在实施"爱雅"体验式课程，然而对其课程内涵、课程价值、课程结构、内容等方面的了解和内化都还比较欠缺。因此，课题组认为，首先要为教师提供"爱雅"体验式园本课程的专业培训平台，坚持从真实问题入手，确保课题研究有效开展。

（三）行动研究法

课题组通过多种研究方法的综合应用，按照"问题—计划—行动—反思—问题……"循序渐进的研究思路，开展"爱雅"体验式课程的开发、实施与评价的实践探索。

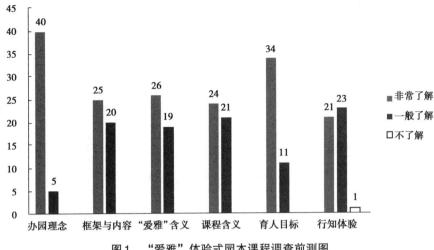

图1　"爱雅"体验式园本课程调查前测图

最初的"爱雅"体验式课程（图2）由探索游戏、特色体验、亲子合作、运动体能四大板块组成，创设三馆八区室内外结合的体验式课程实施环境，保障各类课程的顺利实施。

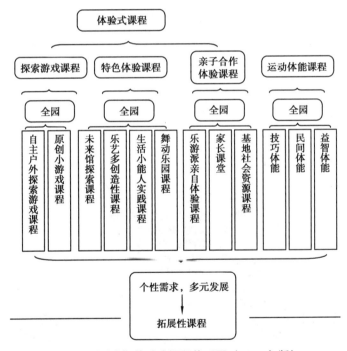

图2　"爱雅"体验式课程体系图（2015年版）

随着研究的推进，课题组发现体验式课程实施中的诸多问题。如：一日作息时间零碎，无法满足体验式课程操作时间较长的需要；教师个人能力水平导致体验式课程实施效果差异明显等。课题组围绕爱雅课程整体设计思路的变革，同步修改了体验式课程的体系框架（图3）。调整了一日作息时间，形成每天下午1小时的全园"体验式课程"活动；根据教师的能力水平定岗执教，充分发挥教师的特长与优势，让过程指导变得更具实效。

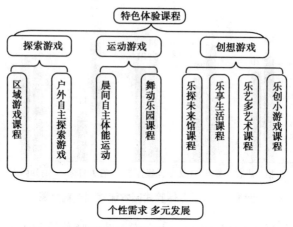

图3 "爱雅"体验式课程体系图（2016年版）

持续开展的课程实践不断衍生出新的问题。如：校园环境大改造让部分体验式课程实施场地受限；体验式课程各板块目标内容缺乏整体的融合与统一等。因此，课题组第三次对体验式课程进行删减整合，并全新开发了"爱雅梦想园"综合性体验式课程（图4）。整合后的体验式课程紧紧围绕"三有四爱"的课程总目标进行优化，课程结构更为合理，课程价值及特色更突显。

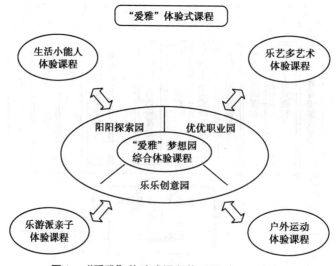

图4 "爱雅"体验式课程体系图（2017年版）

行动研究中，课题组三变课程结构，针对实践中的问题不断修改、重组、优化"爱雅"体验式课程的框架结构、课程目标及课程内容，总结阶段性问题，拟定后续计划，不断细化研究任务，最终形成了"爱雅"体验式课程体系，形成丰富的文本资源。

八、研究成果

（一）构建起"爱雅"体验式课程体系

"爱雅"体验式课程遵循"幼儿本位，自主发展，环境育人，多元体验"的课程实施总则，以尊重幼儿学习的方式和特点，注重学习态度、兴趣、习惯、方法培养的自主学习过程。经过三年的探索实践，最终形成了完善的爱雅体验式课程体系（图5）。

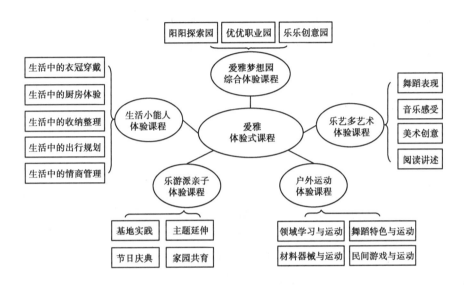

图5　"爱雅"体验式园本课程体系

（二）完善了体验式课程目标及内容设置

在"爱雅课程"总目标的引领下，细化、完善了"爱雅"体验式课程目标及各板块的细化目标和内容设置，形成了完善的体验式课程资源。

课程目标及
内容设置

（三）探索出"爱雅"体验式课程有效实施策略

1.课程环境优化策略

"爱雅"体验式园本课程将环境作为重要的隐形课程资源，创设了包括"1室3园24区"室内外结合的课程实施场地，因地制宜地将园所环境打造成为能激发幼儿探索欲望、满足幼儿亲身体验、促进幼儿学习与发展的雅致、灵动的学习场所，将体验式课程内容潜移默化渗透在教育环境之中。"1室"即教室，变传统的教室为幼儿的"游戏场"；"3园"即包含24个活动区域的"阳阳探索园、优优职业园、乐乐创意园"，以科学操作探索、生活职业体验、创想思维发展为核心，让幼儿通过多感官的参与体验，在亲身经历中获得发展。

2.课程集约化策略

课题组打破传统的一日活动作息时间设置，大幅度减少集中学习时间，开展以小组学习、自主学习为主的教育活动；整合碎片化时间，保障孩子们有充分的体验操作时间；实行"3+2"一日课程设置，即上午为户外运动体验课程—主题课程—区域游戏；下午为"爱雅"梦想园体验课程——小游戏课程。一日课程实施安排的调整和统筹为体验式课程的实践和研究提供了充足的时间保障，让课程特色更突显。

3.课程家园同构策略

"爱雅"体验式园本课程实践过程中，通过同造课程文化、同建课程内容、同创课程路径、同享课程价值的思路，引领家长深入走进沙实幼园本课程。利用新生家长会、家长学堂、家长开放日等一系列活动，围绕宣传"爱雅"体验式课程理念；编制沙实幼家长十问、沙实幼家长课程宣传手册，纠正家长对幼儿园课程认识的偏差，解决其困惑；借助家长和社会资源，着力拓展适合幼儿社会实践的园外学习基地，实现园内园外课程互补，真正形成幼儿、家长、教师三方携手共建课程的美好愿景。

4.课程管理分层策略

"爱雅"体验式课程同构一方面强调管理者与教师、教师与幼儿、幼儿园与家长共同建构课程内容，另一方面强调幼儿园顶层设计与教师实践、教师研修与课程构建同步（图6）。教师作为课程实施的关键要素，通过课题推进与课程管理双向同步的模式，借助现有的蛛网式教研制度、组团式研修形式有效提升教师的课程执行能力，实行课程研发分层管理、细化研究职责，高效实现教师团队的整体成长。

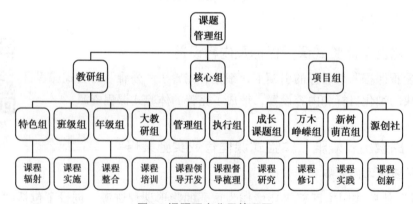

图6　课题研究分层管理图

（四）建立了"爱雅"体验式课程"SES"学习操作范式

"爱雅"体验式课程遵循"在情境中学习，在体验中成长、在合作中发展"的宗旨，强调游戏化、情境化、操作化的教学过程，注重幼儿体验—发表—反思—应用—体验的循环过程以及合作分享的学习方式。"SES体验式学习模式"源于"爱雅"课程体系下多元化的课程特质，以及幼儿园特殊的教学形式所孕育而生的一种以幼儿为主体、以情境为主导、以经验为基础、以体验为核心的自主学习模式，通过"S—E—S"三步学习达到体验与反思之间的平衡推进。

"爱雅"课程体系下的各种学习活动遵循情境学习，倡导基于经验的师生、生生分享共学，落脚于不同课程类型的多元化体验形式，围绕变教室为游戏场、变预设目标为弹性目标、变问题主导为经验分享、变个体学习为互动学习、变目标评价为过程评价的"五变"思路，力求改变教与学的固有模式，创新幼儿体验式自主学习的新途径。

"SES"体验式学习
操作模式流程图

（五）完善了"爱雅"体验式课程评价体系

1.开发了"SES"体验式学习活动评价指导标准

依据"SES"体验式学习模式的核心要素及"爱雅"课程的培养目标，课题组研究制订了体验式学习课堂评价标准，创新采用分值评价与典型案例记录的评价方式，引导教师在组织活动、观摩活动的过程中，明确体验式学习需具备的组织要点及幼儿学习的核心价值体现，有针对性地提升教育教学水平及课堂评价能力。

"SES"体验式学习
课堂评价指标

2.完善了"爱雅"体验式课程评价内容及方法

我们采用过程性评价与目标评价相结合的方式，通过幼儿发展、教师成长、课程构建等三个方面的同步评价来保证课程质量（表1）。

表1 "爱雅"体验式课程评价方法表

评价主体	评价类型	评价方式
幼儿发展评价	记录式评价 参与式评价 评选式评价	观察记录、成长手册 主题环境创设 "三有"宝宝、"优可之家"
教师成长评价	课程实施效果评价 竞赛式评价	文案撰写、课程实施情况 雅韵课堂、专题竞赛
课程质量评价	课程自我评价 社会、专家、同行 家长参与评价	全园调查与分析 辐射活动 体验式评价 满意度评价

（六）形成了丰富的物化成果

1.形成了"爱雅"体验式园本课程教材及资源

"爱雅"体验式园本课程教材及资源见表2。

表 2　"爱雅"体验式园本课程资源

正式出版园本课程资源	幼儿常德教育绘本《中国小小孩》	
	《希望遇见"懂"你的家长指导手册》	
	《让孩子在区域活动中忙起来》	
	《生活小能人》	
获奖课程资源	名称	获奖情况
	《生活小能人体验式课程》	沙坪坝区 2013—2016 年教育科研成果一等奖
	《"爱雅"主题课程》	
	《优秀自制教玩具汇编》	
	《让孩子在区域活动中忙起来》	沙坪坝区科研成果校本教材一等奖

2.教师团队研究成果丰硕

课题组教师围绕"爱雅"体验式课程开展行动研究，不断反思、梳理、总结经验，全面提升了教师的专业能力和教科研水平，取得了丰硕的研究成果，教师撰写相关论文获市区奖项74篇，其中18篇论文、案例在公开刊物发表，8项区级教师成长课题研究成果获得一、二等奖6个，参与全国、市区教学竞赛、技能竞赛等各类比赛获奖87项。

教师团队
研究成果

九、影响及效果

（一）充分发挥辐射作用，研究成果得到广泛好评

扎实的课题研究积淀了课程内涵，凸显了研究成果，多次在全国、市区各类学术交流、观摩现场中进行推广和展示。2016年11月参加第十一届京津沪渝四市教育研讨会介绍爱雅体验式课程研究成果；2017年3月在全国学前教育研究会"十三五"课题培训会上向全国幼教同行介绍研究经验；2017年5月为全国幼教年会开展体验式课程实践经验的专题分享会，得到专家、领导、同行的一致好评。同时，主动邀请市区幼儿园、牵手园参加课题研究活动，全面推广研究成果，积极发挥示范园辐射引领作用。2017年，我园被授予"沙坪坝区课程创新基地""沙坪坝区教师培训基地""重庆市教师培训基地"三大荣誉称号，成为了学前教育课程建设的前沿阵地和领军队伍。2019年，我园获得重庆市教育学会科研先进单位，并在学术年会中承担了学前教育课题研究成果专场推广会，得到专家、同行的高度赞扬。

（二）课程建设家园合力，教学质量获得家长认可

"'爱雅'课程同构，你一直是主角"的理念让教师、幼儿、家长共同组成了课程建设的金三角。在研究中，不仅通过宣传、引领等各种方法转变家长对课程的认识和观念，更重视给予家长参与课程评价的机会。三年来，家长们在参与各项活动中看到了体验式课程变革给幼儿、教师、园所带来的可喜变化，教学质量广受家长好评。

（三）课程建设有效助推幼儿与教师的共同成长

三年的课程实践，让每一个进入沙实幼的孩子变得个性阳光，情商丰润，在有趣而丰富的课程体验中，他们积累经验，拓展能力，个性得到彰显，综合素质提升，逐渐成长为社会的一分子，成为主动的学习者，未来发展的潜能被开启。幼儿荣获绘画、舞蹈、朗诵等各级各类才艺大赛奖项60余项；原创舞蹈"重庆小面"获小荷风采重庆赛区一等奖；参加重庆市首届幼儿团体体操比赛，荣获3个特等奖。

老师们经过三年的课题实践，在行动中对"爱雅"体验式课程内涵和意义有了更全面深刻的理解，树立起"幼儿为中心，体验为根本"的课程实践思路，成为"爱雅"课程同构的主角。三年来，我园新增重庆市"最美教师"2名、沙坪坝区"四有"好老师4名、区骨干教师2名、区学科带头人1名、区优秀教师1名、区科研先进个人3名、区科研管理优秀人员2名，实现了课题研究、课程构建、幼儿发展、教师成长、园所提质的多赢局面。

十、问题与讨论

（一）紧跟国家发展总目标，持续优化课程内容

随着国家教育的全面改革，社会的发展会不断推进学前教育的进步，为满足儿童学习与发展的要求，"爱雅"体验式园本课程的目标、内容在科学性和适宜性等方面仍然需要在实践中不断修订、补充和优化，这些都是我园上下一心在持续发展的过程中需要不断探索和完善的现实问题。

（二）探索网络教育模式，实现在园在家同步学习

基于我园幼儿、教师、家长三位一体的课程共建思路，为了更及时便捷地为家长、幼儿提供学习、体验的机会，我们尝试建设"互联网+"教育新模式，打破时间、空间的束缚，利用新媒体技术加强幼儿园与家庭、与社会的互通关系，让优质的课程资源得到更充分的利用，将课程成果进行更广泛的宣传。

（三）进一步完善评价体系，保障体验式课程的实施

园本课程建构是一个动态变化的过程。"爱雅"体验式园本课程的开发与运用还需要

通过长期的实践来验证和完善，特别是在课程评价系统的构建上，需要采用更科学适宜的评价方式，依照体验式课程实施标准，结合已研制出的评价工具进行实践探索，促进"爱雅"体验式课程的不断改进。

十一、结论与建议

为期三年的课题研究，历经研究方案的几易其稿，历经了专家们的多次指导，历经了不断推翻、重置课程结构，不断修订课程内容、不断探索实施途径和方法的蜕变过程，帮助孩子们实现快乐、自主的学习，获得全面、个性的发展和成长。

对幼儿来说，体验式课程一方面保证幼儿的学习兴趣，另一方面帮助幼儿建构有目的的学习意识；体验式课程提出的"SES"三大教学环节符合幼儿"玩中学、游戏中学"的特殊学习方式，幼儿的观察能力、反思能力、合作能力、动手能力、表达能力均有较大进步。对教师来说，丰富了理论认识，既对幼儿各年龄阶段发展特征做了温故，又对国家出台的纲领性文件做到了知新；同时，积累了体验式教学模式执教经验，提升了反思再造、合作研修能力，全面促进了教师队伍的专业发展。对幼儿园来说，"爱雅"体验式园本课程的研究加快了园本课程总体建设进程，有效提升了沙实幼保教质量和办园水平，"爱雅"体验式课程也已经成为了深受孩子们喜爱、家长们赞赏、社会同行认可的优质园本课程。

我们希望相关管理部门以及各位领导、专家帮助我们深入提炼"爱雅"体验式园本课程研究的相关成果，给予我们更加专业的引领，搭建课程推广、展示、交流的平台，以促进爱雅体验式课程的建设和研究能朝着更科学、更专业的方向持续开展。

课题负责人：徐文娟

主研人员：周　丽　肖甜甜　　唐乙月

何丽蓉　欧阳春玲　李　颖

幼儿园创造性美术教育的实践研究

重庆市九龙坡区实验幼儿园

一、研究背景及意义

（一）研究背景

幼儿园美术教育活动能够体现幼儿自身的生活经验、愿望和美感，其基本教学目标是发展幼儿想象力、创造力，陶冶幼儿情操，使其感受生活的美好。

创新教育以开发人的创造潜能，培养人的创造性素质为使命。为适应21世纪知识经济时代的发展，创新教育势在必行。

教育部颁布的《3—6岁儿童学习与发展指南》提出，幼儿园应"充分创造条件和机会，在大自然和社会文化生活中萌发幼儿对美的感受和体验，丰富其想象力和创造力，引导幼儿学会用心灵去感受和发现美，用自己的方式去表现和创造美"。

九龙坡区实验幼儿园从事幼儿园美术教育活动的实践研究已长达多年，有良好的美术教育氛围，较为成熟的美术教育师资条件和丰富的美术教育资源。可是，当前我园美术教育活动中仍存在一些显著问题，主要表现在：①幼儿的美术审美情趣、美术想象力和创造力有待提升；②幼儿美术教育资源匮乏，具有巴渝文化的美术课程内容在幼儿园美术教育活动中没有得到良好拓展；③幼儿园美术教育活动中对生活化材料的美术价值挖掘不够深入；④教师美术教学策略不够多元化；⑤幼儿美术作品评价方式不够多样化。

为解决以上问题，我园应对当前美术教育活动进行进一步的创造性实践研究。

（二）研究意义

1. "创造性美术教育"促进幼儿创造思维和审美情趣的培养

本课题研究旨在利用美术教育手段，注重让幼儿的审美情趣培养回归真实生活世界，回归自我体验，从而促进其审美情趣的发展。

2. "创造性美术教育"促进教师美术教学策略的转变，提高教学质量

在课题研究过程中，教师能够提高自己的专业技能和审美品位，调整和树立正确的美

术教育观念。

3.“创造性美术教育”发挥美术特色园的引领示范作用，为园所更好实施“美育”打下坚实基础

通过实践研究，把传统美术特色有效“嫁接”，逐步形成“五彩之美”的办园特色，从而进一步发挥美术特色园的引领示范作用，为园所更好地实施“美育”打下坚实基础。

二、理论基础及依据

1.西泽克的美术教育思想

奥地利儿童美术教育家西泽克指出：“儿童美术教育的第一目的就是发展创造力，因为这对他们的终身发展有益。”他认为，儿童具有天生的绘画能力，且美术教育要遵循儿童与生俱来的发展规律，顺应他们内在的法则，发展儿童的创造本能和创造热情。

2.陈鹤琴的教育思想

陈鹤琴的“活教育”思想十分强调“注重创造性人才和做人最基本品质的培养，强调人的创造精神和创造能力的体现”。他认为，儿童是有生命力和生长力的，富有潜力和创造力。

3.生活教育理论

生活教育理论是陶行知教育思想的精髓。生活教育理论最重要的命题是：“生活即教育”。陶行知先生提倡教育向活生生的生活世界开放，社会生活实践应成为教育的重中之重。

4.审美情趣

中国学生发展核心素养中审美情趣的重点是具有艺术知识、技能与方法的积累；能理解和尊重文化艺术的多样性；具有发现、感知、欣赏、评价美的意识和基本能力；具有健康的审美价值取向；具有艺术表达和创意表现的兴趣和意识；能在生活中拓展和升华美等。

三、核心概念界定

1.创造性

创造性是指个体产生新奇独特的、有社会价值的产品的能力或特性，故也称为创造力。新奇独特意味着能别出心裁地做出前人未曾做过的事，有社会价值意味着创造的结果或产品具有实用价值或学术价值、道德价值、审美价值等。创造性有两种表现形式：一是发明，二是发现。本课题中的创造性是指：①巴渝文化美术课程内容的拓展；②生活化材料的开发与运用；③美术教学策略的改革；④幼儿美术作品评价方式的改革。

2.幼儿园创造性美术教育

在"五彩之美"美术教育理念的引领下，通过对巴渝文化美术课程内容的拓展、生活化美术材料的开发与运用、美术教学策略以及幼儿美术作品评价方式上的改革，从而让幼儿在创造中动起来，感受创造、融入创造，获得美的体验，培养幼儿的审美情趣，提升其美术想象力与创造力，同时促进教师实践研究能力、课程开发与实施能力的发展，促进园所成长之美的系列幼儿园美术活动。

四、国内外相关研究综述

很多国外专家认为，美术教育对于幼儿创造力的促进有着很重要的作用，要通过有目的的、有计划的美术教育来推进幼儿创造力的发展。很多国家已经通过一些研究项目，对幼儿美术教育进行了相关的实践研究。

近几年，随着创新教育的改革，越来越多的美术课题研究开始关注幼儿创造性的培养。比如：南京市幼儿园美术教研组带领南京市40余家幼儿园共同合作完成的"儿童创造性美术教育的实践研究（2002—2006）"；宁波市鄞州区东吴镇中心小学承担的"儿童美术创意教学研究（2002—2006）"等。

可见，国内外从理论上去论述关于幼儿美术教育对儿童创造力发展的作用的研究较多，从实践层面去研究幼儿园美术教育的则相对较少。课题组还发现从巴渝文化美术课程内容的拓展、生活化美术材料的开发与运用、美术教学策略以及幼儿美术作品评价方式上的改革这四个维度为切入点来研究幼儿园创造性美术教育的课题研究较为欠缺。因此，课题组选择了"幼儿园创造性美术教育的实践研究"课题，旨在依托巴渝文化美术课程内容的拓展、生活化美术材料的开发与运用、美术教学策略以及幼儿美术作品评价方式上的改革这四个维度来研究幼儿园创造性美术教育。

五、研究目标及内容

（一）研究目标

（1）营造具有浓厚美术教育氛围的园所环境，打造美术教育特色园，为全区乃至全市幼儿园提供美术教育示范。

（2）通过课题研究，培养幼儿的审美情趣，提升其美术想象力和创造力。

（3）总结提炼出幼儿园创造性美术教育的基本内容，促进教师实践研究能力的发展。

（4）开发出"五彩之美"园本美术课程，促进教师美术课程开发与实施能力的发展。

（5）探索出幼儿园创造性美术教育的实施策略，促进教师专业化成长。

（二）研究内容

（1）通过对巴渝文化美术课程内容、美术教学策略、材料的开发与运用以及幼儿美术作品评价方式四个维度的观察、问卷调查、访谈以及量表测查，进行九龙坡区实验幼儿园创造性美术教育基本内容的现状调查研究。

（2）通过查阅大量文献以及课题实践研究，进行幼儿园创造性美术教育基本内容的研究。

（3）在课题实践研究中，进行"五彩之美"园本美术课程开发与实施研究。

（4）通过课题实践研究和创造性美术教育活动实践，进行有关"五彩之美"园所环境、巴渝文化美术课程内容的拓展、生活化材料的开发与运用、多元化的美术教学策略、多样化的幼儿美术作品评价方式、系列主题活动的创造性美术教育实施策略研究。

（5）通过查阅文献与实践研究，从园本美术课程环境、教师园本美术课程实施能力、教师园本教研、教师美术教学活动等方面进行"创造性美术教育"系列评价工具的研制。

六、研究对象及范围

重庆市九龙坡区实验幼儿园全体教师、幼儿与家长。

七、研究方法及运用

1.文献法

针对核心概念的科学界定、理论基础及依据，课题组查阅和整理了理论书籍、网络资料等相关文献，界定了课题研究的核心概念，丰富和完善了理论基础与依据。

（1）在研究初期，为摸清创造性美术教育的内涵，明确研究方向，提升教师专业素养，课题组教师学习并查阅了《陶行知教育名著》《学前儿童美术教育》《创造性思维》等书籍。

（2）在研究中期，为丰富教师经验，加深对巴渝文化的理解，构建园本美术课程大框架，课题组教师学习并查阅了《幼儿园美术领域经验精要》《幼儿园课程图景》等书籍。

（3）在研究后期，为提升教师对幼儿作品和内心世界的解读，发现儿童的创造性，激发师生成长之美，课题组教师学习并查阅了《儿童绘画与中国神话世界》《绘画的故事》《儿童美术教育的真谛》等书籍。

2.调查法

调查法是通过各种途径，间接了解被试心理活动的一种研究方法。在教育实践研究中，最常用的调查方法有问卷法、访谈法、观察法等。

（1）问卷法的运用

①在研究前期（2015.12—2016.5）和研究后期（2017.5—2017.11），课题组运用"幼

儿园教师利用巴渝文化内容进行美术教育的情况调查问卷",对我园20名教师进行问卷调查,了解巴渝文化美术课程内容、作品数量、材料运用、文化内涵的初期情况和后期情况,形成了显著的对比(图1)。

课题组在拓展巴渝文化美术课程内容上有显著进步,为拓展巴渝文化美术课程内容做了扎实研究,不仅材料运用和作品的数量体现巴渝文化,且较多关注到巴渝文化内涵层面。

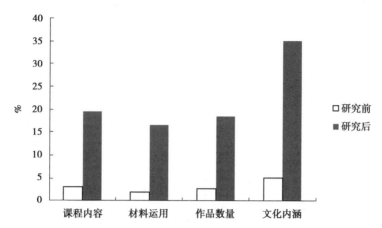

图1 巴渝文化美术课程内容、材料运用、作品数量、文化内涵研究前后对比图

②在研究前期(2015.12—2016.5)和研究后期(2017.5—2017.11),课题组运用"幼儿园教师美术作品评价方法情况调查问卷",对我园20名教师进行问卷调查,了解到幼儿园美术作品评价方式的初期情况和后期情况,形成了显著的对比(图2)。

课题组探索出幼儿评价、教师评价和家长评价为主的幼儿美术作品评价方式,不仅转变了教师评价主体角色,也使评价凸显出幼儿的主体地位。另外,家长们在教师的引领下尝试用童心、童趣去感悟幼儿的创作,对幼儿作品有了更新和深层次的理解,从而拉近了家园之间的距离。

图2 幼儿美术作品评价研究前后情况对比图

（2）访谈法的运用

①在研究前期（2015.12—2016.5）和研究后期（2017.5—2017.11），课题组运用"幼儿园教师美术教学材料运用访谈提纲"，对我园20名教师进行访谈，了解到教师生活化材料运用类型与投放方式的初期情况和后期情况，形成了显著的对比（图3）。

幼儿运用生活材料、自然材料和废旧材料的比重加大，幼儿以半成品和改变状态为主的方式投入生活化材料逐渐占据主导地位，且以原始状态方式投入生活化材料也逐渐增多，生活化材料运用的种类比重上升，更加注重生活化材料的创新开发与运用。

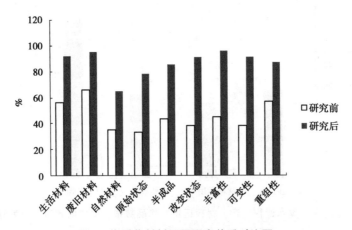

图3 生活化材料运用研究前后对比图

②在研究前期（2015.12—2016.5）和研究后期（2017.5—2017.11），课题组运用"幼儿园教师美术教学活动访谈提纲"，对我园20名教师进行访谈，了解到教师美术教学策略的初期情况和后期情况，形成了显著的对比（图4）。

教师改变了以往单一方式的教学策略，选用贴合幼儿年龄特点的游戏教学策略、音乐教学策略和情境教学策略来组织幼儿园美术教学活动，使幼儿不仅能够得到"美"的启发，还能激发幼儿创作灵感，使之愉悦地自由创作。

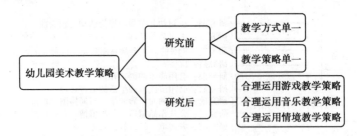

图4 幼儿园美术教学策略研究前后对比图

（3）观察法的运用

①在研究前期（2015.12—2016.5）和研究后期（2017.5—2017.11），课题组运用"幼儿美术审美情趣具体水平表现观察表"，分别对我园大班60名幼儿进行观察，了解到幼儿审美情趣的初期和后期具体水平表现情况，形成了显著的对比（图5）。

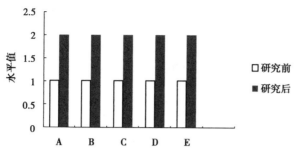

A—具有美术表达和创意表现的兴趣；B—具有发现、感知、欣赏、评价美术作品中美的基本能力；C—具有美术知识、技能与方法的积累；D—能理解美术文化的多样性；E—能在生活中拓展和升华美

图5　幼儿美术审美情趣研究前后对比变化图

②在研究前期（2015.12—2016.5）和研究后期（2017.5—2017.11），课题组运用"幼儿美术活动中想象力与创造力具体水平表现观察表"，对我园大班60名幼儿进行观察，了解到幼儿美术想象力与创造力的初期和后期具体水平表现情况，形成了显著的对比（图6）。

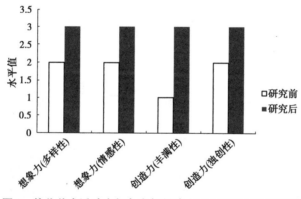

图6　幼儿美术活动中想象力与创造力研究前后对比变化图

图5和图6表明：①研究前幼儿美术审美情趣的5个维度则处于水平1，研究后这5个维度则处于水平2；②研究前幼儿想象力与创造力的4个维度基本上处于水平1和水平2，研究后想象力与创造力的4个维度则处于水平3。可见，本次课题研究使得幼儿的审美情趣得到了培养，幼儿的想象力与创造力显著提升。

3.行动研究法

课题组按照计划、实施行动、评价反思及调整计划、再次实践等实施步骤加以落实，凸显在行动中研究、在研究中行动。本研究采用凯密斯等人所提出的四环节研究模式，即"计划、实施、观察、反思"，进行三轮螺旋循环研究，行动研究循环模式见图7。

第一，计划环节。其主要任务是明确问题、分析问题和拟定计划。

第二，行动环节。即依据研究的目的和计划实施行动计划。

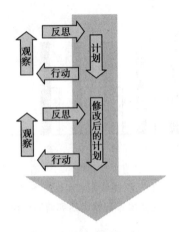

图7　行动研究循环模式

第三，观察环节。其主要任务是观察和记录行动的全过程，并收集相关的研究资料，以便及时了解计划的实施情况，根据反馈的信息，做出对应的调整。

第四，反思环节。该环节是对计划实施的全过程进行全面的总结、分析和评价，形成下一行动计划。

根据凯密斯（S.Kemmis）的观点并结合本课题研究的实际情况，本课题行动研究的主要研究步骤见图8。

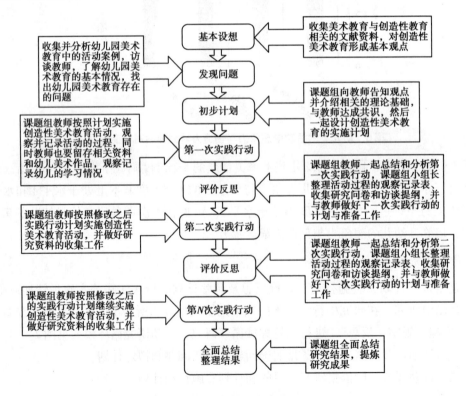

图8　行动研究步骤

八、研究成果

（一）摸清了幼儿园创造性美术教育的研究现状

经过两年的实践研究，课题组拓展了巴渝文化美术课程内容，丰富了幼儿园创造性美术教育课程内容资源，培养了幼儿的审美情趣；开发了更多种类的生活化材料并运用于创造性美术教育活动，同时改变生活化材料的形态帮助幼儿进行美术创作，提升了幼儿美术想象力与创造力；课题组教师改变了以往单一的美术教学策略，选用贴合幼儿年龄特点的游戏教学策略、音乐教学策略和情境教学策略来组织幼儿园美术教学活动，提升了教师的美术教学实践研究能力，促进了幼儿园创造性美术教育的实施；课题组探索出自我评价、教师评价和家长评价为主的多样化幼儿美术作品评价方式，不仅转变了教师评价主体角色，凸显出家长价值，使教师成为幼儿自我评价的领航者，也使教师专业化水平得到提高，幼儿审美情趣得到培养。

（二）总结提炼出幼儿园创造性美术教育的基本内容

在实践探索过程中，课题组总结提炼出幼儿园创造性美术教育的基本内容，如图9所示。

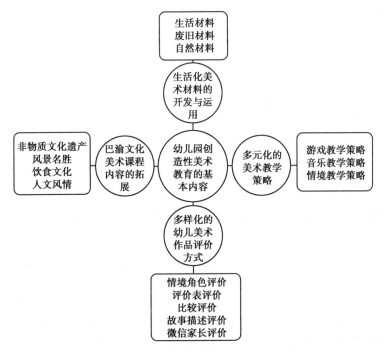

图9　幼儿园创造性美术教育具体内容

（三）开发出"五彩之美"园本美术课程

课题组经过两年的实践研究，开发出"五彩之美"园本美术课程。"五彩之美"活动体系见图10。

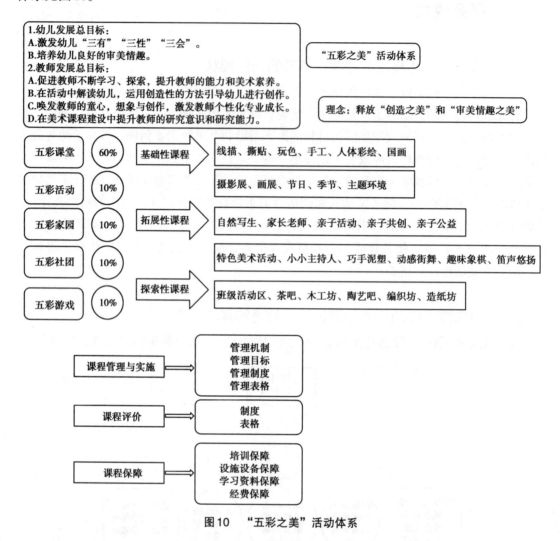

图10 "五彩之美"活动体系

（四）探索出幼儿园创造性美术教育的实施策略

课题组在为期两年实践研究的过程中，探索出以下五个实施策略：

1.创造"五彩之美"园所环境，营造浓厚的美术教育氛围

课题组创设了班级外大环境（走廊、楼道与班级外墙面）和班级内环境（图11）。

（1）班级外大环境创设艺术化。课题组将具有巴渝文化与生活化特点的幼儿美术作品有机地融入班级外环境的创设，将富有想象创意的幼儿美术作品（飞彩马赛克、名画拼贴、画中人、玩转文字、格子世界、有趣的面具、色宝宝乐翻天等）展示在园所走廊和楼道，创设了"具有巴渝情怀"以及"生活化"的主题大环境。

（2）班级内环境创设生活化、个性化。课题组不仅开发与运用生活化材料，同时也结合国画特点去创设教室环境，从而使每个班形成了不同主题的内环境，有青花瓷、动漫屋、中国风、简约古朴风等。

图11 "五彩之美"园所环境

园所沙池、艺术走廊、个性教室、多彩墙面的园所环境使得幼儿个个成为创作的"艺术家"。课题组终于创造出"五彩之美"所倡导的"想象、创造、童真、童趣、美"的园所环境,从而营造出浓厚的美术教育氛围。

2.依托巴渝文化,拓展美术课程内容,培养幼儿审美情趣

课题组充分挖掘巴渝文化资源,通过整理、加工成特别适合幼儿进行美术实践创作的美术课程内容,拓展了巴渝文化美术课程内容,丰富了幼儿园创造性美术教育课程内容资源。课题组不仅在材料运用和作品上体现巴渝文化,同时也关注到巴渝文化的内涵层面,培养了幼儿的审美情趣。

(1)利用家长和网络资源,收集"巴渝文化资源",并进行分类整理,形成"巴渝文化资源包"。

(2)课题组将"巴渝文化资源包"中的美术课程资源与幼儿园日常教研相融合,寻求能够用于幼儿美术教学的巴渝文化美术课程内容。

(3)通过课题组的美术教学实践活动,课题组美术教师反思、再实践、再反思、再实践,总结出教学效果好、幼儿参与兴致高、易接受、易表达的巴渝文化美术课程内容。

(4)开发出具有巴渝文化、有利于幼儿表现、能贴合巴渝文化的美术材料,并鼓励幼儿大胆利用各类材料去表现、创造巴渝文化美术课程内容。

(5)在每周五的美术特色活动中选择巴渝文化美术课程内容,让幼儿进行表现与创造。

通过上述途径,课题组拓展出一些巴渝文化美术课程内容(图12),为培养幼儿的美术审美情趣打下坚实的"地基"。

3.开发与运用生活化材料,提升幼儿美术想象力与创造力

课题组不仅开发与运用了更多种类的生活化材料用于幼儿园创造性美术教育活动,而且注重生活化材料的创新开发与运用,常以原生态或改变形态的方式投入生活化材料,帮助幼儿进行美术创作,从而提升幼儿的美术想象力与创造力。

(1)形成幼儿园生活化材料分类明细表,为幼儿美术想象力与创造力的提升提供材料资源。课题组根据幼儿园创造性美术教育活动中所开发与运用的生活化材料,进行总结归类,形成了幼儿园创造性美术教育活动生活化材料分类明细表,为幼儿想象力与创造力的提升提供材料资源(图13)。

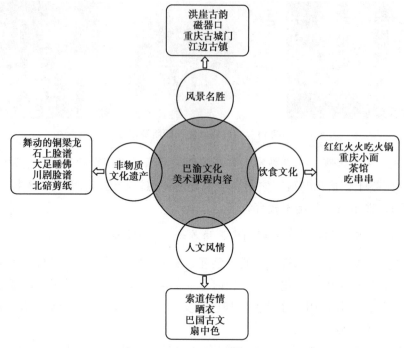

图12 巴渝文化美术课程内容

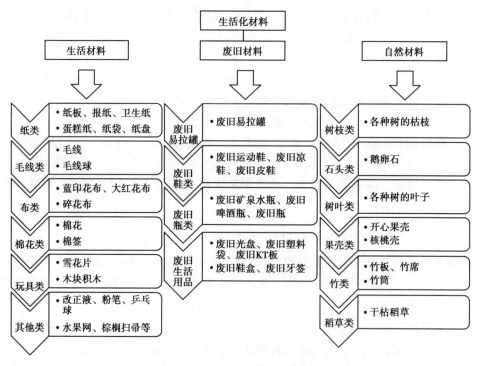

图13 生活化材料分类明细图

（2）形成幼儿园生活化材料创作运用表，为幼儿想象力与创造力的提升提供重要保障。课题组的教师们凭借创造性美术教育活动努力开发与运用生活化材料，探索出生活化材料的创作运用方式，形成了生活化材料的创作运用表，为提升幼儿的想象力和创造力提供了重要保障。

4.美术教学策略多元化，促进幼儿园创造性美术教育的实施

课题组教师改变了以往单一的美术教学策略，选用贴合幼儿年龄特点的游戏教学策略、音乐教学策略和情境教学策略来组织幼儿园美术教学活动，促进创造性美术教育的实施（图14）。

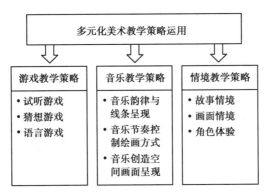

图14 多元化美术教学策略运用

5.幼儿美术作品评价方式多样化，培养幼儿审美情趣

课题组探索出情境角色评价、评价表评价、激励评价、故事描述评价、微信家长评价等多样化、切实可行、贴合实际的幼儿美术作品评价方式，不仅转变了教师评价主体角色，凸显出家长的价值，使教师成为幼儿自我评价的领航者，幼儿的审美情趣也得到培养（图15）。

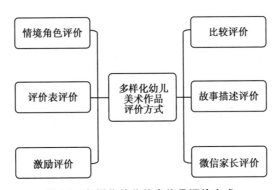

图15 多样化幼儿美术作品评价方式

6.开展系列主题活动，多途径实施创造性美术教育

（1）依托日常园本教研活动，助推幼儿园创造性美术教育实践研究稳步进行。课题组将幼儿园创造性美术教育研究内容纳入日常园本教研中，以研促教，以教验研，将幼儿园创造性美术教育研究中的难题分解到日常园本教研中，助推幼儿园创造性美术教育实践研究稳步进行。

（2）利用常态化的美术教学考核活动，为幼儿园创造性美术教育研究提供实践保障。课题组将研究中研发的资源包运用到日常美术教学考核，在实施的过程中同时进行调整。通过常态化的日常美术教学考核活动，使得教师们运用园本美术课程资源的能力在持续提高，开发与运用多种生活化材料，探寻出多元化的教学策略，从而为幼儿园创造性美术教育研究提供实践保障。

（3）结合多样化亲子创意活动，与幼儿园创造性美术教育研究有效衔接。

① 亲子"寻美"摄影展活动。亲子"寻美"摄影展活动是幼儿园创造性美术教育效果的"隐性"推广。课题组也让广大家长感受到了幼儿园创造性美术教育研究潜在的、巨大的、隐性的魅力。

② 亲子手工制作活动。每年课题组举行的亲子手工制作活动，将美术与主题活动进行了有效的衔接，激发了幼儿和家长发现美、探究美的兴趣，让幼儿与家长一起，展示出丰富的想象力与创造力。

（4）凭借画展活动，为幼儿提供展示平台。课题组每年会定期举行一次"五彩童画"幼儿美术作品画展（图16）。每年的画展是给予幼儿充分展示自己敏锐的感受力、非凡的想象力和独特的创造力的大好机会。

图16 "五彩童画"幼儿美术作品画展

（5）融合美术特色活动，灵活运用研发的园本美术课程内容。课题组研发的园本美术课程内容使得我园美术特色充分地凸显。每周五上午的美术特色活动，融入了陶艺、纸工、绘画，将幼儿带入美术的魅力世界中。幼儿凭借美术特色活动所创作的每幅美术作品都是艺术品，都融入了其想象和灵感，充满了创意与美感。

（五）研制出幼儿园创造性美术教育的系列评价工具，以评促改，充分发挥教育评价的功能

课题组教师在查阅大量文献的基础上，结合实践研究，研制出幼儿园园本美术课程环境评价表、幼儿园园本教研活动评价表、幼儿教师美术教学活动评价表、幼儿教师园本美术课程实施能力发展评价表、幼儿美术审美情趣具体水平表现评价表、幼儿美术活动中想象力和创造力具体水平表现评价表等系列评价工具。

（六）物化成果

（1）课题研究成果丰富。课题组通过以点带面，辐射全园，有效地带动全体教师勤于

思考，积极撰写论文。两年的时间，教师发表论文十余篇，获奖20篇。园所积极支持教师指导幼儿参加全国美术评选活动，幼儿在全国各种美术竞赛中获奖几十个。

（2）课题研究中出版的书籍丰富。课题组出版了《率真的童年》《五彩童画》幼儿画册及《五彩童画课例集》《寻美》等书籍。

（3）课题研究拓展出具有巴渝文化特点和充分运用生活化材料的美术课程内容。课题组在研究过程中充分挖掘巴渝文化资源，拓展巴渝文化美术课程内容，同时研究美术活动中生活化材料的开发与运用，产生了丰富的幼儿巴渝文化美术作品和生活化材料美术作品。

九、研究影响与效果

（一）研究影响

1.转变家长美术教育观念和评价美术作品方式，共筑"家园共育桥梁"

（1）转变家长美术教育观念和评价幼儿美术作品的方式。课题组通过亲子手工制作、亲子摄影、画展等活动，提高了家长的审美意识，改变了家长美术教育观念和评价幼儿美术作品的方式。

（2）共筑起"家园共育桥梁"。通过各种活动的参与，园所与家长们之间共筑起"和谐共进"的家园共育桥梁。

2.社会影响

（1）课题研究激发了家长对美的感受与体验。幼儿园开设的美术社团活动和主题活动，激发了家长对美的感受与体验。

（2）课题研究彰显了园所的美术特色与品质，为实施幼儿"美育"埋下重要伏笔。以创造性美术教育实践研究为突破口和结构点，把园所各项活动变成美的追求、美的欣赏、美的表现、美的创造的活动，为实施幼儿"美育"埋下重要伏笔。

（3）课题研究发挥了积极的社会宣传影响。课题组的一些成果得到了电视媒体及报纸杂志的宣传，园所在释放着追求美的正能量，发挥着积极的社会影响。

（二）研究效果

1.培养了幼儿审美情趣，美术想象力与创造力得到良好提升

课题组通过创设"五彩之美"园所环境、拓展巴渝文化美术课程内容、开发与运用生活化美术材料、探索多元化的美术教学策略、探索多样化的幼儿美术作品评价方式、开展系列主题活动的途径，让幼儿审美情趣得到了培养，其美术想象力和创造力得到提升。

2.提升了教师课程开发与实施能力，促进了教师专业性发展

通过两年的实践研究，课题组教师不仅开发出"五彩之美"园本美术课程，运用所开发的园本美术课程内容来开展创造性美术教育实践活动，从而使教师园本美术课程开发与实施能力得到良好提升。且教师们在各种期刊上发表论文，还参加市外送教与交流。这些

无一不是教师在此次课题研究中获得自身专业性发展的良好印证。

3.打造了美术教育特色园，提供美术教育示范

营造出具有浓厚美术教育氛围的环境，打造美术教育特色园，为全区乃至全市幼儿园提供美术教育示范。在"五彩之美"美术教育理念的引领下，课题组不仅开发与运用生活化材料去创设园所环境，同时也结合巴渝文化内容的特点去创设园所环境，创造出"五彩之美"所倡导的"想象、创造、童真、童趣、美"的园所环境，营造出浓厚的美术教育氛围。

课题研究让家长们感受到"幼儿园创造性美术教育"潜在、无限的魅力，共同推动我园美术特色园的打造，美术课程的开发。此外，我园多次接待市、区其他部门与园所来园交流学习参观，发挥着积极的示范作用。

十、问题与讨论

在两年的课题研究过程中，课题组为了跨越研究带来的藩篱，付出了许多，但也遇到了以下问题：

（1）关于幼儿美术作品评价方面，课题组虽然探索出一些行之有效的方法，但这些方法多运用在美术活动的结束环节，对美术活动过程中的评价研究较为薄弱。

（2）具有巴渝文化的美术课程内容还有待于继续拓展和完善。在实践研究过程中，由于课题组教师能力的限制和时间的限制，本园拓展出具有巴渝文化的美术课程内容相对较为薄弱。

十一、结论

（一）课题组扎实研究，取得丰实的成果

课题组摸清了幼儿园创造性美术教育的现状及基本内容；丰富了巴渝文化的教育内容；探索出幼儿园创造性美术教育的实施策略；研制出系列评价工具；形成了书籍、画册等系列园本课程资源的物化成果。课题组研究出美术活动观察表、美术作品评价观察表、幼儿美术作品评价能力评价表、幼儿审美情趣具体水平表现评价表、生活化材料运用表等表格，并能运用于实践过程中，具有一定的挑战性和创新性。课题组开发出"五彩之美"园本美术课程，提炼出"五彩之美"美术园本课程的基本内涵、课程内容、课程结构、课程目标、课程管理与实施、课程评价等具有可操作和一定创新性的课程体系。

（二）课题组以点扩面，取得多维的效果

通过课题研究，幼儿美术想象力与创造力得到提升，审美能力得到激发，师幼彰显了成长之美。课题研究过程中涌现出丰富创新、美不胜收的幼儿美术作品，培养了审美情

趣，提高了幼儿感受美、表现美、创造美的能力；研究过程中呈现出丰富多样、含金量高的教学案例、教育故事、经验文章，开发与建设了"五彩之美"美术园本课程；课题研究转变了教师的美术教育理念，激活了教师美术教育创新研究的激情，发展了教师的研究能力，提升了教师的专业素养；家长的评价方式和视角有了转变，更加理解幼儿的内心想法，家园共育更加和谐、科学；幼儿园"美术教育"特色凸显，在社会宣传中产生了积极影响，园本美术课程扩大了幼儿园的社会影响力，使园所向品质化方向发展迈向了更高、更好的台阶。

十二、建议

幼儿园创造性美术教育有效激发了幼儿对美术活动的积极性，培养了幼儿的审美能力，使其想象力和创造力得到提升，也促进了教师的教学、实践研究能力以及自我专业化成长的发展。即便如此，课题组为了跨越研究带来的藩篱，付出了许多，但也遇到了一些问题。由此，我们提出以下建议：

1.继续拓展和完善有关巴渝文化的美术课程内容

由于课题组教师能力的限制和时间的限制，课题所拓展的具有巴渝文化的美术课程内容较为薄弱。在今后前行路上，课题组可以继续拓展和完善更多的具有巴渝文化的美术课程内容。

2.加强园本美术课程后续运用

课题组进一步深化研究，加强园本美术课程的后续运用，在课程实施中不断完善并推广，让课题研究成果产生更大的影响。

课题负责人：宋　月
主研人员：杨　瑜　向　琴　杨　红
　　　　　彭　婷　高昕宇

幼儿园社会体验课程的实践研究

重庆市万州区幼师幼儿园

一、研究背景及意义

（一）研究背景

1.新时代人才培养的现实需要

习近平总书记指出："培养什么人，是教育的首要问题。"这也是每一位教育工作者需要思考的问题。新时代，教育的价值，不仅在于让孩子能够认清现实，更重要的是建构适应未来的能力。

2.学前儿童的发展与培养需要以课程为载体

美国课程论专家菲利浦·泰勒指出："课程是教育事业的核心，是教育运行的手段。没有课程，教育就没有了用以传达信息、表达意义、说明价值的媒介。"因此，整合课程资源，建构适宜学前儿童发展需要的课程是学前教育发展的重中之重。

3.幼儿身心发展需要体验式学习方式

"体验"根植于人的精神世界，着眼于儿童与自我、自然、社会之整体有机的统一。因此，整合多方课程资源，选择一种有效的儿童学习方式——体验式学习，作为课程改革的重要途径。

（二）研究意义

1.理论意义

本课题立足幼儿园内生基因，基于儿童的视角和需要建构课程，关注课程实践过程中幼儿"体验"，积极探索幼儿园社会体验课程的开发与建设策略，弥补了"体验式课程""社会体验课程"理论和实践研究的空白，为幼儿园园本课程开发提供理论依据。

2.实践意义

本课题基于实践研究，从育人目标到课程理念再到课程体系的构建及课程内容的选择、实施以及课程的审议、评价，架构起幼儿园社会体验课程的整体框架，综合提升了幼儿园教师课程建设力及研究力，有效推进学前教育课程改革。

二、理论基础与依据

1.张华教授关于体验课题的论述

体验课程，即"超越性（超验性）课程"，在这种课程氛围中，首先实实在在地感受到自我价值的存在，感受到自我理智的力量、情感的满足、意志的独立和个性的存在，同时实实在在感觉到自我与自然、自我与社会之间的联系。体验课程是以"学习共同体"的成因所创造的氛围为特征，在这种氛围中每一个个性得以生长、表现，因此体验课程也是一种"个性化课程"。

2.著名教育家的课程哲学思想

杜威的经验自然主义哲学认为，经验是人与环境主动交互作用的过程与结果，教育要遵循儿童身心发展规律，把儿童培养成民主社会的主人，教育思想必须通过"课程"来实现。同时，胡塞尔指出，"体验"就是"理智的直觉"或"直觉的理智"，这种"体验"就是主体的创造性知识，唯有这种知识才具有必然性、绝对性，才是"真理"。

3.陶行知的"生活即教育"思想

陶行知先生认为："生活即教育，社会即学校。"整个社会是生活的场所，也就是教育的场所。家庭、幼儿园、社区是最好的教育场所。基于该理念利用社会环境影响幼儿，帮助幼儿用最真实、熟悉的方式学习，让幼儿用最生活化的状态面对学习与发展，遵循儿童实际需求，给儿童提供更实用的发展空间。

三、核心概念的界定

1.社会体验课程

社会体验课程，即围绕幼儿同伴间的交往关系、师生间的交往关系、幼儿与家庭和社区的交往关系进行，幼儿在创设的社会情境或直接在真实的社会情境中，通过主动参与、亲身体验、实际操作的学习与体验方式，形成正确的认知、行为和情感，以适应未来社会课程要求。

2.实践研究

实践研究是教育科学领域一种重要的研究范式，它是在一定的教育领域引领下，通过系统的教育行动来解决面临的教育实际问题。我们基于儿童经验兴趣、学习特点和发展水平，围绕我园的社会体验课程建设，有计划、有步骤地对实践过程中产生的问题进行研究与反思，解决在课程的制订、实施与评价等方面问题，最终形成幼儿园社会体验课程体系。

四、同类课题的国内外研究现状述评

课题组分别检索"幼儿园社会体验课程""幼儿园社会课程""幼儿园体验课程"关键词，搜索出近50篇文献资料，其中有关"体验课程"文献较少，有关"体验式课程"的文献较多。通过梳理文献发现相关研究主要包含体验课程的理论研究、幼儿体验课程实践研究两方面。

分析现有研究发现，关于"幼儿园社会课程的研究""体验课程研究"有理论层面的，也有实践层面的。但是鲜少有从"体验式"的视角聚焦"幼儿园社会课程"的研究。另外，学前教育领域对体验式教学的研究较少，鲜少在理论层面及实践层面将"幼儿园社会课程"与"体验课程"结合起来深入研究，因此给本研究提供了一定的空间。

从现有文献梳理发现，众多学者从不同的角度对幼儿园社会课程的相关问题进行了探讨，有课程目标方面的，有课程内容方面的，有课程的功能、价值方面的，也有课程实施方面的，还有关于社会课程现状的研究。关于体验课程的研究，包括体验的含义、体验在教育中的意义地位、教育与学生体验的发展等方面，特别是在实践层面上中小学体验课程的研究较为丰富，可为本研究提供一定借鉴意义。

从理论上来讲，体验式课程是新一轮基础教育课程改革的重要理念。我们要关注儿童学习过程，尊重儿童的学习方式，变被动为主动，充分发挥儿童自主学习精神，强调儿童的直接经验，关注儿童和教师的主体性和创造性发挥，因为体验式的学习方式是儿童最佳的学习方式，也是践行《3—6岁儿童学习与发展指南》的重要体现。

五、研究目标及内容

（一）研究目标

（1）通过搭建研究平台，整合区域资源，提升各层级教师课程的建设能力、研究能力。

（2）探索支持教师专业发展的"学·研·训"专业成长路径，转变教师的课程观、儿童观、教育观。

（二）研究内容

（1）幼儿园社会体验课程的内容实施及策略研究。

（2）研究幼儿社会体验课程的目标制订、内容选择、组织与实施、途径与策略。

六、研究对象及范围

（1）万州区幼师幼儿园小三班、中二班、大四班全体幼儿、教师、家长。

（2）万州区电报路幼儿园双河分园大一班、万州区小精灵幼儿园中二班、万州区蓝天幼儿园大三班全体幼儿、教师、家长。

七、研究方法及运用

1.文献法

课题组系统梳理国内外"社会体验课程""行动研究"相关文献，如《陶行知论生活教育》《杜威的经验自然主义及其宗教观》《幼儿园课程》《基于幼儿体验的幼儿园园本课程》、南京师范大学虞永平教授的《关于园本课程之我见》《幼儿教育整体观》《关于幼儿园课程的理想、构想和遐想》、南京师范大学教育科学学院冯建平教授的《教育与幼儿生活》、南京师范大学陆丽华教授的《幼儿课程改革中教师角色的转变》，当一线教师在课程探索过程中遭遇研究困惑，课题组共同梳理整合相关理论知识与优秀研究成果，取各方所长，为本研究提供立足点和依据，同时努力探究社会体验课程建设不足之处，为本研究寻找切入点和突破口。

2.调查研究法

课题组围绕课程类型、课程开发、课程实施、课程研究等，从园长、教师、家长、儿童、教育行政部门等层级进行调研，探索课程实施现状及存在的问题；完善课程建设相关理论知识，形成对课题把握的科学理念；组建由教科研、高校、园所、家长等多维一体的课程研究小组，系统研究并组织开展课题研究。例如，在研究初期，首先对我园地处环境、周围主要社会资源、家庭社区资源等进行调查分析，希望为孩子们提供良好的社会体验和学习环境。

3.行动研究法

行动研究法是本课题的主要研究方法。我们在"新主体教育观"指引下，探索行动研究的路径，拟在自然、真实的教育环境中，深入探寻幼儿园社会体验课程建设路径，按照一定的操作程序，综合运用多种研究方法和技术，在行动中不断探索、改进和解决课程建设中的实际问题，在发现问题、解决问题的过程中，提炼出各类幼儿社会体验课程建设思路。课题组以幼儿园社会体验场所的调研为基础，以转变教师从活动组织到课程建设的教育观念为前提，以社会体验课程中教师引导方式的转变为突破口，开展了课程来源、课程预设、课程实施、课程反思、课程延展等研讨活动，提升我园社会体验课程课题研究的有效性和科学性（图1）。

4.案例分析法

选取课程真实活动作为案例进行分析。例如，在"小世界·大看点"案例中，通过孩子们在活动的样态，提炼课程操作的四个步骤，即感知经验—内化经验—提升经验—拓展经验，每一个大步骤又有具体细化的小步骤。比如，第一步感知经验，下面又分别有六个小的主要环节：已有经验分享—制订体验计划—梳理关键问题—发出体验倡议—查阅体验资料—实地探访解密。有了这个实践操作范式，一线教师实施社会体验课程的思路更清晰，更有利于教师为幼儿提供体验的场所、材料，提供适宜的支持和指导，鼓励幼儿主动探究和自主发现。之后，从幼儿的学习、核心内容的把握和指导策略的适宜性等方面进行分析和总结。

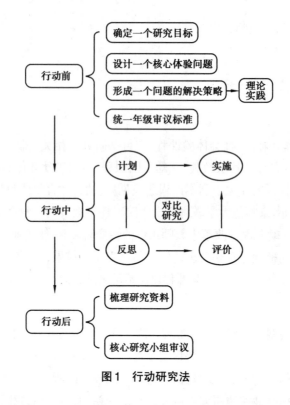

图1 行动研究法

八、研究成果

（一）建构了幼儿园社会体验课程基本框架

课程是幼儿园实现育人目标的重要手段，社会体验课程力求根植于人的精神世界，着眼于儿童与自我、儿童与自然、儿童与社会之统一，课程内容整合了多种资源，基于家、幼儿园、社会等环境场域，以体验式学习作为课程实施的主要方式，系统建构了幼儿园社会体验课程（图2）。

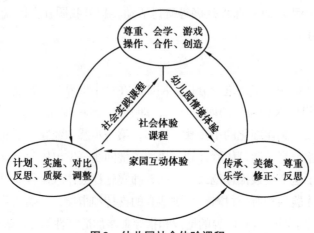

图2 幼儿园社会体验课程

1.课程目标

基于本园"一个孩子·一个世界"的办园理念，从儿童、环境出发，思考、解读儿童、解码环境、融合思想、定位课程。第一，分析儿童。体验、探究是儿童最佳学习方式，儿童在与环境交互中建构经验，了解儿童是社会体验课程的基点；第二，解码环境。根据园所"小环境、大社会"的现实情况，借助三维环境场域，创设了多层次、整合式的体验环境，为社会体验课程实施提供保障。第三，融合思想。将杜威的经验课程观与陶行知"生活即教育，社会即学校"教育思想相融合，根据《3—6岁儿童学习与发展指南》发展要求，为社会体验课程引领方向。基于此，课程目标定位为"爱生活·乐体验·善学习"。

2.课程内容

基于课程目标的育人方向，将社会环境与儿童发展需求交互整合创生出以家、幼儿园、社会为核心的幼儿园社会体验课程内容框架（图3）。

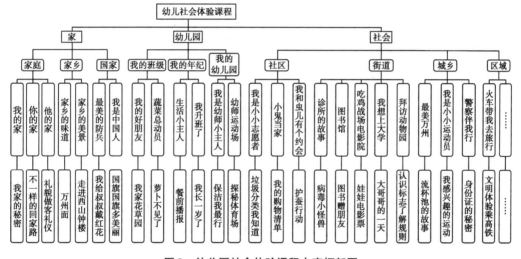

图3 幼儿园社会体验课程内容框架图

（二）探索出幼儿园社会体验课程的实施路径

我园在"新主体教育观"指引下，探索行动研究路径，拟在自然、真实的教育环境中，深入探寻幼儿园社会体验课程建设路径。基于杜威的经验自然主义哲学，胡塞尔的体验主义哲学以及陶行知的生活教育理论，创设适宜幼儿发展的学习环境，遵循儿童实际需求及兴趣爱好，同时结合《幼儿园教育指导纲要（试行）》《3—6岁儿童学习与发展指南》等理念，整体架构课程。经过多年实践研究，形成了基于儿童兴趣需要的师幼双主体课程实施路径（图4）。

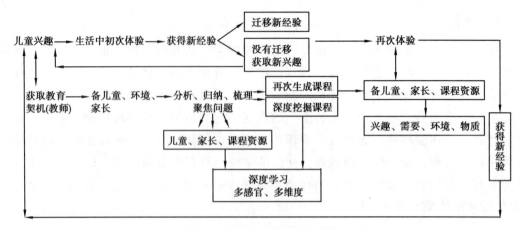

图4 师幼双主体课程实施路径

（三）搭建课程建设与实施的保障机制

1.搭建课程研究团队，形成课程研究共同体

研究团队由万州区学前教育专职教研员、重庆幼儿师范高等专科学校教师、万州学前教育名师工作室主持人、园所课题研究人员及部分家长、社会各场域负责人员等多元构成，形成一个"行政团队为统筹、专业团队为引领、实践团队为支撑"的纵横交错的课程运行、研究机制，积极发挥各团队研究者的专业优势，为项目实施提供科学有效的运行保障。

2.建构教师"学·研·训"的专业成长的系统路径

通过研究团队"定点、定时、定量"的专业引领，借助"学·研·训"一体化的教师专业成长模式，转变教师的儿童观、课程观和教育观，提升教师的专业素养，引领教师将先进的教育理念深度融合在幼儿园社会体验课程探究中（图5）。

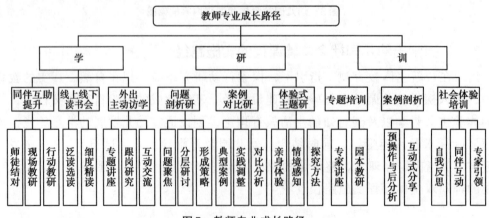

图5 教师专业成长路径

3.形成多层级的课程审议制度

为保障课程科学有效实施，形成由班级、年级、园级、高校、教科研多维一体的课程审议机制，针对问题进行调整，解决课程相关问题。

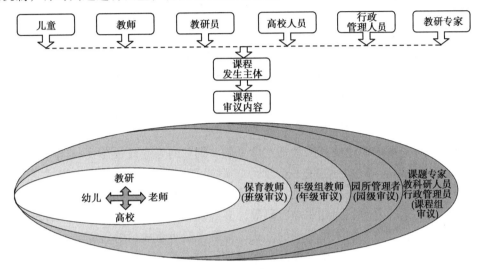

图6　多层级的课程审议制度

（四）研究成果

1.文章发表

中文核心期刊《中国教育学刊》发表3篇文章，其他普通刊物发表9篇文章。

2.论文获奖

国家级论文获奖共计7篇；市级论文获一等奖5篇，二等奖4篇；区级论文获一等奖14篇，二等奖8篇。

3.交流发言

课题组成员何蓉应邀参加中国教育科学研究院主办的2018年全国教育科研大会（北京）并做交流发言。

课题组成员何蓉应邀参加中国教育科学研究院主办的2019年学前教育学术年会（深圳）并做课程建设专家点评。

课题组成员何蓉在2019年万州区教育科研暨领雁工程大会上做交流发言。

4.文本收集

幼儿园社会体验课程内容、经验文章、教学案例、园本刊物等。

5.图片音像

幼儿园社会体验课程图片集、音像集。

6.课程报告

幼儿园社会体验课程工作报告、幼儿园社会体验课程研究报告。

九、研究影响与效果

（一）助力区域内各级幼儿园课程建立与发展

1.应用整合式课程范式，促进园本课程建设

"大社会实践体验·幼儿园模拟情境体验·家园互动体验"的整合式体验课程范式，在万州区市级示范园、集团幼儿园、城乡民办园、乡镇中心等10余所不同层次的幼儿园推广应用，带动了不同层级幼儿园园本课程建设。

2.运用"学·研·训"模式，促进教师专业发展

首先，本研究系统构建幼儿园教师"学·研·训"的专业成长模式。"学"，即以自主学习为基础，采用读书会、在线平台学习、跟岗观摩学、外地访学等方式进行学习；"研"，即通过定期开展各类教研活动，提升课题组成员研究水平，其主要形式包括现场教研、主题教研、案例教研、问题驱动教研等，多形式、多维度地通过"研"的方式提高教师课程研究能力。"训"，即采用培训的方式，提升课题小组成员的研究水平，主要采用全员性基础培训模式、专题型的培训模式、案例剖析培训模式、反思实践的培训模式、体验式培训模式等方式。

其次，通过"学·研·训"的方式不仅系统地支持了园所教师的课程研究能力，也助推了教师专业成长。在三年多的课题研究中，教师的课程观、儿童观发生了巨大的变化。不仅仅是专业知识得到丰富，专业能力得到提升，更重要的是教师的专业素养更加自信、自觉、笃定。

最后，经过近几年的培养、实践、研究，教师们已经能够将先进的教育理念深度融合在幼儿园社会体验课程探究中，针对具体情况，有的放矢地运用有效方法对幼儿的社会体验进行指导，指导策略也不断提升。此外，教师们能根据班级具体情况创设适宜的社会体验区域环境，提供丰富的体验材料供幼儿自主探索。在观察幼儿体验过程中，教师追随孩子兴趣并进行有价值的提取，针对孩子探究行为的分析能力和指导水平大大提高，教师专业化度不断提高。

3.运用"三位一体"模式，形成区域课程共建共享机制

在全区运用高校、教研、幼儿园"三位一体"的课程建设模式，形成了区域课程共建共享机制，促进了幼儿园课程开发与实施的质量提升。

4.运用"新型家长学堂"，让家长成为课程同构者

运用体验式家长会、体验式家长读书会、体验式家长研学等让家长成为了课程同构者，提升了家长教育水平。

（二）通过社会体验课程促进幼儿全面发展

课题组充分利用本园优势，结合本园环境资源、社会资源及园所办园理念及育人目标，确定以培养传承开放、适应创新、乐学善修的新时代儿童为目标，系统架构课程内

容，全面促进幼儿身心健康发展。

（三）落实新教育观念，打造适宜幼儿的新样态学校

本课题的一个重要背景是2017年我园率先加入由中国教育科学研究院基础教育研究所陈如平所长发起的"新样态学校"实验项目。"新样态学校"项目中，"课程再造"被视为重要的改革举措。众所周知，教育质量中"课程是关键"，通过近几年的研究，借助首批"新样态学校"项目，课题组先后获得陈如平、易凌云、高炳成等学界专家的指导与帮助，同时不断深入课程再造，聚焦幼儿社会体验课程，落实新教育观念，争做"有温度、有美感、有故事"的新样态幼儿园。

（四）物化了丰硕的课程成果

课题组出版《幼儿园社会体验课程建设与实践创新》，先后撰写各类文章、案例十余篇；相关研究成功立项中国学前教育研究会"十三五"滚动课题1项、市教育学会重点课题1项；核心成员申报成立高校特色工作坊1个；惠及10余所幼儿园、1所高校、1所教育科研机构，社会影响不断扩大。课题成果被华龙网、万州电视台、《三峡都市报》等多家媒体报道；在内江师范学院、重庆文理学院等多所高校进行课程交流。

十、问题与讨论

（1）教师的自主性研究有待提高，需要加强幼儿园课程观、儿童观的培训和学习，深入学习、领悟《3—6岁儿童学习与发展指南》，促进专业能力的发展。

（2）教师对课程建设的持续追踪跟进，但对有价值的儿童兴趣捕捉力，对儿童生长点的关注灵敏度有待加强。

（3）需逐步引导教师学会解放儿童、信任儿童、尊重儿童。

（4）进一步提升教师对社会体验课程研究成果的梳理、提炼与运用。

十一、结论与建议

（一）构建幼儿园社会体验课程的内涵与外延

课题组提出了"体验式"课程理念。深化课程改革，将中国学生核心素养的培养与杜威、陶行知等教育家的教育思想融会贯通，聚焦"大社会"的课程取向，形成了回归教育本真、回归幼儿经验构建的课程思路和教育理念，架构了幼儿园社会体验课程框架。从课程理念、课程目标、内容体系、评价审议等方面系统思考，架构了幼儿园社会体验课程框架，独创了"大社会实践体验、幼儿园模拟情境体验、家园互动体验"的三维整合式体验课程范式，形成了多方协同的课程实施保障机制。社会体验课程涉及大社会中"政治、经济、文化、公共服务"多个板块及领域，为保障课程实施，形成了幼儿园、社区、家庭等多方协

同的资源和平台，创立了家长学堂，更让家长成为课程参与者，参与课程建设、研究。

（二）构建我园教师队伍成长的新模式

自课题研究开展以来，课题组建构了由行政、教科研、高校、幼儿园四位一体的专业引领团队，每周三定期通过问题导引、案例剖析、现场教研，开展行动研究。我园教师队伍积极与专家互动对话，努力让自己成为专家认可接纳的研究型教师，珍惜每一次学习机会，优化思维链接，自身教育理论得到不断充实，教育观念不断更新，提高了专业站位和格局。我园教师队伍专业化程度得到大幅度提升。

（三）促使我园找准社会体验课程研究新路径

基于儿童经验兴趣、学习特点和可发展水平，结合新时代课程改革发展要求，坚持走内生式发展道路，不断解码园所文化基因，对接《3—6岁儿童学习与发展指南》，初步构建出了幼儿园社会体验课程框架与各年龄段社会体验内容。我们将始终把儿童放在课程建设的正中央，坚定不移地走幼儿园社会体验课程研究之路。

（四）建议

1.全园社会体验课程体系的科学建构，创生更适宜的课程

继续开发各年龄段社会体验课程内容，强调适宜性、整体性、科学性、系统性、前瞻性。

2.社会资源的深度挖掘和有效融合，协同促进幼儿全面发展

深刻挖掘幼儿园周边社会场所的教育功能，丰富我园教育资源，形成教育合力，共同促进幼儿社会性发展。

3.构建新型家长学校，促进园本课程的有效开发

开展体验式家园交互教研、家园共读交流、教育案例剖析等活动，广泛吸纳家长参与幼儿园各类教研学习活动，让家长由被动接受变为主动参与，实现家园合一，共同发展。

4.建立更加科学的幼儿园社会体验课程评价体系

建立层级审议制度，扩大社会体验课程内容建设的宽度和广度。从关注儿童兴趣需要层面开展班级审议，从关注课程价值取向层面开展年级审议，从关注课程价值平衡层面开展园级审议。

课题负责人：何　蓉

主研人员：何　娟　邢　磊　邵　霞

艾丽娟　陈红霞　范迎川

区域性推进研修转型的行动研究

重庆市沙坪坝区教师进修学院

一、问题的提出

（一）研究的依据

1. 应对基础教育改革发展的需要

当前，基础教育进入全面深化课程改革、落实立德树人根本任务新阶段。在现行以区为主的教育管理体制下，区域研修工作面临新的机遇与挑战。区域研修工作只有与时俱进，探索实践，加快从传统研修向现代研修转变，才能为培养学生核心素养做出新的专业贡献。

2. 推进区域教育内涵发展的需要

从2012年以来，全区以"区域构建学本式卓越课堂的实践研究"为载体，开展了"重构研修范式""调整研修重心""拓展研修主体"等实践探索，促进了区域研修转型与课程改革的良性互动。2016年，全区教育事业"十三五"规划提出了到2020年建成现代化教育强区的目标。作为履行区域教育研究、指导、服务职能的区域研修机构，具有积极主动推进现代研修转型的责任担当。

3. 解决区域研修现实问题的需要

全区研修整体水平还不能完全适应国家和重庆市基础教育改革与发展新形势，还不能与教育现代化强区建设要求相匹配。区域研修工作的主要问题有：本土研修文化未形成；区域研修尚未形成共向合力；开展的研修活动缺乏有效联动，相互抵触的现象屡见不鲜；研修方式缺乏对"研学"的足够关注；研修方法缺乏基于事实与数据的实证；研修手段缺乏现代技术的有效运用；广大教师尚未充分体验到研修是获取专业尊严与幸福的有效途径。在现行教育管理体制下，只有站在区域视角对研修工作进行整体思考与系统探索，才可能一揽子解决这些问题。

（二）研究主题的本质

1.研究目的

通过本课题研究，构建符合现代研修特点的区域学本研修的理念、目标与内容系统，探索学本研修的方式、方法与手段，构建区域推进研修转型的实践策略，改善区域研修机构研修员和中小学干部教师的研修生活品质，提升本土研修文化的知名度与影响力。

2.研究意义

以区域视角推进传统研修向现代研修转型的实践研究，有利于发挥区域各级研修组织主观能动性，整体构建符合现代研修特点的区域研修理念、目标、内容、方式、方法、手段与机制体系，探索建立区域性推进研修转型的有效策略；有利于充分调动区域各研修主体的内在合力，整体优化区域研修生态系统，大力改善研修机构研修员和中小学干部教师的专业发展方式，从而加快促进区域教育的优质均衡发展。此外，本课题的相关研究成果，还可作为相邻相似区县和中小学提供推进研修转型的实践案例。

（三）研究课题的界定和假设

1.核心概念界定

区域:本课题具体指直辖市管辖范围内的居于主城核心地带的区级行政管辖范围——重庆市沙坪坝区。

区域性推进:本课题具体指直辖市管辖范围内居于主城核心地带的区域教育行政部门、研修机构、中小学既各司其职又协同配合整体促进区域研修从传统向现代转型的过程。

研修转型:本课题主要指区域研修的理念、目的、内容、方式、方法、手段、机制等从传统向现代的整体转变过程，也就是构建符合现代研修价值取向的区域学本研修的过程，具体主要包括研修目的由"职业"向"专业"转变、研修内容由"教本"向"学本"转变、研修方式由"分散"向"整合"转变、研修方法由"经验"向"实证"转变、研修管理由"封闭"向"开放"转变、研修评价由"甄别"向"改进"转变等。

2.课题假设

区域构建符合现代研修价值取向的"和而不同"的学本研修理念，"规范自由"的学本研修目标、内容、方式与评价，研修转型的系统化推进策略能够有效引导教育系统广大干部教师形成基于现代研修的共同价值观、思维方式与行为方式，形成研修转型共向合力，增强专业发展内生动力，激活各个层面研修组织及其成员的主动性、积极性与创造性，能够有效促进区域研修整体转型，加快形成研修转型与课程改革良性互动的局面。

二、研究目标

（1）构建并完善区域现代研修理念、目标、内容系统。

（2）完善区域现代研修的基本模式、方法与手段。

（3）建构并完善区域性推进研修转型的策略与机制。

（4）区域研修机构研修员和中小学干部教师的研修品质明显改善，区域教学质量保持重庆市领先水平。

（5）向重庆市以及市外辐射区域推进研修转型的理论与实践成果。

三、研究队伍及研究对象

沙坪坝区教育主管部门、教师进修学院、校际共同体、中小学（幼儿园）、教师共同体（主要指区级给予经费支持的教师共同体，如名师（名校长）工作室）协同推进区域研修转型的活动。

四、研究方法及路线设计

（一）研究方法

1.文献研究法

动态检索国内外研修相关前沿资料，及时掌握区域现代研修理论成果和实践经验，归纳总结区域研修理念、目标与内容体系，模型、方法与手段，以及转型策略，动态调整课题研究方案，不断优化过程研究计划。

2.调查研究法

制订区域研修现状调查问卷和访谈提纲，随机抽取各类对象不少于1 000个样本，开展"线上线下"相结合的前测，形成调查报告。开发区域研修转型实效性评估工具，及时评估并反馈研究状况。

3.行动研究法

整合区域教育主管部门、研修机构、中小学、高校与科研院所研究力量，聚焦研修转型中存在的具体问题，制订并实施问题解决计划，反思总结区域现代研修体系以及区域性构建研修体系的有效策略。

4.案例研究法

对研修机构、校际共同体、中小学、教师共同体的研修现场或实录进行分析研究，分类整理"和而不同"的研修理念、目标、内容、模型、方法、手段，总结归纳区域教育主管部门、研修机构、校际共同体、中小学、教师共同体协同推进区域研修转型的策略。

（二）研究思路及路线设计

1.研究思路

组建研究组，梳理国内外研修文化发展脉络，把握现代研修发展趋势——调研区域研修现实状况；明确区域研修存在的主要问题——整体构建区域现代研修理念、目标与内容体系；探索实践区域研修的模型、方法与手段——以问题解决为导向；研究区域推进研修转型策略——基于数据与事实，研判区域性推进研修转型实效性，凝练研究成果。

2.技术路线

本课题研究的技术路线见图1。

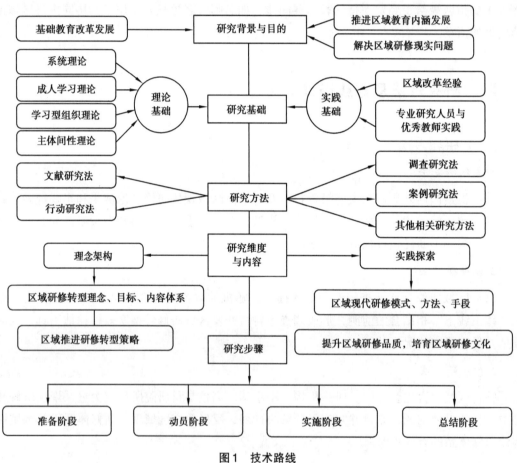

图1　技术路线

五、研究内容和过程

（一）课题研究系列项目描述

（1）区域研修现状调查研究。

（2）区域现代研修理念、目标与内容研究。

①区域现代研修的理念系统研究；

②区域现代研修的目标体系研究；

③区域现代研修的内容体系研究。

（3）区域现代研修模式、方法、手段研究。

①区域现代研修模式研究；

②区域现代研修方法研究；

③区域现代研修手段研究。

（4）区域性推进研修转型的策略与机制研究。

教育行政部门、研修机构、校际共同体、中小学、教师共同体结合自身在推进研修转型中的职能职责，梳理在推进研修转型方面存在的主要问题，坚持系统化思维，研究构建各自板块推进研修转型的策略与机制。

（5）区域性推进研修转型的实效性研究。

开展后测，对比前测，基于事实描述与数据分析，研判所提出的区域现代研修体系及构建这一体系策略的实效性，为研究结论的提出提供实证。

研究路线

六、研究结果与分析

（一）厘清了区域学本研修的认知框架

1.区域学本研修的定义

区域学本研修指一个区域的教师通过参与所在区、校际共同体、校协同提供的聚焦于学生深度学习与核心素养发展的各类教研、科研、培训活动并结合自身的学习、实践、反思活动以解决实际问题、获得专业成长并促进学生发展的专业发展范式。

2.区域学本研修的特征

区域学本研修具有五个基本特征，即学本指向、多维联动、问题聚焦、研教融合、研修一体。

3.区域学本研修的分类

根据不同的分类标准可将区域学本研修分为不同类型：一是根据组织者的不同，可分为区、校际共同体、校三个主体独立开展的学本研修和主体联合开展的学本研修；二是根据研修主体的不同，可分为管理者、研修员、教师三个群体的学本研修；三是根据研修内容的不同，可分为为什么学、从哪里开始学、学到哪里、学什么、怎么学、学得如何及这些内容有机组合而成的学本研修内容；四是根据研修方式的不同，可分为科研、教研、培训以及相互融合及这些方式有机组合而成的学本研修；五是根据研修要素的不同，可分为专家引领、同伴互助、个人反思及相互融合这些要素有机组合而成的学本研修。

（二）确立了区域学本研修的价值取向

区域学本研修是研修手段与研修目的的有机统一，具体包括如下两个方面。

1.手段上追求"三个统一"

一是坚持目的和方法的统一。学本研修需要根据研修目的设计不同的研修内容与方法。二是坚持描述和诠释的统一。描述包括基于坚持定量观察的数据描述和基于定性观察的事实描述，诠释是团队成员通过互动对话对研究对象达成的理性认同。三是坚持建构和行动的统一。学本研修强调"共同建构性"，包括自身反思的建构与外力辅助的"共同性建构"。在研修行动中只有坚持"自身反思"与"外力辅助"的统一，才能有效达成问题解决与专业发展的研修目的。

2.目的上倡导"三个追求"

一是追求"教师的"学本研修。首先，学本研修聚焦于教育教学研修以改变教学行为；其次，要突出"教师能做的"，学本研修活动中要充分调动教师在教学中的能动作用。二是追求"学术的"学本研修。研修活动注重对教学现象的理性思考。三是追求"持续的"学本研修。需要注重研修主题的持续性、研修行为的持续性。

（三）提出了区域学本研修目标指向

区域学本研修的目的是促进区域教育管理者、研修员、教师三支队伍的专业发展，具体包括以下三个方面：

1.管理者会"以学治教"

指各级研修管理者主动投身教育改革浪潮，坚持以是否有利于促进学生深度学习与素养发展为研判标准构建学本研修管理与运行机制。

2.研修员会"以学导教"

指研修员积极投身教育教学改革实践，并聚焦学生深度学习与素养发展中存在的问题主动开展教学视导、组织主题研修、开展课题研究、评估教学质量，带领团队成员在问题解决中共同进步、共同创造。

3.教师会"以学定教"

指教师通过持续参与学本研修活动，并结合自身的学习、实践与反思活动，能精准设计与实施学习目标、学习内容、学习方式与学习评价，有效培养学生素养，体验从教的尊严与幸福。

（四）明确了学本研修内容要素

区域学本研修的内容聚焦学生的深度学习与核心素养发展，主要包括如下六个方面的研修内容：

1. 学习主体

学生既是教育的对象，又是学习的主体。只有全面深入了解学生，才能做到因材施教。一方面，教师需要采取多种学习渠道与学习方式，广泛深入学习教育学、心理学、社会学、脑科学相关理论，切实掌握不同年龄阶段学生的生理心理发展特点、思想品德状况、常见的心理问题等，不断提升自身对学生的认知水平；另一方面，教师需要借助或自主开发学情调查表，基于调查事实与数据统计分析，准确把握学生的知识基础、思维水平与情感状态，基于此来设计与实施教育教学活动。

2. 学习价值

教师准确把握学生的学习行为表现背后的学习态度、学习动机乃至学习信仰，制订并实施精准的教育教学措施，端正学生的学习态度，激发学生的学习动机，坚定学生的学习信仰。

3. 学习目标

对某一门学科课程而言，学习目标包括基于学科核心素养这一总目标下的每节课、每个单元、每个学期、每一年的具体目标；对某一门综合课程，其学习目标包括类似于学科课程的总目标与具体目标。

4. 学习内容

将国家基础性课程内容转化为适合学生学习的学习内容，开发有利于学生兴趣培养与特长发展的校本课程内容，将学校存在的所有课程内容与育人目标有机整合，在教学过程中组织和呈现这些学习内容，都是教师开展学本研修的重要内容。

5. 学习方式

基于学生、学习目标、学习内容整体设计与实施学习进程，基于具体学习内容设计与实施学习策略，将信息技术融合应用于学习进程之中，增强自主学习、合作学习、探究学习的针对性与实效性，有效激发学生的内在学习动机，让学生进入全身心投入的学习状态，不断反思与调节自己的认知水平，并乐意与他人有效沟通合作解决问题，是教师开展研修的永恒主题。

6. 学习评价

基于学科核心素养设计与实施课时评价任务、大单元评价任务、学期评价任务、学年评价任务以及课程评价任务，将现代技术应用于学习评价之中，基于学习评价信息改进教学预设，是教师在学本研修中需要补齐的"短板"。

（五）构建了学本研修基本范式

区域学本研修遵循学习共同体理论，以教研组（备课组）为基本研修团队，着眼团队成员专业能力提升，聚焦学生深度学习与素养发展中存在的现实问题，遴选科研、教研、培训研修方式，按照"确定问题—归因问题—制订方案—实施方案—观察效果—分析效果—成果凝练"的基本流程（图2）而展开。

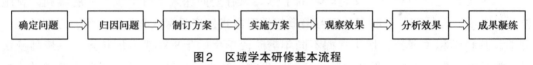

图2　区域学本研修基本流程

区、校际共同体、校基于基本模式并结合自身实际开展"和而不同"的学本研修活动。

学本研修有以下四种基本方式：

1.成长性学本科研

成长性学本科研是指在一个行政区（县）范围内，中小学教师借助教育行政部门、研修机构和中小学协同搭建的教育研究支持平台，自发组成课题研究团队，以实际工作中遇到的微观问题为课题，运用科学的理论和方法，在较短研究周期内主动探求问题解决策略，同时开展专业素养的教育实践研究活动，其呈现出"常态化开展、规范化评审"的特点。

2.主题式学本教研

学科研修员"以学生深度学习为本、以学生核心素养为本"构建学科主题，以此开展区域性主题式学本教研，从而引领共同体、中小学校开展主题式学本教研。

3.序列化学本培训

结合中小学教师的培训需求，围绕强调实践、聚焦课堂、基于问题、重在策略四个基本特点开展学本培训序列化设计。本区提出了教师研修课程开发的"四要素"即"聚焦问题+提出方法+视频案例+微格分析"。

4.混合式学本研修

混合式学本研修是指整合科研、教研、培训力量所开展的研修活动，具体又包括课例式学本研修、任务式学本研修、项目式学本研修三种方式。

（六）建立了学本研修评价体系

具体包括成长性学本科研、主题式学本教研、序列化学本培训、混合式学本研修四种活动评价。

1.成长性学本科研活动评价

中小学教师的教育研究主要是一种行动研究，旨在解决自身的专业实践问题，其研究过程具有"问题即课题、工作即研究、成长即成果"的显著特征。本区教师行动性学本科研活动评价标准主要包括《教师成长课题研究评价标准》与《学校教师成长科研工作评价标准》两个标准。

2.主题式学本教研活动评价

中小学教师的教研活动是区域研修的主要形式，是区域推进研修转型的主要阵地。本区以"问题主题化、主题专题化、专题系列化"为导向，通过完善《沙坪坝区教师进修学院学科研修员主题教研活动评价标准》，提出由教研员向研修员角色转换的要求，并对教研员的工作职能和方式进行了调整。

3.序列化学本培训活动评价

一方面，将"训"和"研"有机融合进评价指标体系之中，使课程化培训成为有研之训，克服传统被动参与培训之弊端，增加受训者主动参与的积极性和生成性。另一方面，以多元、多向的评价构建科学有效的课程化培训机制，通过从培训内部到外部，培训者与受训者之间的多层面、多方向、多角度的评价，形成区域内教师课程化培训长效机制，如探索建立的《沙坪坝区教师课程化培训评价标准》。

4.混合式学本研修活动评价

形成以教师个人的自我反思、教师集体的伙伴互助、专业研究人员的专业引领为一体的多方参与主体的评价；对提出现实问题、专题分析引领、同伴互助研讨、实践行为跟进、理性反思改进等内容和程序上的"五位一体"的全过程评价；对基于"互联网+"的线上线下结合的研修评价；对整体定性研究和基于细节和实证数据验证相结合的多维一体的研修评价等。

（七）探索了学本研修的区域性推进策略

区域推进研修转型是一项长期而又复杂的系统工程，本区主要采取多维联动、评价驱动、行政推动三大推进策略，探索构建了符合现代研修特点的区域学本研修体系。

1.多维联动

（1）区域研修联动。一是优化分工格局。区域学本研修工作由区教师进修学院、共同体组长学校、中小学校、教师等各主体承担。二是优化空间格局。优化区域空间格局，实现点、圈、线、面的空间联动发展格局。三是深化区域合作。支持全区所有中小学的一体化发展，通过区域资源共享、共同体协同研究、学科研修员点对点指导、一对一帮扶等方面的合作，构建互联互通的学本研修一体化体系。

（2）校际共同体研修共融，即参赛活动共融、培训活动共融、科研活动共融。

（3）中小学多维融合。一是教研科研融合。根据教研、科研活动存在的契合点，有意识地提前规划、有目标地提前设计，将教研科研活动融为一体开展。二是科研培训融合。学校教科研部门有意识地提前规划，有目标地提前设计，将科研与培训活动融为一体开展。三是教研培训融合。学校分管教学的校级领导有意识、有统筹地寻求教研与校本培训存在的契合点，有意识地提前规划、有目标地提前设计，将教研、科研与培训活动融为一体开展。

2.评价驱动

（1）建立区域学本研修评价机制。由区教委统一领导，区教育督导室具体组织协调，区教师进修学院教育督导评估中心负责实施的学本研修转型专项评估。

（2）健全区域学本研修评价标准体系。由区教师进修学院教育督导评估中心牵头，会同科研部、培训部、初教部、中教部等部门研制了《校际共同体研修评价标准》《中小学校本研修评价标准》等9个评价标准作为区域学本研修转型评价的依据。

（3）创新区域学本研修评价方式。在学本研修过程评价信息实证收集上，将网络评价与现场评价相结合。在研修效果评价方面，重点考量区域内教师在研修活动中的专业实践技能的获得与提升，特别是对区域内中小学教师学本课堂教学行为转变方面进行评价。

3.行政推动

在学本研修工作的开展中，围绕展评课支持、科研资助、培训支撑构建了行政推动机制，以此确保学本研修常态化、高质量开展。

七、讨论及结论

本课题的研究在以下几方面取得了突出成效：一是促进了多形式区域研修共同体建设。构建和强化了由区级研修员领衔的学科教师研修共同体，由集团校总校或共同体组长校牵头的校际研修共同体，由教研组长负责的校内学科及跨学科教师研修共同体，由区内教学名师和外聘导师带领的各类教师研修共同体等。二是区域教师研修目标与内容发生了深度转型。让学生的学习走向了教师研修注意的中心，管理者"以学导管"、研修员"以学导教"、教师"以学定教"水平不断提升。三是教师研修的方式、方法与手段得到了创新。教研、科研、培训的内涵发生了显著变化并逐步趋于一体化。

本课题仍应寻求新的突破，如何让每一个教师真正成为学本研修的主体；如何将区域推进研修转型的保障机制做到更加完善；在理论和技术层面，如何进一步提高学本研修的专业水准。

八、问题及建议

一是学本研修需要常态化实施。学本研修应该进入到每一位教师、每一个教研组、备课组日常教学工作的过程之中，逐步成为教师的职业生活习惯。二是学本研修的视域可更加广阔。当今世界，面向终身学习的泛在学习已然进入公众视野，人们的学习已不仅仅发生在学校和课堂。不仅是成人，儿童生活也已沉浸在学习的海洋之中。因此，学本研修的视域可以更加广阔。三是学本研修的资源开发有待拓展。这既包括物质资源，如各种形式学本研修所需要的特定场所和特定设备、工具等；也包括课程资源，如有关学习理论的成系列的资料，可供学本研修之用的网络平台与软件等。教育行政部门、教师研修机构和中小学校长，在组织和指导学本研修的过程中，应思考如何将后勤保障和专业服务送到教师的教育教学岗位。在"互联网+"背景下的学本研修还有更多可能性，通过"教育超脑"在学生课上与课下的自主学习过程中构建智慧教学环境，帮助学习者更好地发现自己的优势和短板，让个性发展和因材施教成为现实。

附录及附件

课题负责人：龚雄飞

主研人员：余华云　张　林　李代文

陈　彦　汪　彬　官雪梅

教学行为改进促进教师专业发展的实践研究

重庆市武隆区教师进修学校

一、研究背景及意义

基础教育教学关注的不应该只是学生短期学习任务的完成和学习分数的提高，更要着眼于通过学科教学训练科学方法与思维，培养科学精神和品德，形成健全人格，既满足学生升学需要，又为学生的终身发展奠定基础。近年来，武隆区通过持续的卓越课堂推进、主题式教师培训，教师的教学理念和教学行为有了很大变化，但由于受传统的教学理念、教学模式和评价方式的影响，变相"满堂灌"、滥用自主探究合作、忽视课外延伸、弱化实验实践等种种教学行为偏差依然突出，低效甚至负效的课堂教学依然存在。聚焦核心素养、着眼课程、立足课堂、关注教学行为存在的问题，并通过行动研究推动教师对教学行为的自我诊断与改进，是促进教师专业发展的重要途径。

二、理论基础及依据

1.新课程基本理念

中国学生发展核心素养，以培养"全面发展的人"为核心，明确了"新课改"的方向，要求着眼于提高21世纪公民的科学素养，使学生具备适应现代生活和未来发展所必需的知识、技能、方法、态度和价值观；要求开发丰富的课程资源，拓展学生选择的空间，满足不同学生发展的需要；强调科学探究意识，促进学习方式的转变，在实践中培养学生的创新精神。

2.行为主义教学理论

行为主义教学理论认为，教学过程只涉及教学操纵和结果操作两个因素。结果操作由教学操纵直接决定，学习的结果（或行为的持久变化）是由强化的历程所控制的。教师以及相应的教学手段是影响教学的重要的外部刺激，它直接主导和控制着学生的学习行为，并且有效地预测学生的学习结果。

3.有效教学理论

"有效教学"是一种以课堂教学为中心，综合考虑教学环境、教学设计、教学模式、学法指导等对教学结果影响的教学理念，其核心是关注教学的效益。直接或间接提高课堂教学有效性相关的理论非常丰富，如布鲁纳的学科结构论教学思想指出："不论我们选教什么学科，务必使学生理解该学科的基本结构"；奥苏贝尔认知心理学认为，学习是新知识与学生头脑中的原有知识建立起来的实质性的联系，强调旧知识与新知识的联系；建构主义学习观认为，学习是学习者与文本之间的交互作用，要求教师积极地参与到学生的学习过程中去；多元智能理论则要求在教学过程中，合理分析每个学生的语言、逻辑、交际、自省等多元智能，形成有效教学的准备和实施策略。

4.系统论思想

系统论的基本思想方法，就是把所研究和处理的对象，当作一个系统去研究和处理，其核心思想是系统的整体观念，在教学中要系统考虑教学对象、教学内容、教学环境、教学资源等要素，统筹分析，合理安排教学流程及方法。

三、核心概念界定

1.教学行为

教学行为是指教师在教学过程中，基于自己的专业知识、教学理念、教学经验、教学环境，为实现一定的教学目标采取的方式方法，包括教学设计、教学组织、教学语言、资源运用等多个环节。

2.教师专业发展

教师专业发展是指教师作为专业人员，在专业理念、专业知识、专业能力、专业态度等方面不断发展和完善的过程。本课题是指通过分析教师的课堂教学行为存在的问题及产生原因，采取自我反思、培训指导、行动改进等举措促进教师教学理念、方法、能力的提升。

四、国内外相关研究综述

对教学行为的研究起步较早，早期的研究往往融合于教学方法、教学手段、教学模式、教学艺术等方面，直到二十世纪七八十年代才从上述研究中分离出来。国外对教学行为的专业性研究最早开始于美国教育家克雷茨，后来出现了瑞恩斯的教师课堂教学行为标准，罗森谢尔和福斯特研究教师课堂教学行为和学生学习结果的关系。国内对教师教学行为的研究主要集中在两个方面，一是主要从技术层面研究教师的课堂教学行为对教学效果的影响；二是更多从学科出发研究课堂教学行为的实践性。对区域性教师的教学行为整体的调查研究和实践研究不多。

五、研究目标及内容

（一）研究目标

通过研究发现，本区中小学教师课堂教学行为中存在不符合新课改理念的问题以及低效、无效甚至负效的教学行为。通过理性分析产生这些问题的原因，针对存在的问题探索教师课堂教学行为偏差矫正及行为优化的策略和措施。本课题的切入点是课堂观察，通过大量的课堂观察发现教师课堂教学行为存在的问题及原因。本课题研究的重点是行为改进，将调查研究与行动研究有机结合，通过调查研究发现问题，通过行动研究解决问题。

（二）研究内容

围绕"新课改视域下中小学教师教学行为现状、问题及改进"这一主题，重点关注教师的课堂教学行为。主要内容包括：教师教学行为（教学设计行为、教学组织行为、语言体态行为、媒体与资源应用行为、实验教学行为、课堂提问与解答行为、作业布置与评改行为等）现状调查研究；教学行为问题归因及对策研究；课堂教学行为改进实践研究等。

六、研究对象及范围

全区中小学教师，重点是中学文化学科教师，通过专项课题及专项活动辐射到小学。

七、研究方法及运用

本课题遵循"调查问题—发现问题—解决问题"的总体研究思路，以课堂教学为切入点，采取调查法、文献法、行动研究法，通过网络问卷、课堂诊断、跟踪观察、集中分析等主要方式，重点研究教师的教学设计、课堂组织、媒体应用、实验教学、习题讲评、复习教学、探究教学、语言体态、教学反思等教学行为。具体研究方法如下：

文献法：通过学习相关文献资料，了解课程改革、教学改革及教师专业发展的相关理论，为课题研究提供科学的论证资料和研究思路。

调查法：通过开发"教师教学行为问卷调查表（教师卷）""教师教学行为问卷调查表（学生卷）"等研究工具，采取客观题与主观题相结合的问卷结构，选取部分教师和学生为调查对象，形成了调查报告。通过分组调研方式对初中及小学进行了专题调研，形成了调研报告和咨询报告。

观察法：以"教师教学行为课堂观察量表"为主要工具，对部分教师的常态课堂教学进行观察，再对观察结果进行汇总分析。

个案研究法：通过"学科教学视导"和"学科送教下乡"培训项目，关注典型个案，为研究提供直接的事实依据，透过个案研究群体现象。

行动研究法：本课题以活动为载体，在科研引领下通过专题调研、教学视导、教师培训、教研转型（关注教学行为主题式教研）、专项活动（卓越课堂赛课、教师基本功考评、教师主题论坛）等进行课堂教学实践和教研活动改进实践。同时，通过立项专项课题方式，推动科研向纵深覆盖。

具体实施流程见图1。

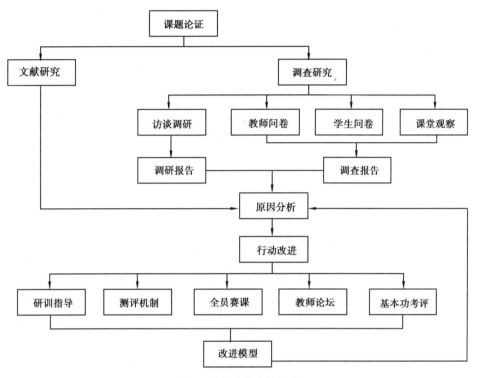

图1　课题具体实施流程

八、研究成果

（一）完成了"中小学教师教学行为"调研报告和"高中教师教学行为"调查报告

1.完成了"武隆区关注教学行为改进促进教师专业发展"调研报告

2017年春期，在全区开展了一次以"关注教学行为改进，促进教师专业发展"为主题、以"课堂观察、查阅资料、师生访谈"等为主要方式的集中视导与调研，将全区学校分为中学组、小学一组和小学二组共三个小组进行调研，调研的主要内容包括教师的教学情况、学校的教学管理、校本教研实施情况、教师培训效果跟踪等，通过调研形成了专题调研报告。

2.完成了"高中教师教学行为"的调查报告

通过抽样问卷调查，完成了"高中教师教学行为"的调查报告。通过调查，从宏观上总结了高中文化学科教师教学要注意的问题，从微观上梳理了教学组织、教学设计、课堂引入、课堂小结、媒体应用、习题处理、实验教学等教学行为偏差。

（二）协助区教委完成了关于教学常规管理和考试评价的方案制订与修订

（1）协助区教委完成了《武隆区中小学教学常规管理办法》的修订（武教委发〔2016〕163号），对教师备课、上课、作业检测、教学辅导等提出了明确的要求。

（2）针对本区地理、生物初高中教学脱节等问题，协助区教委出台了《关于将初中地理生物结业考试成绩纳入普通高中招生的通知》（武教委发〔2017〕274号），从初2017级学生开始，将初中地理、生物结业考试成绩作为普通高中招生依据之一。

（3）针对本区中学实验教学极度弱化问题，协助教委出台了《重庆市武隆区教育委员会关于将初中理化生实验操作考核成绩纳入普通高中招生实施方案》（武教委发〔2018〕72号），开展了理化生创新实验展评活动。

（三）形成了推进教师教学行为改进系列化活动平台

1.搭建了全员与单学科相结合的区级赛课平台

一是分高中组、初中组和小学组开展了三年一轮的区级全员赛课，按"全员参与、三级选拔（学校、片区、全区）、评价教师和学校（综合积分）"的原则实施了"卓越课堂"全员赛课。以乡镇（中学）为单位制订活动方案，组织所有中小学任课教师在本校开展课堂教学校级展示活动，学校对教师展示课堂统一录制成视频资料，评定出优秀、合格、不合格三个等次上报区级复评；区教师进修校对各校上报的教师课堂视频资料随机抽取30%开展复评。二是各学科专委会结合市级学科赛课活动和"一师一优课，一课一名师"活动开展常态研课、磨课、赛课活动，中学实施了两年一届的全学科现场赛课机制。

2.系列化教师论坛聚焦课堂教学行为改进

举办了每年一届的教师专业发展论坛，参加对象为一线在编在岗教师，且三年内不得重复，主题连续聚焦教师教学行为改进，教师围绕自己的学科教学论观点、谈做法。主要方式为各校在校级论坛的基础上，推选一名选手参加四个片区分论坛，分论坛遴选优秀选手进入总论坛，总论坛采用"自主论述+现场答疑"的方式，参考论题有"课堂模式与教学创新、学科教学与核心素养、学生创新思维培养、智慧课堂实践、课堂教学方式变革与学法指导、教学设计与组织实施、学习兴趣培养、实验教学与实践教学"等。

3.青年教师基本功考评确保青年教师"上说评"技能过关

为引导青年教师扎实开展基本功训练，每年11月底开展一次青年教师基本功考评活动，考评对象为上一年入职的中小学青年教师。小学青年教师考评三笔字、简笔画、上课、说课、评课五项基本功，中学青年教师考评黑板字、上课、说课、评课、中考（高考）解题能力五项基本功。

（四）总结了本区教师教学行为存在的共性问题

1.教学设计缺乏系统思维

大量的课堂观察和访谈表明，很多教师教学设计以知识为本位，只关注某一节课的内容设计，忽视局部内容在单元或学科中的地位或作用，忽视学科知识体系的构建，备课一节一节地备，缺乏对单元的整体思考，特别是对高中必修和选修的相同部分内容缺乏整体把握，在必修阶段就加深加难，造成学生负担过重。

2.课堂结构散乱

课前组织和课堂引入环节是激发学生学习兴趣、提高学生课堂注意力的重要环节，而课堂小结又是将本节知识梳理归纳、拓展延伸的重要环节。调查表明，除公开课或赛课外，很多教师上课没有课前引入和课尾总结环节，甚至缺乏课堂组织，教学过程中缺乏对学生的管理与指导，课堂中一个环节与另一环节没有逻辑过渡，课堂是纯知识碎片教学的拼凑，课堂结构散乱残缺，尤其是没有课堂小结环节梳理当堂课的教学内容，大大降低了课堂教学效率。

3.忽视教学情境创设

创设教学情境是课堂生活化的基本途径，教师根据教学内容与教学目标、学生的认知水平和心理特征，创造具体、生动、形象的教学情境，一方面能够有效地激发学生的学习兴趣，使学生积极地参与教学活动，另一方面能够让学生感受到教学内容的生活性和实用性，对于提高课堂教学效率有着积极的意义。从大量的常态课堂来看，课堂教学过程中大多以教材安排的内容和顺序开展，教师较少创设与教材不同的教学情境，单刀直入，没有铺垫，没有问题引领，学生以被动接受式学习为主。

4.探究合作形式化

"新课改"所倡导的自主学习、探究学习、合作学习，重形式，缺实效。有的老师为了体现新课程理念，课堂热热闹闹，但漠视学生差异和内容差异，滥用讨论式、探究式、合作式教学，课堂充斥着假讨论、假探究、假合作，学生缺乏独立思考和理性思维。尤其是理科教学，过分注重教学内容的重点与难点，而忽视学生分数以外的多方面发展；注重教师的教，忽视师生的双边互动等。

5.课堂提问与回答形式化突出

有些教师上课为问而问，提问层次低，缺乏应有的深度和广度。部分教师课堂提问时机把握不准，提问模式单一，自问自答，重结论，轻过程，只重教师提问，忽视学生自主探究和提问，从而使学生的问题意识和思维能力得不到应有的培养，课堂教学缺少智慧生成。

6.习题布置与评讲缺乏选择性和针对性

多数教师练习布置依赖教辅资料，贪图数量，缺乏精选，让学生陷入题海；有的脱离学生基础，缺乏分层对待，强调一步到位，使不同层次的学生无法得到相应的发展。习题讲评（包括试卷讲评）没有根据学生答题情况进行有筛选性、针对性的评讲，效率低下。

7.实验教学弱化

调查表明，演示实验开出率达90%以上的只占43.53%，学生实验开出率90%以上只有15.29%。部分学校实验条件较差，实验员非专业，无法正常开展学生实验。有的学校实验条件较好，能满足正常的实验教学，但老师觉得准备实验麻烦、耗费时间，也不愿意去实验室做实验，以致黑板上讲实验、多媒体演实验而不做实验等现象普遍存在，很多老师对实验的重视依然没有体现在行动之中。

（五）剖析了教师教学行为问题的主要原因

1.教师群体专业素养参差不齐

教师的专业素养包括学科专业知识、学科教学知识和教育教学理念，这些素养是开展有效教学的基础，也是促进学生成长的重要载体。教师的专业知识、对教材的理解、对课标的理解、教学理念及教学艺术必须远超课堂教学的要求，才可能在课堂上挥洒自如、游刃有余，才可能跳出局部的知识教学，而进行知识的整体建构和能力的系统培养。而从目前本区学校的实际情况来看，大量的年轻老师专业知识和经验明显不足，教学设计、课堂生成、命题选题都存在低效行为；中老年教师有一定的经验积累，但疲于应付，只埋头拉车，不抬头看路的大有人在，有研究的态度、眼光的老师更是少之又少，重复炒冷饭的现象还普遍存在。

2.教师自我发展动力不足

部分教师对工作丧失热情，工作存在应付心态，没有"用心"从教，教学准备不充分。以实验教学为例，从常态课堂观察来看，很多老师不做实验并不是因为没有条件做实验，而更多的是因为准备实验麻烦、辛苦，折射出新的时代背景下老师的职业态度和专业精神存在着消极的倾向。很多教师（尤其是中老年教师）缺乏职业幸福感，只将教师的职业当成谋生的手段，而不是自己的事业追求，安于现状，不思进取，职业倦怠成传染趋势，这些消极影响正在逐渐影响年轻教师的热情。教师职业倦怠的原因是多方面的，主要是收入对比、工作压力、绩效考评、职称评聘等方面让教师心理不平衡，由此产生消极怠工现象。

3.管理与考核评价导向失衡

很多学校更多看重的是学校的排名或升学的学生，各种管理和激励措施倾向于分数考核的结果，对教学的过程和学生的发展往往容易忽略。尤其是部分学校仍在强化"时间+汗水"的传统理念，有意无意存在"唯分论英雄"的思想，不能正确对待学生学业水平考试、实验技能考查等考查学生能力的评价方式，敷衍应付。在这样的环境中，老师只关注考试分数、挤抢时间、增加作业量等现象也就习以为常了。

4.教学资源配置存在较大差距

经过义务教育均衡发展验收，义务教育学校的差距在不断缩小，但教学设施不均衡、师资配备不均衡、生源配置不均衡依然存在，而高中更加明显。一方面，部分学校教学硬件设施设备依然不能满足教学的需要，教室、功能室、实验设施设备配置相对较差；另一方面，本区优秀教师流失与流动现象特别突出。尤其是实验员的配备，影响学校实验教学的正常开展，很多农村中学的实验员都是非专业人员，对学科实验一窍不通，有的只起着物品管理和清洁保持的作用。优质生源的流失也影响着教师的热情，制约着课程改革的实施。

（六）探索了教师教学行为改进的途径和方法

1.按"反思诊断—成因分析—行动改进"模型开展教学行为的自我诊断与行动改进

课题组按"反思诊断—成因分析—行动改进"模型开展教学行为的自我诊断与行动改进（图2）。

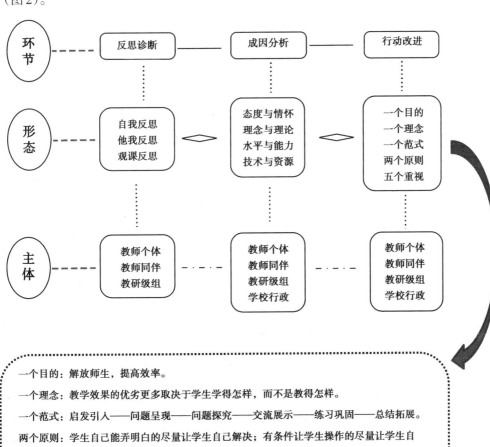

图2 "反思诊断—成因分析—行动改进"模型

2.增强教师的职业幸福感

有"心"才会用"心"，增强教师的职业幸福感，让教师热爱自己的岗位，是解决教师一切技术问题的前提。一方面要加强教师的职业理想教育，让教师愿意从事教师职业，珍视自己的职业，同时，切实改善教师的生活条件和待遇，营造尊师重教的社会氛围；另一方面，要科学考核评价，加强人文关怀，创造发展平台，为教师营造愉悦的人际环境和工作氛围。

3.为教师发展搭建平台

要跳出传统专家讲座式教师培训模式，多渠道为教师搭建学习培训的平台。

一是要在校本研修中突出教师的主体地位，发挥教师的主体意识，提高教研活动实效性。建议强化管理、创新形式、挖掘题材，扎实开展基于学科、基于课堂、基于学生的校本教研，广泛采用问题引领、任务驱动、持续跟进的校本教研形态。

二是要积极营造自我展示、自我反思、自我矫正的专业成长氛围。要通过活动展示、论坛交流、竞赛评比等多种方式促进教师的自我成长，广泛开展示范课、研究课、微课、教学案例、教学反思、教学论文、命题、教具、实验等展示或竞赛活动，促进教师优化自己的教学理念和教学行为。

三是要着眼长远，通过校际交流、名校跟岗、集中培训等多种方式给教师创造学习培训的机会。

4.优化考核评价机制

充分发挥评价的甄别、选拔、激励与导向作用，通过评价激发教师热爱教学、参与教学、研究教学的内驱力，是促进教师教学行为改进，提高教学效果的重要措施。一是教育行政部门对学校的评价要向重视发展、重视过程的综合评价转变，要优化学生学业水平考试、实验技能考查、学生综合素质测评、学校特色发展、校本研修效果等评价监督措施；二是学校对教师的评价要真正体现德、能、勤、绩，要摒弃依靠"时间+汗水"增加学生的负担来实现高分结果的教学行为。

5.强化实验实践教学

实验实践教学是理科教学的基础。从目前的情况看，本区实验教学非常薄弱，强化实验教学必须"软硬兼施"。一是要加强实验室、实验器材与药品的配备，按照各学科课程要求和学生比例配齐配足实验所需的教室、器材与药品，要鼓励教师结合教学和生活实际开发实验器材，改进实验设备或器材；二是要改变实验员不专业的现状，全面清理实验员配备情况，实施实验员从业资格准入，实验员必须专业对口。同时，加强学科教师和实验员实验技能培训，探索实验员兼课或辅助教学的运行模式；三是加强实验教学的管理，将演示实验和学生实验开出率、学生实验技能考核等纳入对教师的考核，鼓励教师创新性开展教材实验、课外实验或研究性学习，开展师生实验技能展示、实验创新等技能竞赛活动。

九、研究影响与效果

1.推动了区域内教师教学行为和学生学习方式的转变

通过课堂诊断、学习研讨及专项课题研究活动，深化了参研教师对新课程理念的理解，提升了参研教师的理论水平和研究能力。采取行动研究的方式促进了参研教师教学行为的自我反思与矫正，也促进了被观察教师教学行为的改进。课题重视了研究的辐射和引领作用，通过下校视导、集中反馈、教师培训专题讲座等方式营造了关注教学行为改进的氛围，促进了学校教学管理和教研创新，推动了区域内教师教学行为和学生学习方式的转变。

2.发表了部分研究文章

调查报告《新课改视域下农村普通高中文化学科教师教学行为调查报告——以重庆市武隆区为例》在《重庆与世界（学术版）》2017年第6期发表；调研报告《武隆区关注教学行为改进促进教师专业发展调研报告》在《重庆教育》2017年第4期发表；调研报告《着眼教学行为改进，聚焦教学实效提升》在《重庆市教研科研2017年度报告》发表；咨询报告《渝东南少数民族地区普通高中实验教学开展情况调查报告》被市教育学会《教育观察》推送；《导入　过渡　小结——重要却易被忽略的课堂教学环节》在全国中文核心期刊《教学月刊》2018年第4期发表；《聚焦真实课堂，关注教学行为》在《教师发展》2016年第2期发表。《化学课堂的破与立》在《星教师》2017年第1—2期发表；《中学化学教师课堂教学行为的调查研究》在《重庆与世界》2017年第3期发表；先后在重庆市教育学会年会、重庆市科研课题实验区推进会做交流发言。

十、问题与讨论

教学行为是教师素质的外在体现，直接影响着教学的效果和教育的质量。分析本区教师教学行为的现状可知，行为偏差和缺失的根本原因在于教师自我发展的内驱力、教师的课程理解力和执行力还存在差距。教学行为的背后有着更深层次的原因，透过教师教学行为存在的问题，可以反观行为背后的问题，如师德修养问题、教帅素质问题、学校管理问题、评价机制问题等，要解决行为问题，必先解决其思想问题。

诊断出行为的偏差是件容易的事情，但老师愿不愿意改进才是关键，本研究的意义不只在于总结出行为偏差的表现和改进的措施，更应通过调查报告、调研报告、咨询报告、专题会议等引起教师、学校甚至教育行政部门的思考，如何增强教师的职业幸福感？如何加强教学教研常规的管理与创新？如何建立科学合理的评价机制促进教师专业成长？这些问题的解决还任重道远。

十一、结论与建议

教学质量的提升有赖于教学行为的改进，教学行为的改进需要多维度思考、多措施并举。

1.增强教师发展动力

教师愿意干是干好工作的前提，环境育人也适合教师的成长，如果教师处在一个出工不出力的环境中，勤奋的人也会变得懒散。因此，营造一个尊师重教、积极向上、良性竞争、奖优罚劣的氛围至关重要。这需要社会、教育行政部门、学校多方配合，从落实教师待遇、强化常规管理、搭建发展平台、公正评优选先等多方面增强教师的职业幸福感和责任感。

2.培育反思改进习惯

发现问题是解决问题的前提，"变相满堂灌、教学目标不明确、过分夸大自主学习、探究合作形式化、机械限制讲授时间、忽视学科融合与课外延伸、黑板上做实验"等种种教学行为制约了课堂的生长，也影响着教学的质量。在教学指导与教研活动中，要聚焦课堂，以课堂教学为切入点，落实集体备课、研课磨课等教研制度，注重培育教师的自我反思与自我矫正习惯，推进教师课堂教学的实践改进。

3.审视学科育人价值

未来的职业都不会仅仅涉及单一的学科知识，各学科教学的意义不只在于传授学科知识，为考试获取分数，更重要的是让学生在学习学科知识的过程中获得继续学习、适应未来的知识、思维、能力、人格等，培养学生作为新时代公民的科学素养。因此，不管课程改革和考试改革怎样进行，教师都要理性审视教学对学生未来发展的功能，从重视课堂转向重视课程，要跳出局部的学科知识，构建学科知识体系；跳出单一的学科知识，关注学科间知识的融合；跳出考试的分数藩篱，重视在教与学的过程中让学生全面成长。

课题负责人：胡天胜

主研人员：任崇瑜　张　云　夏明江

伍仁容　蒋邦勇　陈开毅

贫困山区义务教育学校美术校本课程实践研究

重庆市彭水苗族土家族自治县教师进修学校

一、研究背景及意义

（一）研究背景

彭水县地处渝东南，是以苗族为主的少数民族混居山区县，系教育部全国农村学校艺术教育实验县、重庆市少儿美术特色实验县。作为教研部门的彭水县教师进修学校承担的教育部规划课题"贫困山区苗族、土家族与汉族混居地美育资源开发与有效美育模式研究"，中国教育学会课题"贫困山区民族混居地学校乡土美术资源开发与利用研究——以彭水县为例"等均已结题。在研究过程中，逐渐形成了根艺、纸浆画、编织等美术特色项目。课题结题以后，如何在利用上下功夫并将成果运用于教学，如何对学生有效美育，如何将美术校本课程在区域内推进等现实问题摆在了我们面前。为此，我们申报了"贫困山区义务教育学校美术校本课程实践研究"，以期进一步深化实践与研究，将研究成果真正服务于山区学校美术教育，助推少儿美术特色示范县建设。

（二）研究意义与价值

1.研究意义

（1）理论意义　探讨美术校本课程实施制度建设，美术校本课程实践策略，学生美育路径与策略，美术校本课程区域推进策略等，可以丰富美术校本课程相关理论体系。

（2）现实意义　美术校本课程实践，能有效破解贫困山区学校美术教学资源短缺的难题，为学校美术教学提供充足的、本土的、独特的、更为生动的美术教学资源，为贫困山区学校美术教学服务。

2.实践价值

（1）美术校本课程制度建设，有利于引领基层学校整合各种对美术教学有用的资源，并将这些资源运用到义务教育阶段学校美术教学中，逐步培育美术校本课程；有利于美术校本课程建设按照一定规范顺利有序地推进。

（2）美术校本课程的有效实施，有利于培养学生的实践能力，培养学生欣赏家乡美、表现家乡美和创造家乡美的能力；有利于改变美术教师观念，提升相关知识与技艺，提升教师研究能力；有利于助推学校特色发展，为学校特色理念提炼、特色校园文化建设打下基础。

（3）贫困山区学校美术校本课程区域推进策略及成功案例，能成为可资借鉴的范式，对美术及其他学科校本课程区域实施与推进具有借鉴意义。

二、理论基础及依据

1.后现代课程观理论

传统教学中，教师以国家课程为蓝本教学，不参加课程开发活动。以课程理论专家多尔等为代表的后现代课程理论不仅包含课程，还包含了教师、学生、环境等要素。在后现代课程观下，教师在开发校本课程时，不断在教学活动中进行实践检验，以生成更适合学生的校本课程。在此过程中，需要教师不断提升自我知识储备，转变课程意识，不断实践反思，开发出真正适合本地学校的校本课程。

2.罗恩菲德的工具论

美术教育家罗恩菲德认为，美术是实现儿童创造力和精神成长的工具。艺术教育的目标在于使人在学习的过程中，变得更有创造力并完善人格。美术校本课程以提升学生美术学科核心素养为目标，是实现学生创造力和精神成长的工具。因此，可将美术校本课程实施作为提升学生审美素养，培养学生创新精神，完善学生人格的载体与途径，让校本课程实施真正有利于学生的成长和发展。

3.DBAE课程理论

课程论专家及美术教育家艾斯纳认为，美术课程应包含"创造、批评、文化"三方面内容。他认为，创造即"培养学生的艺术创造力和艺术表现力"，批评即"培养学生的美学接受和感受的能力"，文化即"培养学生用历史的眼光去理解文化背景下的美术"的能力。由于美术校本课程系学校自主开发的课程资源，更有利于学生通过本土随处可见的丰富的材料、熟悉的人文环境、亲切的视觉形象进行美术学习活动，从而提升图像识读、审美判断、美术表现、创意实践、文化理解等美术核心素养。

三、核心概念界定

1.贫困山区

贫困山区指彭水苗族土家族自治县所属辖区，位于渝东南，属于国家级贫困县，是典型的山区地带。该地是苗族、土家族与汉族混居地。

2.义务教育学校

选取5所小学，包括3所县城小学（彭水县第一小学、彭水县第三小学、彭水县第四小学），2所农村乡镇中心校（三义中心校、鹿角中心校）；2所中学，包括1所城镇中学（汉葭中学），1所乡镇中学（桑柘中学）。

3.美术校本课程

充分利用贫困山区随处可见的丰富独特的不花钱、少花钱的乡土物质美术资源，以及本土民族文化资源而开发的乡土美术课程，或利用本地、本校独特的教师资源开发的非乡土美术课程，亦或由本校传统的美术项目而开发的传统优势美术课程。

四、国内外相关研究综述

1973年，在爱尔兰阿尔斯特大学召开的国际研讨会上，菲吕马克和麦克米伦最早提出"校本课程开发"的概念。此后，校本课程开发大致经历了三个阶段：20世纪70年代—20世纪80年代的兴盛时期，20世纪80年代末期以后的回落时期，20世纪90年代以来转型时期。我国是在20世纪90年代以后才真正纳入了校本课程。

校本课程开发，我国学者主要有以下几种理解：①校本课程开发是指学校根据自己的教育理念、为满足学生的实际发展需要、以学校教师为主进行的适合学校具体特点和条件的课程开发策略。②校本课程强调充分利用当地社区和学校的课程资源而开发的多样性的、可供学生选择的课程。③校本课程即以学校为本位、由学校自己确定的课程，与国家课程、地方课程相对应，共同构成了课程开发的完整体系。

校本课程推进，一是采取"行政、教研、科研"三结合的方式推进校本课程的实施；二是分别选择以行政部门主导、或者学校主导、或者专家引领的形式推进校本课程的实施；三是点上实验，面上推广。

五、研究目标及内容

（一）研究目标
（1）美术校本课程实施制度建设。
（2）美术校本课程实践策略。
（3）学生美育路径与策略。
（4）美术校本课程区域推进策略。

（二）研究内容
（1）美术校本课程实践主线、原则、制度。
（2）基于美术校本课程的少儿美术课堂教学实践、少儿特色美术作品创作、特色学校发展研究，即助推版画、钢笔画、根艺、少儿漫画、编织特色课程建设，重点助推彭水县第一小学、彭水县第三小学、三义中心校、桑柘中学的美术特色发展。

（3）美术校本课程区域推进策略及实践研究。一是课题研究学校的发展，二是带动县内作为教育部"全国农村学校艺术教育实验县""重庆市少儿美术特色实验县"的其他学校美术校本课程开发与利用。

六、研究对象及范围

1.研究对象

5所小学、2所中学及其所辐射的县域内中小学。

2.研究范围

彭水苗族土家族自治县所属辖区。

七、研究方法及运用

（一）文献法

通过"中国知网（CNKI）"查阅廖哲勋发表在《课程·教材·教法》的《关于校本课程开发的理论思考》，李介发表在《教育理论与实践》的《国外校本课程开发模式带给我们的启示》等文献。一是查阅国外校本课程相关研究成果，了解其大致研究情况；二是了解国内校本课程研究概况、经验、问题、对策等；三是查阅相关理论依据，以进一步了解国内外校本课程研究现状与研究动态，了解基于本土文化的学校美术校本课程开发利用的经验与不足，以此作为批判、继承和发展相关研究的基础。

在文献分析的过程中课题组发现，各地在开发校本课程时均注重对本土文化的挖掘。在美术校本课程开发时，虽有进行材料的尝试，但未系统化，没有充分利用材料的属性开发系统的美术课程资源为教学服务。彭水县系以苗族为主的少数民族山区，经济相对落后，基于美术学科的人文性质与视觉特征，我们提出充分利用本土材料资源，开发基于苗族文化的系列课程，作为国家课程的补充，实现对学生美育的目的（图1）。

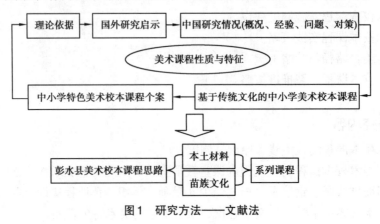

图1　研究方法——文献法

（二）访谈法

通过对本地县城学校代表彭水县第一小学、彭水县第三小学，偏远山区学校代表三义中心校、桑柘中学的管理人员、教师、学生，以及民间根艺、编织艺人等人员的访谈，了解了彭水县第一小学漫画，彭水县第三小学版画，三义中心校根艺，桑柘中学编织等美术资源开发、美术校本课程建设、美术校本课程区域推进的相关情况，以及民间美术传承技艺、民间美术发展创新等，以期更好地、有针对性地开展研究工作。

在走访过程中发现，一是本土艺人对民间技艺掌握比较好，但缺乏创新精神；二是学校教师有尝试美术校本课程开发，但很少有坚持的；三是学校对校本课程开发利用工作不重视等问题。

（三）行动研究法

1.行动研究路径

研究过程中，我们尝试用埃巴特的教育行动研究模式开展研究工作，通过互动、联动，实践、反思，改进、修正，以专题培训、成果评比、现场研讨、网络展示等方式，不断推动研究工作，其具体研究路径见图2。

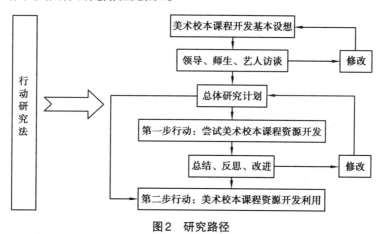

图2　研究路径

2.校本课程框架

校本课程框架见图3。

（1）校本课程目标

学生参与美术校本课程学习，了解图像意义及美术语言；运用自制工具、媒材等进行美术表现，美术创意表达或创作，表达情感和思想，改善生活与环境；感受身边的美，形成健康审美观，提高审美能力；丰富视觉经验，激发学习美术持久兴趣，提升学生美术能力；增进对民族文化的了解，提升民族自豪感，尊重多元文化。

（2）校本课程内容

以环保材料为主的校本课程；以民族文化为主的校本课程；以传统项目为主的校本课程等。

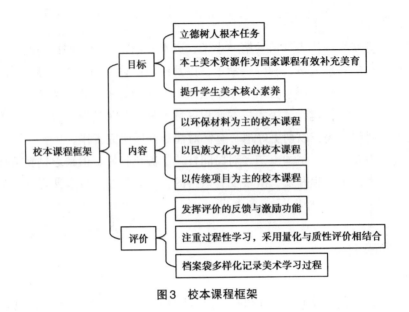

图3　校本课程框架

（3）校本课程评价

依据美术课程标准，以提升学生美术核心素养进行评价。在评价中发挥评价的反馈与激励功能，尊重学生对美术校本课程的独立理解与不同的学习方式，激发学生的美术兴趣，提升学生美术核心素养；注重过程性美术学习，采用量化与质性评价相结合的方式；运用档案袋，提供多样化的展示平台记录学生的美术学习。

八、研究成果

（一）美术校本课程实践主线、原则、制度

1.实践主线

我县地处渝东南，系大山区与大农村，经济落后导致教育资源短缺，地域偏僻导致课程改革滞后。但我县乡土美术资源丰富，其苗族、土家族与汉族混居地的人文底蕴深厚，有悠久的黔中文化、盐丹文化资源，结合我县已有美育资源与乡土美术资源开发利用经验，课题组确立了贫困山区义务教育学校以"开发乡土美术资源 享受校本艺术教育"为主线的美术校本课程实践，即依托并开发乡土物质资源、文化资源、人力资源，逐步生成适合于本学校的美术校本课程，实现"以美育人"的目的。

2.实践原则

课题2015年立项后，根据参与课题研究学校地理位置、师资配置、学生情况，进一步梳理各学校美术校本课程资源，探讨其可行性、有效性、持续性。为此，确立了以"乡土材料优先、民族文化融合、教师特长支撑"的乡土美术资源开发利用原则。

通过查阅文献、深入民间访谈、与学校美术专兼职教师研讨，确立了对学生美育效

果好的少儿漫画，只需一张纸、一支笔即可创作的钢笔画。以天然环保材料藤条的编织、弃根为材料的根艺等美术校本课程为引领，并借鉴彭水县第一小学等学校少儿漫画、龙射中心校的纸浆画美术校本课程开发与实施经验，从而引领其余学校美术校本课程开发与实施。

3.实施制度

根据贫困山区义务教育阶段美术教育教学实际，结合各学校具体情况，课题承担单位建立了《美术校本课程管理制度》，包括课程开发、课程实施、教师管理、教务管理、课程评价等内容。制度的建立与执行，保证了区域美术校本课程规范化、常态化实施。

（二）美术校本课程实践策略

1.美术资源的开发利用

探索美术资源开发利用"三四五"路径："遴选三种资源，开发四类资源，尝试五项实践"。遴选"三种资源"，即"物质资源、文化资源、人力资源"，开发"四类资源"，即"作品类、工具类、网络类、其他类"，"尝试五项实践"，即"课堂学习、社团活动、装扮校园、居家布置、社区服务"。教师按此实施，清楚地知道美术资源开发利用不仅仅是"美术作品"，还包括"校本教材、博客、论文"等资源，以及资源利用除了"课堂学习"外，还有"居家布置、社区服务"等途径，既给教师指明了实施路径，又做到有的放矢，还加强基层学校教师在实践过程中的成果意识。

2.美术校本课程实践策略

探索美术校本课程实践策略是，弹好做足"四部曲"，即"借力师资培训，遴选乡土资源，依托课题研究，狠抓开发利用"；整合用好"三方人力资源合力"，即通过"专家引领，行政支撑，教研搭台"；分层实现"三赢利"，即"学生审美素养提升，教师专业成长，学校特色发展"（图4）。"四部曲"为美术校本课程的实施提供了操作层面的路线；"三方人力资源"为基层学校美术校本课程提供了理论、政策、技术层面的保障；"三赢利"让人们看到了贫困山区学校美术教育的希望。

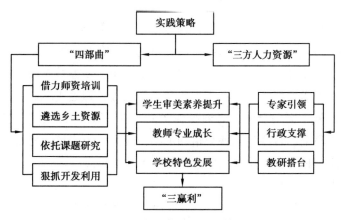

图4　美术校本课程实践策略

3.学生美育路径与策略

提出美术校本课程对学生美育路径与策略，即"培养学生审美能力、引领学生审美倾向、提升学生审美品位、滋养学生审美情趣"美育路径；打造"美术享受课堂"对学生的美育策略。首先，对学生美育路径的提出，旨在引领教师在美术校本课程实践对学生美育的过程中，抓住作为基础的"审美能力"这一关键环节，做实作为重点的"审美倾向"这一薄弱环节，关注作为核心的"审美品位"这一统领作用，确保作为落脚点"审美情趣"实现美育本质的回归。其次，对学生美育策略提出打造"视觉冲击型、文化熏陶型、成功创作型"美术享受课堂，回应了美术课程标准中美术课程"凸显视觉性""追求人文性""具有实践性""强调愉悦性"，以及通过美术校本课程提升学生"图像识读、美术表现、创意实践、审美判断、文化理解"美术核心素养。再者，引领学生就近通过美术校本课程学习，实现通过课堂教学与社会实践中对学生美育的目的。

（三）美术校本课程区域推进策略

美术校本课程区域推进策略见图5。

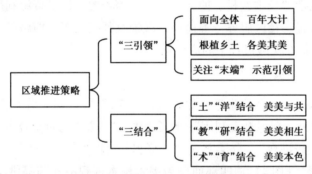

图5　美术校本课程区域推进策略

1.理念导航，以"三引领"促观念转变

（1）面向全体　百年大计

课题组提出"面向全体　百年大计"的全县美术学科教育教学工作思路。面向全体，一是美术教育是面向全体学生的美术教育；二是美术教育是培养合格的普通公民的审美教育；三是美术教育除让每一个学生获得基本的美术知识、掌握基本的美术技能以外，还将充分发挥基于本土美术教育的美育功能为教育教学服务；四是美术教育是充分尊重学生个性的美术学习。此外，面向全体，必须在观念上保持一致，必须在制度措施上给予保障，还将在学校硬件建设上、教师的配备与培训上给予保障，更需要在评价中体现落实。百年大计，即保证在相当长一段时间内工作思路的一致性与持续性。

（2）根植乡土　各美其美

课题组于2010年提出"开发乡土美术资源　享受校本艺术教育"的美术教育理念。

随后又提出"根植乡土 各美其美"工作思路。根植乡土，有利于扎实贫困山区学校美术教育的"根"，有利于解决贫困山区学校美术课程资源短缺的问题，有利于解决贫困山区学校因资金薄弱对美术教育投入不足的问题，有利于解决贫困山区学校师资专业不匹配的问题。各美其美，有利于国家课程与校本课程的共同发展，有利于各学校对苗族、土家族、汉族文化的传承与发展及培养学生热爱家乡的民族情怀，有利于助推贫困山区学校特色发展的"百花齐放"。

（3）关注"末端" 示范引领

为了进一步抓紧、抓实、抓好美术教育教学工作，课题组又提出了"关注'末端'示范引领"这一工作策略。关注"末端"，一是重心下移，关注呈"圆周分布"的距离县城最偏远的山区"末端"学校美术校本课程建设；二是不留死角，将视角移至呈"点状分布"的数量多的但学生少、教师少、设备差的最薄弱的"末端"村完小，实现村完小兼职教师能把美术课从开起来、到开足课时、再逐渐开好的目的。示范引领，一是由市、县教育主管部门，市、县教研部门，市、县美术家协会，美术高校教师，县本土民间美术专家在内的美术教育智囊团对山区美术教育的指导；二是由市、县名校，美术特色学校组成帮带乡镇、村完小的示范引领。

2.实践探索，以"三结合"促实践成效

（1）"土""洋"结合 美美与共

做实"土""洋"结合，即乡土美术课程与非乡土的美术校本课程相结合。"土"的美术课程包括农村学校的藤草编织、郁江边上的墨石雕刻等21所学校的乡土美术特色课程。非乡土的"洋"的美术校本课程包括少儿漫画、少儿版画等11所学校的美术校本特色课程。通过"土"与"洋"的结合，利用学校物质资源特色、人文资源特色、人力资源特色扬长避短，有利于美术校本课程的落地生根，有利于对学生的美术教学及美育，有利于教师的专业提升，有利于助推学校特色发展，有利于实现"美美与共"这一尊重文化多元性及民族文化融合的理想的实现。

（2）"教""研"结合 美美相生

做实"教""研"结合，这里的"教"指美术教学，"研"指美术教研与科研。一是将美术教学与教研结合，实现以教促研，以研提质；二是将美术教学与美术科研结合，在美术课题研究过程中，通过"常规教学+常规活动+专题活动"的"两常规、一专题"的研究模式，使研究有规可循，并在规定范围内"百花齐放"。美术教研提升了美术课堂教学的质量，美术科研促进了教师的专业发展及美术学科品牌的形成，美术学科教学成为美术教研与科研的主阵地，达到"教"与"研"的美美相生。

（3）"术""育"结合 美美本色

做实"术""育"结合，即美术教学与美育相结合。"美术以视觉形象承载和表达人的思想观念、情感态度和审美情趣，丰富人类的精神和物质世界。"作为视觉艺术的美术是对学生美育的重要学科之一，对学生美育有着独特的其他学科所不能代替的作用。在引领学生学习美术知识、掌握美术技能的同时，注重培养作为普通合格公民的审美素养，即提高学生的审美能力，培养学生健康审美倾向，促进学生审美品位的提升，激发学生的审美情趣。通过"术""育"结合，不但突出了美术学科作为视觉艺术的特点，还充分利用美术学科的优势对学生美育，促成"术""育"结合的美美本色。

（四）物化成果

（1）论文《贫困民族山区学校美术校本课程区域推进策略——以彭水苗族土家族自治县为例》在2017年4月刊《美术教育研究》杂志发表。

（2）《少儿轻松学漫画》教材于2018年2月在西南师范大学出版社正式出版发行。

（3）《乡土美术资源开发利用路径》在2019年9月刊《中国教育学刊》杂志（"北大核心"与"CSSCI"双核期刊）发表。

九、研究效果与影响

（一）研究效果

通过实践探索，大批学生与教师因此获益成长。本县获全国农村艺术教育实验县、全国中小学生艺术素质测评实验区、重庆市学校美育改革和发展实验区，实现了从重庆市少儿美术特色实验县，到少儿美术特色基地县，再到少儿美术特色示范县"三级跳"跨越，获各级命名、授牌29次，产生33所美术特色校，美术特色成为当地名片。

课题研究效果

（二）影响

1.学生教师

学生审美素养及综合素质、教师专业水平与科研能力提升。少儿美术作品600余件在市级美术馆展览、获奖、发表、收藏，学生审美素养及自信提升，增强了民族自豪感与社会责任感，创新与实践能力得以提高。提升了教师美术课程资源开发利用能力，提高了科研与教育教学水平，扩大了在市内外的知名度与影响力。

2.美术特色

研究成果突出，助推学校特色发展，提升全县少儿美术整体水平。产生少儿美术特色项目校30余所，12所特色校园文化学校，11所特色学校。六年内实现从重庆市首个"少儿美术特色实验县"，到"少儿美术特色基地县"，再到"少儿美术特色示范县"的"三级跳"。彭水苗族土家族自治县美术校本资源开发利用由于点上选准"乡土"，路径科学，策略得当，通过几年的持续深入推进，参与实践的学校初步显现出对于美术课程"学生争着上，教师乐投入，学校愿支持"的格局。

3.相关评价

形成民族山区美术教育"彭水特色"，发挥示范引领作用，在市内外产生积极影响。美术校本资源开发利用成果经过几年的系列实施、实践检验及推广，彭水美术教育经历了"脱胎换骨"的过程，在重庆市内外产生积极的影响，效果显著。2016年4月在教育部艺术展演工作坊现场展示期间，教育部郝平副部长、体卫艺司王登峰司长对我县藤草编织表现出极大兴趣，给予高度评价。第二届西部基础美术教育论坛，重庆教育科学研究院美术教研员侯大全认为我县美术教育是西部地区的缩影，贵州六盘水美术教师认为桑柘中学编织取材当地，适合农村学校，很有地方特色。重庆市教委、教科院、美协少儿艺委会多次在市美术教育及研讨会对成果及典型案例进行推介。

4.媒体报道

重庆电视台、彭水电视台、中国新闻网、新华网、华龙网等媒体报道22次。其中，《上游新闻·重庆晨报》2019年7月4日以《彭水苗族土家族自治县：抓实乡土美术资源推进校本课程建设》为题对我县少儿美术校本课程建设进行了专题报道，同时，还于2019年7月1日以《越是民族的，越是世界的——彭水苗族土家族自治县第三小学校特色版画异军突起》为题对彭水县第三小学的版画特色进行了专题报道。

十、问题与讨论

（一）问题

部分美术教师由于认识不到位，相当一部分学校，特别是完小及其以下学校无专、兼职美术教师，影响美术校本活动的开展；部分学校美术校本实践活动评价机制不完善，管理与评价导向不利于美术学科发展，导致美术校本活动参与度不高；对成果较好的学校宣传推广平台搭建不够，影响其辐射示范作用。

（二）讨论

一是如何破解人数少的农村学校编制对艺体等专任学科教师的限制；二是如何尽快建立公正公平的学校考核评价机制；三是如何提升管理者对艺术学科的重视程度及科学管理艺体学科教师。

十一、结论与建议

（一）结论

探讨基于农村义务教育学校美术校本课程实施与区域推进经验，符合重庆及我国大多数农村实际情况，其理论成果与实践经验具有借鉴意义，具有推广价值。

（二）建议

一是引领教师转变观念，并继续加大对美术专兼职教师的培训力度；二是继续加大对校本课程的实践运用，加大对成果的推广力度；三是加大对学生美育实践探索，提升学生审美素养；四是加大探索美术校本课程实施的持续发展长效机制，助推更多学校美术特色发展。

课题负责人：胡显强

主研人员：吴 敏　王 聪　陈虹希

徐兴琼　张文波　钱 伟

基于大概念的"三空间活力课堂"理论与实践研究

重庆市江津区教育学会

一、研究背景及意义

（一）研究背景

党的十八大、十九大都强调要发展素质教育，但我们的课堂却没有实质性的改变，满堂灌、题海战术仍大有市场，一些学校把素质教育片面地理解为特长训练。课题组认为，素质教育的主渠道是国家课程，主阵地在课堂。那么哪些因素导致了国家课程的实施中学科核心素养未落实、学生素质未能有效培养呢？课题组认为主要有以下两方面的原因。

（1）学习内容、学习方式碎片化。碎片化的学习内容和学习方式不利于学生深刻理解学科大概念，缺乏对学科大概念的真正理解，学科素养的发展更无从谈起。

（2）学习内容与真实生活脱节。知识要在真实问题的解决中才能转化成素养，没有面对并解决真实生活中存在的问题，学生的实践创新能力、社会责任感等综合素质就不能得到培养。

针对国家课程实施过程中的这些典型问题，课题组以大概念为切入点，设计结构化的课程内容，以教室、校园、社会三个空间的整体实施打通书本知识与真实生活的壁垒，彰显学生个性，激发学生生命活力，促进学生的素质发展，开展"大概念视角下的三空间活力课堂构建与实践"研究。

（二）研究意义

探索以国家课程和课堂教学为主渠道落实素质教育的实施路径，纠正把素质教育等同于特长培养的误区；以大概念为主线系统设计教室小课堂、校园中课堂、社会大课堂，拓展学习内容和学习空间，解决书本知识与实践创新脱节以及学生实践能力、创新能力、社会责任感缺乏的问题；以大概念为目标导向开展深度学习、项目化学习，解决碎片化学习、学科素养不落实、学习能力及综合素质不高的问题。

二、理论基础与依据

1.陶行知生活教育理论

陶行知提倡"生活即教育""社会即学校""教学做合一"。"三空间活力课堂"是陶行知教育思想的具体应用，特别是校园中课堂和社会大课堂就是在践行陶行知教育思想。

2.大概念教学理论

大概念是指居于学科中心，具有超越课堂之外的持久价值和迁移价值的关键性概念、原理或方法等。大概念是课程内容架构的核心，是优选教学内容的依据，是深入理解课标的关键，是孕育学科核心素养的依托。

3.《普通高中课程方案（2017年版）》

《普通高中课程方案（2017年版）》提出，"要重视以学科大概念为核心，使课程内容结构化，以主题为引领，使课程内容情境化，促进学科核心素养的落实。"

三、核心概念界定

1.大概念

大概念是指居于学科中心，具有超越课堂之外的持久价值和迁移价值的关键性概念、原理或方法等。

2."三空间活力课堂"

"三空间"指教室、校园和社会这三个与学生学习、生活、成长密不可分的空间。"活力课堂"是课堂形态，也是价值追求。

3.大概念视角下的"三空间活力课堂"

以大概念为目标导向，以国家课程为核心，整合教室、校园、社会三个空间的教育资源和教学活动，整体设计学生发展课程，实现教室小课堂、校园中课堂、社会大课堂融会贯通，激发学生生命活力，实现知识学习、能力培养、品格塑造协同发展的课堂形态。

四、国内外相关研究综评

1.大概念研究

在"中国知网"以"大概念"为主题进行中文文献检索，得到文献1 271篇，其中2018年以后的有814篇，大概念已成为最近几年教育研究的热点。学界普遍认为，大概念是学科的核心，以大概念统整课程内容，可以使课程内容结构化，更有利于学生学习。构建以大概念为基础、融通知识习得与素养培育的课程体系已成为众多国家基础教育课程改革的新趋势。但我国大概念教学的实践研究才起步，素养导向的大概念教学研究还非常薄弱。

2.整合课堂、校园、社会三空间教育的研究

在理论层面，有杜威的"教育即生活""教育即生长""教育即经验的改造"。国内比较著名的教育思想是陶行知的"教学做合一"。在实践层面，国家明文规定要加强大学生社会实践活动，但是对中小学的社会实践没有明确的规定，相关的研究成果很少。重庆市各中小学都开设了"课程辅助活动"，对各学科教学进行拓展。重庆市江津区自2012年起就已经在全区开展了"三空间活力课堂"的实践研究，实施了教室小课堂、校园中课堂、社会大课堂。

3.活力课堂的研究

在理论层面研究活力课堂的成果不多，有代表性的有东北师范大学于蔚华提出了"富有生命活力的课堂教学样态"的构建标准；江苏省丹阳市第五中学林伟民阐述了"活力课堂"的基本内涵与构建要素。在实践层面的研究比较有代表性的学校集中在上海、江苏等地，如上海市七宝实验中学研究了"活力课堂"教学改进环境下的新教学策略；吴江经济技术开发区实验初级中学探索了基于学科特质的初中活力课堂的内涵、特征，以及学科特质的初中活力课堂的构成要素等问题。

4.综述

大概念教学已成为国内外公认的落实学科核心素养的基本理念和有效路径，教师们对大概念的内涵及价值有了一定的了解，并尝试在学科教学中实施大概念教学，以大概念的视角整体设计单元或板块的课程内容与活动设计。但是，单一的课堂教学无法很好地实现知识与生活的联结，真正构建学科大概念。为此，课题组提出大概念视角下的"三空间活力课堂"以国家课程为基础，大概念统整目标导向，让大概念联结教育活动与真实世界，促进学生深度学习，培养学生学习能力、实践能力、创新精神、社会责任感。

五、研究目标及内容

（一）研究目标

构建"三空间"整体育人理论与实践模型，开发"三空间"整体育人课程，总结出"三空间活力课堂"的有效策略，让课堂涵育学生文化基础、自主发展、社会参与三大领域核心素养，激活学生生命成长的活力，让课堂成为学生生命更好成长的场所，从而实现教育从课堂走向课程，创新"课堂改革"的区域性、校本化的实践形态。

（二）研究内容

（1）"三空间"整体育人理论模型研究

包括"三空间活力课堂"的内涵，形态特征，教室、校园、社会三个课堂侧重的核心素养目标，课程体系框架等。

（2）"三空间"整体育人课程开发研究

聚焦核心素养，根据"三空间整体育人理论模型"，开发建构"三空间"整体育人课程体系，特别是针对校园中课堂、社会大课堂课程化以及它们与学科课程的有机整合等难点问题开展研究。

（3）"三空间活力课堂"教学策略研究

包括教室小课堂、校园中课堂、社会大课堂各自的教学策略研究。

六、研究对象及范围

在江津区按不同层次、不同特色、不同学段选40所学校作为重点研究对象。

七、研究方法及应用

（一）研究方法

1.文献法

通过文献法，厘清"三空间活力课堂"的内涵和外延，为课题研究提供理论支撑。

2.调查研究法

在全区学校、班级开展分层抽样，利用国际学习态度测试量表，分析区域内基础教育存在的问题；探索相关影响因素，构建"三空间活力课堂"的实践策略，对前、后测将实验班和对照班进行数据分析，并结合访谈法，对"三空间活力课堂"学习策略的有效性展开定性和定量研究。

3.行动研究法

通过"三空间活力课堂"基地校行动实践研究发现问题，不断提炼和总结实践经验，逐步构建和完善"三空间活力课堂"实施体系。

（二）技术路线

课题研究技术路线见图1。

（1）理论研究阶段（2017年1月—2017年10月）

初步完成"三空间活力课堂"前期理论的研究，开展"三空间活力课堂"构建要素设计，构建"三空间整体育人"课程理论框架。

（2）实践研究阶段（2017年11月—2019年7月）

开展"三空间活力课堂"实施与评价策略研究，同步在实践中收集、完善"三空间活力课程"，特别是对校园中课堂和社会大课堂的课程开发，以形成相对成熟的"三空间整体育人"课程体系。

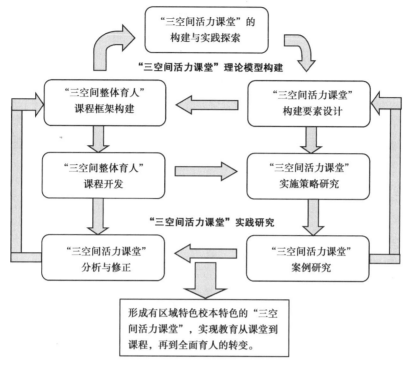

图1 课题研究路线

（3）总结提炼阶段（2019年8月—2020年12月）

全面总结提炼课题成果，同步修正完善"三空间活力课堂"的实施策略与相应的课程体系，撰写成课题研究报告、论文和成果专著。

八、研究成果

课题组针对区域实施素质教育过程中出现的种种现实问题，努力寻找能撬动区域课改的抓手，以大概念理念统整教育教学改革。以"三个空间"作为实施路径，得到以下研究成果。

（一）构建了大概念视角下的"三空间活力课堂"理论

1.理论提出

（1）大概念

大概念指居于学科中心，具有超越课堂之外的持久价值和迁移价值的关键性概念、原理或方法等。大概念既可以联结学科内部的概念，达成学科内知识的融会贯通，又可以实现跨学科之间的有机整合，还可以联结学校教育与真实世界。大概念是理解的核心，具有极大的迁移价值，能够被广泛应用于其他问题情境。

（2）三空间活力课堂

"三空间"是指教室、校园和社会这三个与学生学习、生活、成长密不可分的空间。"活力课堂"是课堂形态，也是价值追求。就课堂形态层面，"活力课堂"不仅要有学生行为的"活"，更要有学生思维、情感的"活"。就价值追求层面，"活力课堂"要释放学生的天性，激活学生的思维，展现学生的潜能，启迪学生对真善美的追求，以及对责任、人生的思考，真正实现学生的生命成长。

（3）大概念视角下的"三空间活力课堂"

以大概念为目标导向，以国家课程为核心，整合教室、校园、社会三个空间的教育资源和教学活动，整体设计学生发展课程，实现教室小课堂、校园中课堂、社会大课堂融会贯通，激发学生生命活力，实现知识学习、能力培养、品格塑造协同发展的课堂形态。

2.主要特征

（1）育人时空整体化

以大概念理念整体设计教室小课堂、校园中课堂和社会大课堂，让三个课堂有效互促，让教育无时不有，无处不在。

（2）课程内容体系化

以大概念为目标导向和逻辑线索，有机整合书本知识与学生生活、现代社会的教育资源，为学生提供丰富、统整、开放的课程体系。

（3）学习方式综合化

大概念教学强调以核心问题（大问题）为导向。学生面对真实的问题，通过研究型、项目化、合作式、探究式学习等多元学习方式，经历完整的学习过程，实现知识、能力、个性品质的整体提升。

3.整体架构

以国家课程为核心，以大概念为目标导向，系统设计与实施教室小课堂、校园中课堂、社会大课堂，合力培养学生核心素养，全面提高学生素质。

（1）教室小课堂

课程内容：基于国家课程的学科课程。

课程目标：重点指向"文化基础"核心素养。自主建构大概念，夯实学科基础，发展学科思维。

教学实施：国家课程计划设置的常规课时。教学形式以教师主导学生主体的班级授课制为主。

（2）校园中课堂

课程内容：基于学科拓展或多学科整合的活动性课程。

课程目标：重点指向"自主发展"学科素养，在拓展整合中深化理解与应用大概念，进一步夯实学科素养，发展学科思维，增强探究意识。

教学实施：重庆市教育委员会课时计划中的校本课程、地方课程、课程辅助活动时间。采取集中与分散相结合的方式，以教师指导下的课程辅助活动或主题性活动课为主。

（3）社会大课堂

课程内容：基于学科应用与实践的社会实践课程。

课程目标：重点指向"社会参与"核心素养。迁移应用大概念，培养实践能力、创新能力、社会责任感。

教学实施：以研学旅行、综合实践活动等形式分散或集中开展，活动地点在校外，如博物馆、科技馆、运动场馆、社区、工厂、大自然等。

三个课堂是一个有机整体，相互联系、相互补充、相互促进，合力发展学生的综合素养。其中，小课堂是主体，中课堂、大课堂是两翼；小课堂夯实基础知识，形成基本技能，是基础；中课堂是对小课堂的拓展，也可以是对相关学科进行整合；大课堂是对小课堂和中课堂的进一步延伸，是应用实践（图2）。

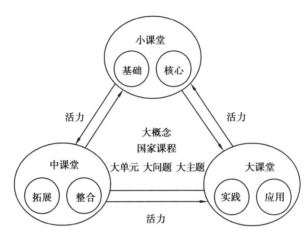

图2 "三空间活力课程"结构模型

（二）开发了大概念视角下的"三空间活力课程"体系

1.课程开发原则

（1）系统性

基于国家课程整体系统设计教室小课堂、校园中课堂、社会大课堂，把大概念在小课堂、中课程、大课堂中一以贯之，以落实学科核心素养，更优质地实施国家课程。

（2）发展性

"三空间活力课堂"要立足于学生素质的发展，课程既要抓学科素养的关键，又要着眼于学生的未来发展，选择既有学校特色又有时代特色的教育资源进行设计。

（3）活动性

为体现"三空间活力课堂"的"活力"，课程设计中，特别是校园中课堂和社会大课堂要以小课题研究、主题活动、研学旅行等形式让学生进行体验性、探究性学习，以提高学生的合作交流、实践能力、创新能力、社会责任感。

2.课程开发路径

开发路径一般有以下五个主要环节（图3）。

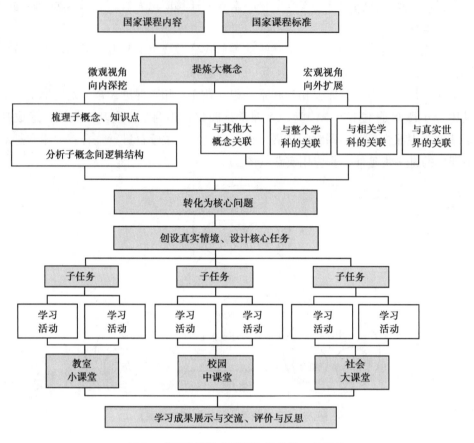

图3 "三空间活力课程"开发的一般路径

（1）根据国家课程内容，对照课程标准中的学科素养及对本内容的相关要求，提炼大概念。

（2）从大概念出发，以宏观视角向外拓展和以微观视角向内深挖，梳理建构课程的逻辑结构。

（3）把大概念转化为核心问题，或进一步把问题转化为具体情境中的挑战性任务。

（4）把核心问题或大任务分解为有逻辑结构的子问题、子任务，恰当地安排在教室小课堂、校园中课堂、社会大课堂。部分课程可以只拓展到中课堂或大课堂。

（5）学习成果展示与交流、评价与反思。

3.课程开发实践成果

（1）单学科"三空间活力课程"

基于一个单元开发"三空间活力课程"。基于《化学（人教版）》九年级上册第一单元课题二"对人体吸入的空气和呼出的气体的探究"设计的"三空间活力课程"，由区教育科学研究所涂洪亮开发（图4），主题名称为载人航天器内气体环境探秘。

如高中地理课程围绕"地理实践力"开发了适合教室、实验室、学校地理园、家庭、野外的系列课程（图5）。该成果获重庆市科研成果二等奖。

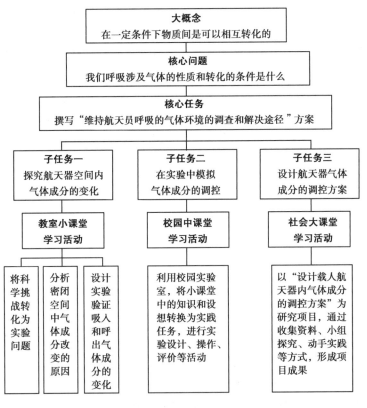

图4 载人航天器内气体环境探秘课程结构

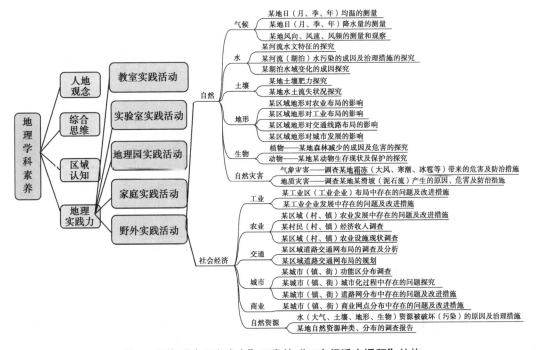

图5 围绕"地理实践力"开发的"三空间活力课程"结构

（2）跨学科"三空间活力课程"体系

①以单学科为核心设计的跨学科"三空间活力课程"。如江津区双福第二小学开发的"农耕文化"课程，就以科学学科为主，跨越了科学、劳动、数学、历史等学科。

表1　"农耕文化"跨学科"三空间活力课程"

教室小课堂	校园中课堂	社会大课堂
1.种子发芽实验（科学） 2.植物各个器官的作用相关实验（科学） 3.植物的生长周期（科学）	1."种植园"种植一种植物，观察、记录、研究它的生长过程（科学） 2."农耕馆"了解巴渝农耕文化（历史） 3."生活吧"烹饪学习厨艺（劳动）	1.野外农作物考察（科学、地理） 2.自己种植一种植物并持续研究（科学） 3.观察菜市场的蔬菜并采购为家人做菜（科学、数学、劳动）

②多学科整合的跨学科"三空间活力课程"。如江津区研学旅行地方课程"根在江津"，包含山水江津、人文江津、红色江津、科技江津四个板块，涵盖江津的自然风光、风土人情、红色文化、工业园、农业园等，涉及生物、地理、历史、政治、数学、语文等学科，让学生通过对江津的研学旅行，从小了解江津、研究江津、热爱江津，长大了建设江津，培养学生的实践能力和家国情怀。

（三）探索了大概念视角下"三空间活力课堂"实施策略

1.大概念视角下"三空间活力课堂"教学设计

"三空间活力课堂"主张教室、校园、社会各自发挥独特的育人功能，贯通"书本的虚拟"和"世界的真实"，帮助学生学会"解决真实情境中的问题"，实现学生学习的高品质迁移。大概念的形成需要经过准备、建构、应用三阶段。准备、建构通常在教室小课堂进行，应用通常在校园中课堂、社会大课堂进行，在教室小课堂中也有概念的迁移应用（图6）。

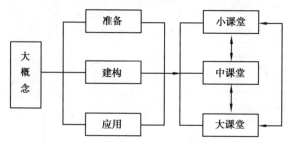

图6　大概念视角下"三空间活力课堂"教学一般过程

（1）准备阶段

学生明确学习方向，唤起已有的经验和观念。不仅要让学生看到需求，更要让学生看到学习任务的价值所在。以恰当的学习活动勾连学生的已知，并产生疑问，为大概念学习做好准备。

（2）建构阶段

学生充分经历具体与抽象之间的协同思维，建立大概念。这一阶段主要包括聚焦、扩展、组织和概括等四个步骤。建构阶段主要是运用"从具体到抽象"的归纳思维。

（3）应用阶段

应用阶段则更多运用"从抽象到具体"的演绎思维。应用的过程实质上就是迁移的过程。课内迁移，更多地通过正例和反例对大概念进行检验；或者运用大概念对未知世界进行预测。课外迁移，更多地触及校园和社会的真实活动，以服务型学习和项目化学习的方式解决校园和社会中的真实问题。

2.大概念视角下"三空间活力课堂"教学实施

教学实施重视真实情境的创设，把问题或任务蕴含其中，要注重启发式、互动式、探究式教学，并引导学生分别在三个空间（教室小课堂、校园中课堂、社会大课堂）以研究型、项目化、合作式等方式开展学习活动。下面以初中物理"节能房"三空间活力课堂"怎样制作发电机"为例，阐述"三空间活力课堂"的教学策略（图7）。

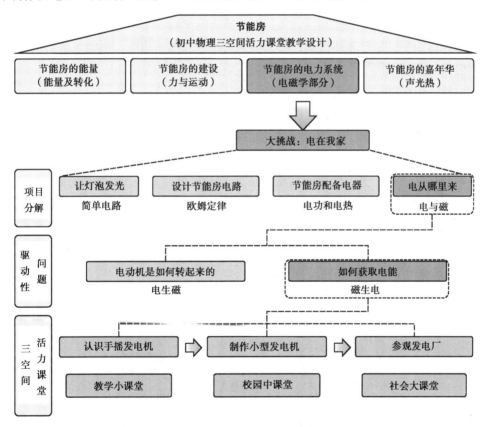

图7　初中物理三空间活力课堂"通过制作发电机理解电磁感应"

（1）教室小课堂：概念建构五阶段策略

教室小课堂主要是进行概念建构，一般可分为五个阶段（图8）。

①聚焦。通过情境创设，让学生的情感和智力聚焦到核心问题（主题），对重要概念的特征和属性进行研究，形成共识。

②扩展。通过不同的途径收集各种案例，以支持大概念。案例越多，可迁移性就越强。

③组织。利用一些方法对所学内容进行梳理、整合和提升。

④概括。帮助学生在事实与概念之间、概念与概念之间建立联系，并进一步形成大概念。

⑤迁移。概念建构后，在新的情境中迁移应用，更好地理解大概念。迁移应用可以根据需要安排在课内或校园中课堂、社会大课堂。

图8 教室小课堂概念建构五阶段策略

以"电磁感应"概念教学实施为例。第一步，通过展示各种发电机，引发学生情感的共鸣，在好奇心的驱使下，分析各种发电机的结构，引导学生探究共同特点，聚焦到大概念"电磁感应"；第二步，建立大概念后，适时引出另外几个发电机案例，加深对概念的理解；第三步，通过画概念图，进行科学思维可视化表达，概括电磁感应与平行概念电生磁、电磁能量转化等概念的关系；第四步，结合具体情境，将大概念运用到发电、送电、用电等现实情境中。发展性评价贯穿全过程。

（2）校园中课堂：拓展整合五步策略

校园中课堂主要进行拓展整合课程，可以在实验室、图书室或校园其他空间开展。学生根据个人兴趣爱好、知识背景，选择自己喜欢的话题，并围绕一个问题，实现自我指导、激情学习、自主探究，达到一种真正彻底开放的学习状态。

校园中课堂，通常有五个步骤（图9）。一是确定目标，进入一个事件或驱动性问题；二是设计思路，形成解决问题的初步构想；三是自主探究，应用知识，形成技能，深化概念；四是成果展示，展示问题解决的方案或产品；五是反思改进，不断优化方案或产品。

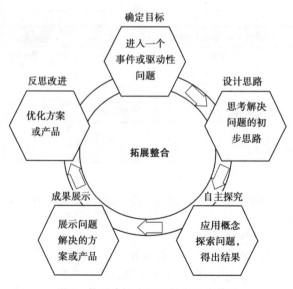

图9 校园中课堂拓展整合五步策略

以上述项目化学习的"制作小型发电机"为例。第一步,确定目标,师生共同研究适合加深理解大概念"电磁感应"的载体,选择制作一个小型风力发电机;第二步,设计发电机模型图,分析当地的气候条件如风速、防雨、节能房用电量等具体情况,选择大小合适的机型;第三步,综合各种技术,完成制作一个发电机;第四步,展示交流,向大家汇报最终的产品——风力发电机;第五步,反思改进。

(3)社会大课堂:应用实践四阶段模型

大概念教学,教师"教的主导"要站在"真实世界"和社会发展的需要,为学生提供思维的工具。学生"学的主体",体现在学生独立表现和同伴协作上,丰富学习的方法,增加学习的体验,让学生从浅表走向内在机理,从学科知识走向基本思想方法,从教室里的书本世界走向校园、社会的真实世界。社会大课堂中的社会实践活动通常包括"准备、实施、总结、发布"四个阶段。

针对"电磁感应"这一大概念开展的"考察珞璜发电厂"社会实践活动实施如下(图10)。

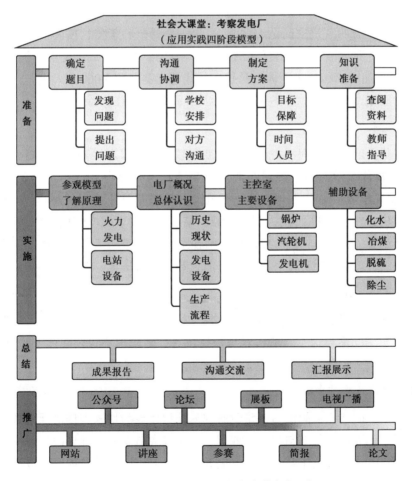

图10 社会大课堂之"考察珞璜发电厂"

一是准备阶段，针对课时进度，确定"电磁感应"大概念后，针对考察珞璜发电厂进行活动设计；二是实施阶段，通过电厂技术人员讲解，接受入场安全教育，了解电厂发展历程；参观电厂各个组成部分，理解电厂的发电生产过程中的能量转化：化石燃料（煤）的化学能、内能、功能、电能；了解发电厂的主要设备——锅炉、汽轮机、电机，特别是电机运行中进一步理解电磁感应概念；三是总结阶段，运用案例来总结反思参观发电厂的收获，激发学生学习的热情和奉献社会的情感。最后是成果发布阶段，学生分享对电磁感应概念的理解及考察收获，展示活动成果，宣传活动亮点，并通过小论文、小发明、公众号等各种途径进行成果推广。

九、研究效果及影响

（一）研究效果

1.学生综合素质全面发展

通过基于大概念的"三空间活力课堂"，聚焦学科核心素养，拓展学生学习空间，增加学生实践机会，提升了学生的整体综合素质。一是学生参赛成绩斐然。据不完全统计，仅2019年学生参加国家和市级艺体、科技、技能等竞赛获奖3 000余人次。二是高考成绩连续攀升。近五年，被北大、清华录取20余人，重本上线8 000余人。

2.教师专业水平整体提升

大概念视角下的"三空间活力课堂"改变了教师的课程观、教学观，提升了教师的课程建设能力、教育教学能力。课题组成员参与编写国家课程《劳动》等25册；编写的《初中物理项目化学习》等27本地方课程在全国15个省市推广使用；建设了《高中地理实践活动》等重庆市精品课程16门；指导区域内基地校开发了《李市山歌》《明德诗词》等校本课程1 258门。近五年，全区20余位教师在全国优质课、基本功大赛中获奖，其中11人获全国一等奖；教师在重庆市各种教学技能大赛中获重庆市一等奖以上173人次。

3.教育著述成果颇丰

据不完全统计，课题组成员出版专著4本，发表论文22篇。其中《人民教育》刊发了刘小红的《"三空间活力课堂"的构建与探索》；《"轻松识字快乐阅读"的研究与实践》被人大复印资料全文转载。

4.学校课程改革卓有成效

大概念视角下的"三空间活力课堂"研究从课程建设为切入点推进课堂教学改革，各学校建立起了基于大概念的三空间活力课程，实施以大概念为目标导向的教学改革，整体推进了学校课程改革，促进了学校内涵发展和特色发展。一是学校课程建设特色凸显。近五年，获评"全国青少年素质教育示范基地""全国教育信息化试点学校""重庆市普通高中新课程改革先进单位""重庆市科技教育先进学校""研学旅行先进学校""立德树人特色项目实践基地"等集体荣誉142校次。二是"三空间活力课堂"百花齐放。比如聚奎中学的"翻转课堂"先后吸引了全国23个省市1 000余所学校数万名教师前来观摩学习；四牌坊小学的"融和课堂"在第五届中国教育创新成果公益博览会上引起广泛关注……

（二）研究影响

近两年共有30余位教师在全国各省市执教优质示范课180多节，市内外引领示范作用发挥明显；20余位教师在国际和全国重大学术研讨会上作交流发言120余次。2020年6月，教育部基础教育课程教材发展中心通过网站面向全国专版推介该项目成果，《中国教育报》《重庆日报》、人民网、光明网等宣传报道50余次。

十、问题与讨论

（1）基于跨学科大概念的三空间活力课堂怎样有效设计？

（2）校园中课堂和社会大课堂怎样科学评价，以更好地检测学生的综合素质方面的目标达成，从而更好地实现以评价促学生的素质提升？

十一、结论与建议

（一）结论

"三空间活力课堂"以国家课程为基础，以大概念为目标导向，基于学科但不局限于学科，打通书本知识与学生真实生活的壁垒，有利于学生在"具体—抽象—具体"的深度学习中构建学科内及跨学科大概念，培育学生的核心素养。"三空间活力课堂"为学生提供了大量探究、实践的机会，解决了书本学习与实践应用脱节、教学活动碎片化、教学效果浅表化、学生被动学习、自主性不够等问题。

（二）建议

（1）继续加强国家课程教材、课标的研究，加强大单元教学、深度学习、项目化学习、STEAM等教学方式的实施。

（2）深化开展"三空间活力课堂"评价研究。在实施教学改进过程中，及时对教学效果进行评估，并建立一套操作性强的评价体系。

课题负责人：刘小红

主研人员：何德芬　张　华　顾仙宇

余　迟　方　锐　况　楠